公共素质教育"十三五"系列用书

内蒙古自治区高校创新创业教育科学研究课题成果精品教材

大学生创新创业训练与指导

主　审　杨昆山

主　编　孙全民　徐大治

副主编　侯　静　李　颖　赵　鋈

公共素质教育

北京师范大学出版集团

北京师范大学出版社

BEIJING NORMAL UNIVERSITY PUBLISHING GROUP

图书在版编目(CIP)数据

大学生创新创业训练与指导 / 孙全民,徐大治主编. —北京:
北京师范大学出版社,2018.10 (2019.12 重印)
高等职业教育公共素质教育系列教材. 职业指导类
ISBN 978-7-303-24143-9

Ⅰ. ①大… Ⅱ. ①孙… ②徐… Ⅲ. ①大学生－创业－
高等职业教育－教材 Ⅳ. ①G717.38

中国版本图书馆 CIP 数据核字(2018)第 196760 号

营 销 中 心 电 话　010-58802181　58805532
北师大出版社高等教育分社网　http://gaojiao.bnup.com
电 子 信 箱　gaojiao@bnupg.com

DAXUESHENG CHUANGXIN CHUANGYE XUNLIAN YU
ZHIDAO

出版发行:北京师范大学出版社 www.bnupg.com
　　　　　北京市西城区新街口外大街 12－3 号
　　　　　邮政编码:100088

印　　刷:北京玺诚印务有限公司
经　　销:全国新华书店
开　　本:787 mm×1092 mm　1/16
印　　张:14.75
字　　数:305 千字
版　　次:2018 年 10 月第 1 版
印　　次:2019 年 12 月第 2 次印刷
定　　价:38.50 元

策划编辑:易　新　　　　责任编辑:马力敏　温玉婷
美术编辑:焦　丽　　　　装帧设计:焦　丽
责任校对:韩兆涛　　　　责任印制:陈　涛

前 言

2015 年由李克强总理提议，首届中国"互联网＋"大学生创新创业大赛在吉林大学举办。2016 年第二届大赛在华中科技大学举行。时任国家副总理刘延东亲自出席了两届大赛。2017 年第三届大赛在西安电子科技大学举行。在第三届大赛期间，习近平总书记专门给第三届大赛"青年红色筑梦之旅"的参与学生回信，这体现了党中央对当代青年大学生的深切关怀和殷切希望，也体现了总书记对高校创新创业工作的高度重视，把大赛推向了新高潮，也将创新创业教育推向了新阶段。

中国"互联网＋"大学生创新创业大赛已经成为我国覆盖面最大、影响最广的大学生创新创业盛会，也成为高校深化创新创业教育改革的一个重要载体。同时，每年的赛事也是对创新创业教育改革进行的一次大检阅。

本书是为了促动大学生创新创业项目的生成而编写的，同时帮助学生备战中国"互联网＋"大学生创新创业大赛。本书内容设计是从引导学生创新创业实践小组的趋势预测开始，形成团队创业愿景、做用户研究、从客户烦恼中发现创业机会、进行利益相关人分析、归纳项目核心需求、形成项目核心功能（服务）、设计产品原型、以产品原型做用户访谈、在产品迭代的过程中逐渐完善商业模式。在这个过程中，本书针对大赛的要求，还专设了参赛材料制作和路演训练的章节，并为整个创新创业实践流程的各阶段管理设定了若干评审点。本书旨在通过这样结构化的创新创业实践训练，达到以赛促教、以赛促学、以赛促创的目的，并切实提高高校学生的创新精神、创业意识和创新创业能力，促进学生综合素质提升和全面发展。

本书关于大赛的介绍内容是以 2018 年 4 月之前的大赛进展为参照的。随着大赛的开展，此部分内容未来可能不再适用，这一点敬请注意。

本书的出版要感谢包头铁道职业技术学院给我们提供机会，系统参加内蒙古自治区教育厅及其他专业部门组织的相关创新创业师资培训；还要感谢广大师生给我们进行创新创业教育教学和实践训练的机会；也感谢各级领导和同人对我们的信任。同时本书也借鉴和参考了国内外一些创新创业领域中的经典书籍、网络观点以及专家学者的著述与研究成果，在此，谨向其作者表示衷心的感谢。

本书由杨昆山主审，孙全民、徐大治主编，侯静、李颖、赵鋈任副主编。

由于时间仓促，编者经验和水平有限，书中难免存在疏漏及不足之处，真诚欢迎专家、教师和广大同学提出宝贵意见，以利修订和完善。

编 者

目　录

项目一
认知大赛并构建愿景

成果期望

1. 建立创业营虚拟组织结构，学员进行分组。
2. 建立学员资料库，学员提交自己的资料。
3. 建立案例库，各组提交"互联网＋"大赛金奖项目案例分析。
4. 各组提交创业愿景规划。

所需物料

海报纸、便签、彩笔。

项目流程

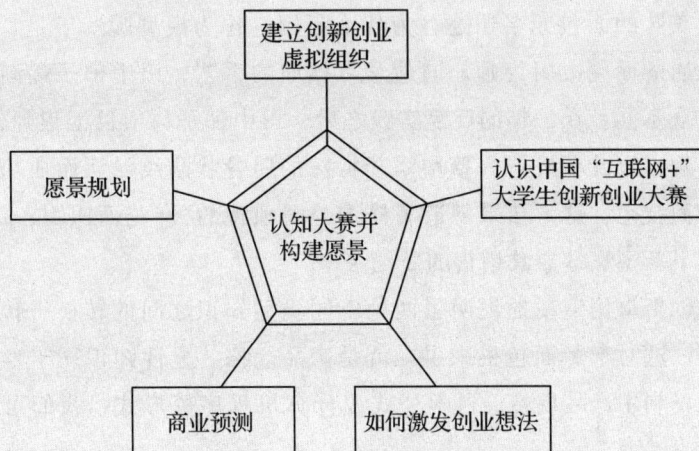

任务一
建立创新创业虚拟组织

🎯 任务说明

确定班长（课代表）；将所有学员加入教师指定的云协作群；将班级随机分组，形成 5～8 个学习小组；跨学习小组组成助教组。

一、讲授：建立创新创业营虚拟组织的分层

（一）隐性知识和显性知识

新的知识总是源自个体。例如，研究者的真知灼见很可能会引出一项新的专利，一线工人凭借多年积累的经验可以对过程的创新提供宝贵的建议，创业者对市场趋势的直觉可以成为新创企业的催化剂。每个例子均触及一个重点，即将个人知识转变为有价值的组织知识。

1985 年，总部设在大阪的松下电器公司在全力组织研究一种新型的家用烤面包机。可是在让机器正确地完成揉面这道工序上，研发人员遇到了难题。尽管他们耗费了很多精力，面包还是总出现外焦里生的现象。研究人员为解决这个问题绞尽了脑汁，他们甚至动用 X 光机对机器揉制的面团与专业面包师揉成的面团进行了对比分析，可还是不能获得任何有意义的数据。

就在这时，软件研发人员田中郁子提出了一个很有创意的建议。在大阪地区，大阪国际饭店因其美味的面包闻名遐迩。为什么不用它作为模型呢？于是，田中郁子开始拜大阪国际饭店的面包大厨为师，向他学习揉面的手艺。田中郁子逐渐发现这位师傅的揉面技巧与众不同。在一年的反复实践之后，田中郁子与项目工程师们密切合作，终于确定了产品规格，并在机器内壁增添了特殊的肋骨状凸纹，从而成功地再现了她在饭店学得的揉面技艺。这个结果创造了松下公司独特的"麻花面团"技术。该产品在问世的一年里创下新型烹饪器具销售的新纪录。

田中郁子的创新事例生动地说明了两种不同类型知识之间的转换。转换过程的终点是"显性知识"。这对于烤面包机来讲，就是产品规格。显性知识属于形式和系统的知识范畴。因此，利用产品规格、科学公式或计算机程序等形式，我们可以比较容易

地交流并分享这类知识。

不过，田中郁子创新的起点却属于另外一类不容易被清楚表达的知识，即"隐性知识"，就像大阪国际饭店面包大师所拥有的那种知识，是个人化的知识。由于它难以转变为形式知识，因此不容易传达给其他人。

显性知识指容易转化为符号的知识，可以以有声和无声语言的方式加以表述，从而便于传播，可以存储于各种载体之中，如概念、命题、公式、图形等。隐性知识则不容易用符号记录，难以用语言加以表述。用哲学家迈克尔·波拉尼（Michael Polanyi）的话来讲："我们所知道的东西比能够说出来的要多。"用中国人的话来说则是"只可意会不可言传。"在波拉尼看来，隐性知识本质上是一种理解力。

知识越难以用文字表达，消耗成本越大，表示知识的隐性程度越高。知识资源就如一座冰山，结构化的显性知识就好像可见的顶峰，易于被识别、发现和共享，而冰山下隐藏的大部分是隐性知识。图1.1是显性知识与隐性知识的分类。

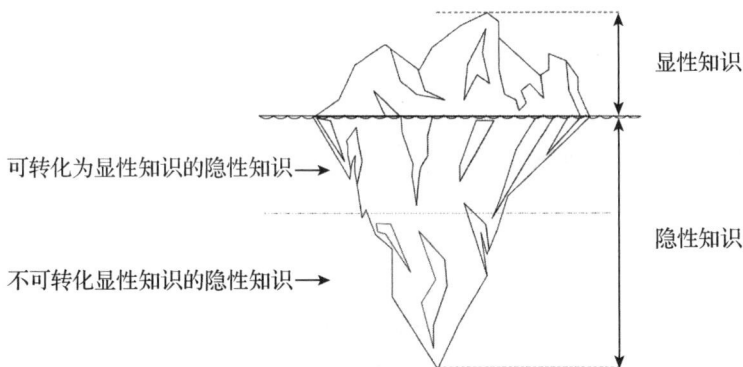

图1.1　知识冰山

如果对照项目三任务三中提到的KANO模型，在用户访谈中，用户只会谈论产品的期望功能，这属于可转化为显性知识的隐性知识；而更深层次的用户需求，可能就需要使用"攀梯术"这种探询方法去挖掘，这属于不可转化为显性知识的隐性知识。这种更深层次的用户需求，用户想不到说不出，需要创业者深刻的洞察来将这种用户需求转化为产品的"亮点功能"。而产品的亮点功能会给用户惊喜，从而帮助创业者获得竞争优势。

(二)隐性知识的特性

1. 隐性知识的模糊性

隐性知识不易被编码，不能通过语言进行有逻辑的说明，难以表达、传播和沟通，也难以共享，这种"只可意会不可言传"的模糊性使得隐性知识在表达、收集和交流方面存在着巨大的困难,由此造成了隐性知识学习方法的特殊性。学习隐性知识的重要方法是观察、领悟和练习(代入情境)。

2. 隐性知识的内嵌性

隐性知识与特定的环境和背景相关联,难以剥离情境而孤立存在。这种内嵌性决定了隐性知识很难孤立地转移,进而隐性知识的显性化需要思考如何呈现其存在的情境。

3. 隐性知识的个体依附性

部分隐性知识是个性化的知识,是个体在长期实践过程中逐渐积累起来的,是一种与认知者无法分离的知识。

4. 隐性知识的即时性

隐性知识存在于即时的实践活动中,它停留在时间层面,是即时性的,是根植于行为的知识。它产生于认知者正在进行的认知活动中,是一种动态的存在,是稍纵即逝的现象。

5. 隐性知识的非操纵性

知识"冰山"底层的隐性知识往往是不自觉的、无意识的。

(三)客户的问题或需求是隐性知识

创新创业的起点是发现目标客户待解决的问题或待满足的需求。这些问题或需求在特定情境中表现出来,附着于客户个体,往往难以用语言符号表述,是难以显性化的隐性知识。正如亨利·福特(Henry Ford)所说:"如果我问我的顾客他们想要什么,他们只会告诉我想要一匹更快的马。"史蒂夫·乔布斯(Steve Jobs)也曾说:"消费者并不知道自己需要什么,直到我们拿出自己的产品,他们就发现,这是我要的东西。"

创业者的对客户问题或需求的洞察、关于解决方案的创意,也是隐性知识。创业团队成员应积极地将个人的想法、团队的共识以各种可见的形式呈现出来。创新创业训练过程就是创业团队成员将自己的认知以各种可视手段在团队内进行共享,进而形成集体的新认知,最终产生出创新的产品(服务)。

(四)创新创业训练中隐性知识与显性知识如何相互转化

日本学者野中郁次郎的知识创造螺旋(SECI)模型推定了知识转化的四个模式。

1. 隐性知识共享的共同化(Socialization)

共同化是分享体验,并由此创造诸如共有心智模式和技能等隐性知识的过程。个体可以从他人那里不经语言直接获得隐性知识。如果没有形成共有体验的话,个体极难使自己置身于他人的思考过程之中。在前述例子中,田中郁子注意到面包大师不仅拉伸而且还搓捻面团,这个过程就是制作可口面包的奥秘所在。因此,她透过观察、模仿和练习,经过共同化,学到了面包大师的隐性知识。

共同化也发生在创业者和目标顾客之间。产品开发之前,以及产品投放市场之后与顾客的相互作用,事实上是分享隐性知识及创造改进想法的永无止境的过程。

2. 从隐性知识到显性知识的表出化(Externalization)

表出化是将隐性知识表述为形式概念的过程。我们可以采用比喻、类比、概念、假设、图像或模型等形式将隐性知识显性化。在头脑风暴过程中,团队成员将自己的想法写在便签纸上就是创意的表出。

3. 显性知识共享的联结化(Combination)

联结化是将各种显性知识彼此结合,形成一个综合的知识体系。通过对创业团队成员们的想法进行整理、增添、结合和分类,重新构造大家的创意,可以催生新创意。创业团队对创业愿景、产品概念、经营理念达成共识就是知识创造的联结化。

4. 从显性知识到隐性知识的内在化(Internalization)

内在化是使显性知识体现到隐性知识之中的过程。这个过程与"做中学"有着密切的关系。经过共同化、表出化和联结化三个过程中的体验,以共有心智模式内化到个体的隐性知识中,从而使得这些体验变成有价值的资产。

在接下来的训练过程中,学员应当及时将训练成果录入格式文档中并储存起来。文件或手册便于将显性知识传递给他人,从而有助于其他人员间接地体会这些经历。创业团队引入新成员或者与创业导师做咨询时都需要这些格式文档的帮助。

快速原型化加速了开发过程经验的积累,可以促进其内在化。在产品概念审定之后,团队应该尽快制作产品原型,在快速的迭代中,更新团队有关解决方案的知识。

在个人层次上积累的隐性知识必须与其他创业团队成员分享,这样才能激发新一轮知识创造的螺旋,见图1.2。

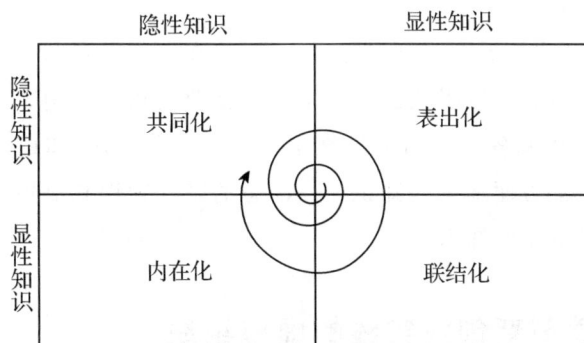

图 1.2 知识螺旋

在这个知识螺旋过程中,知识拥有者将自身的隐性知识外化为显性知识,知识获取者接受显性知识,并重构知识、内化知识,使显性知识转化为自身的隐性知识,从而实现隐性知识的共享。

创新创业训练过程可以被看作知识创造的过程。创新创业训练团队首先要深入了解用户场景，以田野调查、用户访谈等形式将目标客户的问题或需求等隐性知识共同化；然后在团队训练中将各自的洞察和创意以海报纸、便利贴等形式表达出来；接下来团队讨论的目的是知识的联结化；讨论成果可以激励团队成员采取下一步行动的共识是内在化。训练的阶段成果应以格式文档的形式储存起来。至此就达成创新创业团队隐性知识到显性知识的转化和共享，然后开始下一轮的创新创业认知。这种隐性知识到显性知识的不断转化，最终将创业团队对创新创业机会的认知转化为具体的创新创业产品（服务）。

（五）创新创业训练营的虚拟组织分层结构

为了使组织的隐性知识和显性知识良好地转化，训练营采用分层的组织结构。

1. 第一层："项目团队"层

各个团队的成员是从全校各个班级招募来的，在创业项目完成之前同学们被分成一个个团队在一起工作。"项目团队"层的主要工作是客户研究、制作用户画像、需求采集、市场调查、逆向路演等。"项目团队"层主要负责组织知识的共同化和表出化。

2. 第二层："业务系统"层

"业务系统"层执行训练营日常工作，呈层级金字塔形状。创业营团队成员在这一层将组成助教组、程式开发组、视频制作组、模型制作组、美工组等。这些小组将为创业营的各项目组的产品开发提供服务。"业务系统"层的主要工作是根据项目团队提交的需求进行程式开发和原型产品制作等。"业务系统"层将通过知识内在化和联结化生成组织的新知识。

3. 第三层："知识库"层

"项目团队"层和"业务系统"层产生的新知识将在这里贮藏和交换。"知识库"层包括创新创业教育云平台、项目团队云协作平台。创业营培训资料、参考资料、创业营训练中生成的过程文档和各项目组的最终参赛材料将存储在"知识库"层的云平台中。每位创业营的学员都能方便地进入知识库。动态的隐性知识和显性知识的循环可以创造与积累整个创业营的组织知识。

二、实做：建立创新创业实践的虚拟组织

①确定班长（课代表），帮助总体协调。

②所有学员加入教师指定的云协作群。

③随机分组。

④每组一个人轮值形成助教组，协助教师确保课堂正常运转。待观察后组建技术支持小组，如手绘、编程、PPT制作、视频制作和其他辅助技术支持。

任务二
认识中国"互联网＋"大学生创新创业大赛

🎯 任务说明

解读大赛通知，了解往届大赛；分析大赛项目可能的来源；学习使用工具"项目地图"；明确能获得大赛优异成绩的项目标准。

一、讲授：认知大赛

为贯彻落实党中央决策部署和《国务院办公厅关于深化高等学校创新创业教育改革的实施意见》，进一步激发高校学生创新创业热情，展示高校创新创业教育成果，搭建大学生创新创业项目与社会投资对接平台，教育部自2015年起联合有关部门成功举办了三届中国"互联网＋"大学生创新创业大赛。

2015年由李克强总理提议，首届大赛全国总决赛在吉林大学举办，李克强总理专门对大赛做出了重要批示。2016年第二届大赛全国总决赛在华中科技大学举行。时任国务院副总理刘延东出席了两届大赛，接见了获奖学生、指导教师、专家评委代表，并且就高校创新创业工作做出了重要指示。

2017年3月第三届大赛启动，并在西安召开了新闻发布会。2017年8月15日，习近平总书记专门给参与第三届大赛"青年红色筑梦之旅"的学生回信，这体现了党中央对当代青年大学生的深切关怀和殷切希望，也体现了总书记对高校创新创业工作的高度重视，给所有参赛学生以极大的鼓舞，并把大赛推向了新高潮，也将创新创业教育推向了新阶段。目前大赛已经成为覆盖全国高校、面向全体大学生、影响力很大的赛事活动，也成为高校深化创新创业教育改革的一个重要载体。同时，每年赛事也是对创新创业教育改革进行的一次大检阅。

(一)第四届中国"互联网＋"大学生创新创业大赛的通知主要内容

1. 大赛主题
勇立时代潮头敢闯会创，扎根中国大地书写人生华章。

2. 大赛目的与任务

旨在深化高等教育综合改革，激发大学生的创造力，培养造就"大众创业、万众创新"生力军；鼓励广大青年扎根中国大地了解国情民情，在创新创业中增长智慧才干，在艰苦奋斗中锤炼意志品质，把激昂的青春梦融入伟大的中国梦。

重在把大赛作为深化创新创业教育改革的重要抓手，引导各地各高校主动服务国家战略和区域发展，积极开展教育教学改革探索，切实提高高校学生的创新精神、创业意识和创新创业能力。推动创新创业教育与思想政治教育紧密结合、与专业教育深度融合，促进学生全面发展，努力成为德才兼备的有为人才。推动赛事成果转化和产学研用紧密结合，促进"互联网＋"新业态形成，服务经济高质量发展。以创新引领创业、以创业带动就业，努力形成高校毕业生更高质量创业就业的新局面。

3. 组织机构

本次大赛由教育部、中央网络安全和信息化领导小组办公室、国家发展和改革委员会、工业和信息化部、人力资源和社会保障部、环境保护部、农业部、国家知识产权局、国务院侨务办公室、中国科学院、中国工程院、国务院扶贫开发领导小组办公室、共青团中央和福建省人民政府共同主办，厦门大学承办。

大赛设立组织委员会(简称大赛组委会)，由教育部部长陈宝生和福建省省长唐登杰担任主任，有关部门负责人作为成员，负责大赛的组织实施。

大赛设立专家委员会，由中国工程院原常务副院长潘云鹤担任主任，国家知识产权局原局长田力普担任副主任，社会投资机构、行业企业、大学科技园、高校和科研院所专家作为成员，负责参赛项目的评审工作，指导大学生创新创业。

大赛设立纪律与监督委员会，对大赛组织评审工作和协办单位相关工作进行监督，并对违反大赛纪律的行为给予处理。

本次大赛由中国建设银行和中国高校创新创业教育联盟、全国高校创新创业投资服务联盟、中国教育创新校企联盟、中国高校创新创业孵化器联盟、中关村百人会天使投资联盟、全国高校双创教育协作媒体联盟(新华社、中央电视台、中国教育报、中国教育电视台、光明校园传媒等)等参与协办。

4. 参赛项目要求

参赛项目能够将移动互联网、云计算、大数据、人工智能、物联网等新一代信息技术与经济社会各领域紧密结合，培育新产品、新服务、新业态、新模式；发挥互联网在促进产业升级以及信息化和工业化深度融合中的作用，促进制造业、农业、能源、环保等产业转型升级；发挥互联网在社会服务中的作用，创新网络化服务模式，促进互联网与教育、医疗、交通、金融、消费生活等深度融合。参赛项目主要包括以下类型。

①"互联网＋"现代农业，包括农林牧渔等。

②"互联网＋"制造业，包括智能硬件、先进制造、工业自动化、生物医药、节能环保、新材料、军工等。

③"互联网＋"信息技术服务，包括人工智能技术、物联网技术、网络空间安全技术、大数据、云计算、工具软件、社交网络、媒体门户、企业服务等。

④"互联网＋"文化创意服务，包括广播影视、设计服务、文化艺术、旅游休闲、艺术品交易、广告会展、动漫娱乐、体育竞技等。

⑤"互联网＋"社会服务，包括电子商务、消费生活、金融、财经法务、房产家居、高效物流、教育培训、医疗健康、交通、人力资源服务等。

⑥"互联网＋"公益创业，以社会价值为导向的非营利性创业。

参赛项目不只限于"互联网＋"项目，鼓励各类创新创业项目参赛，根据行业背景选择相应类型。以上各类项目可自主选择参加"青年红色筑梦之旅"活动。

参赛项目须真实、健康、合法，无任何不良信息记录，项目立意应弘扬正能量，践行社会主义核心价值观。参赛项目不得侵犯他人知识产权；所涉及的发明创造、专利技术、资源等必须拥有清晰合法的知识产权或物权；抄袭、盗用、提供虚假材料或违反相关法律法规的行为一经发现，相关项目及负责人即刻丧失参赛相关权利并自负一切法律责任。

参赛项目涉及他人知识产权的，报名时需提交完整的具有法律效力的所有人书面授权许可书、专利证书等；已完成工商登记注册的创业项目，报名时需提交单位概况、法定代表人情况、股权结构、组织机构代码复印件等。参赛项目可提供当前财务数据、已获投资情况、带动就业情况等相关证明材料。

5. 参赛对象

根据参赛项目所处的创业阶段、已获投资情况和项目特点，大赛分为创意组、初创组、成长组、就业型创业组。具体参赛条件如下。

①创意组。参赛项目具有较好的创意和较为成型的产品原型或服务模式，在2018年5月31日(以下时间均包含当日)前尚未完成工商登记注册。参赛申报人须为团队负责人，须为普通高等学校在校生(可为本专科生、研究生，不含在职生)。

②初创组。参赛项目工商登记注册未满3年(2015年3月1日后注册)，且获机构或个人股权投资不超过1轮次。参赛申报人须为初创企业法人代表，须为普通高等学校在校生(可为本专科生、研究生，不含在职生)，或毕业5年以内的毕业生(2013年之后毕业的本专科生、研究生，不含在职生)。企业法人在大赛通知发布之日后进行变更的不予认可。

③成长组。参赛项目工商登记注册3年以上(2015年3月1日前注册)；或工商登记注册未满3年(2015年3月1日后注册)，且获机构或个人股权投资2轮次以上。参赛申报人须为企业法人代表，须为普通高等学校在校生(可为本专科生、研究生，不含

在职生），或毕业 5 年以内的毕业生（2013 年之后毕业的本专科生、研究生，不含在职生）。企业法人在大赛通知发布之日后进行变更的不予认可。

④就业型创业组。参赛项目能有效提升大学生就业数量与就业质量，主要面向高职高专院校的创新创业项目（高职高专院校也可申报其他符合条件的组别），其他高校也可申报本组。若参赛项目在 2018 年 5 月 31 日前尚未完成工商登记注册，参赛申报人须为团队负责人，须为普通高等学校在校生（可为本专科生、研究生，不含在职生）。若参赛项目在 2018 年 5 月 31 日前已完成工商登记注册，参赛申报人须为企业法人代表，须为普通高等学校在校生（可为本专科生、研究生，不含在职生），或毕业 5 年以内的毕业生（2013 年之后毕业的本专科生、研究生，不含在职生）。企业法人在大赛通知发布之日后进行变更的不予认可。

以团队为单位报名参赛。允许跨校组建团队，每个团队的参赛成员不少于 3 人，须为项目的实际成员。参赛团队所报参赛创业项目，须为本团队策划或经营的项目，不可借用他人项目参赛。已获往届中国"互联网＋"大学生创新创业大赛全国总决赛金奖和银奖的项目，不再报名参赛。

初创组、成长组、就业型创业组已完成工商登记注册参赛项目的股权结构中，参赛成员合计不得少于 1/3。

高校教师科技成果转化的师生共创项目不能参加创意组，允许将拥有科研成果的教师的股权合并计算，合并计算的股权不得少于 50%（其中参赛成员合计不得少于 15%）。

各省、自治区、直辖市教育厅（教委），新疆生产建设兵团教育局，各高等学校负责审核参赛对象资格。

6."青年红色筑梦之旅"赛道

增设"青年红色筑梦之旅"赛道，参加此赛道的项目须为参加"青年红色筑梦之旅"活动的项目。各省（区、市）教育厅（教委）、各高校要组织大学生创新创业团队到各自对接的县、乡、村和农户，从质量兴农、绿色兴农、科技兴农、电商兴农、教育兴农等多个方面开展帮扶工作，推动当地社会经济建设，助力精准扶贫和乡村振兴。

参加"青年红色筑梦之旅"活动的项目可自主选择参加主赛道或"青年红色筑梦之旅"赛道比赛，但只能选择参加一个赛道。

7. 国际赛道

打造大赛国际平台，提升大赛全球影响力。由国际赛道专家组会同全球大学生创新创业联盟（等）择优遴选推荐项目。鼓励各高校推荐国外友好合作高校的项目参赛、鼓励各高校推荐海外校友会作为国际赛道合作渠道。

8. 比赛赛制

大赛采用校级初赛、省级复赛、全国总决赛三级赛制。校级初赛由各高校负责组织，省级复赛由各省(区、市)负责组织，全国总决赛由各省(区、市)按照大赛组委会确定的配额择优遴选推荐项目。大赛组委会将综合考虑各省(区、市)报名团队数、参赛高校数和创新创业教育工作情况等因素分配全国总决赛名额。每所高校入选全国总决赛团队总数不超过4个。

全国共产生600个项目入围全国总决赛主赛道，通过网上评审，产生150个项目进入全国总决赛现场比赛。港澳台地区参赛名额单列，通过网上评审，产生20个项目进入总决赛现场比赛。全国共产生200个项目入围全国总决赛"青年红色筑梦之旅"赛道，通过网上评审，产生40个项目进入全国总决赛现场比赛。国际赛道产生30~60个项目进入全国总决赛现场比赛。

9. 创意组项目评审要点

评委会分别通过创新性、团队情况、商业性和带动就业前景四个角度对项目进行审核。

第一，创意组对项目创新性的评审要求。突出原始创意的价值，不鼓励模仿。强调利用互联网技术、方法和思维在销售、研发、生产、物流、信息、人力、管理等方面寻求突破和创新。鼓励项目与高校科技成果转移转化相结合。

以上共40分。

第二，创意组对项目团队情况的评审要求。考察管理团队各成员的教育和工作背景、价值观念、擅长领域，成员的分工和业务互补情况；公司的组织构架、人员配置安排是否科学；创业顾问，主要投资人和持股情况；战略合作企业及其与本项目的关系，团队是否具有实现这种突破的具体方案和可能的资源基础

以上共30分。

第三，创意组对项目商业性的评审要求。在商业模式方面，强调设计的完整性与可行性，完整地描述商业模式，评测其盈利能力推导过程的合理性。在机会识别与利用、竞争与合作、技术基础、产品(服务)设计、资金及人员需求、现行法律法规限制等方面具有可行性。在调查研究方面，考察行业调查研究程度，项目市场、技术等调查工作是否形成一手资料，不鼓励文献调查，强调田野调查和实际操作检验。

以上共25分。

第四，创意组对项目带动就业前景的评审要求。综合考察项目发展战略和规模扩张策略的合理性和可行性，预判项目可能带动社会就业的能力。

以上共5分。

10. 就业型创业项目评审要点

项目团队。评审内容包括团队成员互补与协调性、组织结构设置合理性、股权结构设置合理性。

以上加总得分共 20 分。

商业性。评审内容包括：生存性和盈利能力、可行性和完整性、可复制性。

以上加总得分共 20 分。

创新性。评审内容包括：岗位创新、技能创新、技术创新、产业协同创新、模式创新。

以上单项得分(满足任一单项得满分)共 20 分。

带动就业。评审内容包括：与当地经济发展紧密结合，促进区域社会经济转型升级；带动就业人数。

以上加总得分共 40 分。

11. 大赛奖项

大赛主赛道设金奖 50 个、银奖 100 个、铜奖 450 个。另设港澳台项目金奖 5 个、银奖 15 个、铜奖另定；国际赛道金奖 15 个、银奖和铜奖另定。设最佳创意奖、最具商业价值奖、最佳带动就业奖、最具人气奖各 1 个。获奖项目颁发获奖证书，提供投融资对接、落地孵化等服务。

设"青年红色筑梦之旅"赛道金奖 10 个、银奖 30 个、铜奖 160 个。设"乡村振兴奖""精准扶贫奖"等单项奖若干，奖励对农村地区教育、科技、农业、医疗、扶贫等方面有突出贡献的项目。

设高校集体奖 20 个、省市优秀组织奖 10 个和优秀创新创业导师若干名。设"青年红色筑梦之旅"高校集体奖 20 个、省市优秀组织奖 8 个和优秀创新创业导师若干名。获奖单位颁发获奖证书及奖牌。

(二)对大赛通知的解读

从大赛组织机构来看，其体现了国家意志。主办机构由第三届大赛的 9 个部委增加到 13 个，新增了环境保护部、农业部、国务院侨务办公室、国务院扶贫开发领导小组办公室 4 个部委。这意味着大赛重要性的进一步提升。

第四届大赛将"青年红色筑梦之旅"这一主题提到了一个新的历史高度。不仅出现在大赛"1+5"系列活动中，还单独增设了该主题的赛道，相当于是除了创意组、初创组、成长组和就业型创业组以外的第五个组别。参与"青年红色筑梦之旅"的项目须为青年创新创业项目，在推进革命老区、贫困地区经济社会发展等方面有创新性、推广性和实效性。"青年红色筑梦之旅"赛道单列奖项、单独设置评审指标，要求突出项目的社会贡献和公益价值。

"互联网+"的概念：移动互联网、云计算、大数据、人工智能、物联网等新一代信息技术与经济社会各领域紧密结合，培育基于互联网新时代的新产品、新服务、新业态、新模式。

"互联网＋"的手段：移动互联网，云计算，大数据，人工智能，物联网。

"互联网＋"经济、社会各领域，形成了 6 大赛道 39 个子赛道，可以通过工具"项目地图"直观地体现出来。这个工具接下来就会讲到。

创意组的拿分关键：要突出商业创意（创新性和商业性拿分），而且，这个商业创意需要能以产品原型来展示（团队情况拿分），就算只是一个 App 交互演示，一个模型，一个公众号，也是可以的；当然，产品原型越"成型"越好，越接近成品越好。

就业型创业组的拿分关键：利用地理优势，与当地经济发展紧密结合，促进区域社会经济转型升级；带动就业。

二、讲授：大赛项目来源，学习使用工具"项目地图"

（一）大赛项目的十大来源

①学生自发项目。源自学生们的奇思妙想。

②科技成果转化。这是历届金奖大户。科研处要进行科研成果的开发，把科技成果展示出来。比如，可以让有研究成果的教师到创业营面向学生进行"逆向路演"，阐述自己研究成果的优势，在哪些领域有应用可能，吸引学生进行师生共创，把研究成果转化为创业项目。

③产教融合协同创业。企业有哪些项目希望学校对接的？可以将企业的创新大项目拆分成学校可以承接的小部分，交由学生创业团队形成创业项目。

④特色专业＋优势学科。特色转化为优势。内蒙古的"特色"关键字有：草原、旅游、国防、民族、高寒、地广人稀、能源产业等。要注意的是，项目的"特色"要能够商业化并大范围推广，受众群体不能太另类，市场不能太小。

⑤互联网＋最新技术。可以使用"项目地图"这个工具来进行研究探索。

⑥师生同创。鼓励学生和老师一起创业。注意要让学生有当老板的获得感，而不仅仅是给老师打工。所以师生在股权结构上要进行商讨，做出科学的、人性化的配置。

⑦第三方电子商务平台。这类项目获奖可能性越来越小，数量多，门槛低，竞争压力大，除非做到对原有行业有所颠覆。

⑧家族产业与产权。从学生的家族企业中衍生出的创业项目，能够借助家族的资源优势、行业经验等。

⑨政府公共采购和社会公益服务。社会公益项目要专注社会价值的体验，而且可以自主造血生存。

⑩"一带一路"与经济全球化。在国内市场饱和的情况下，观察国外是否还有空白市场。

(二)大赛项目表①

大赛项目表见表1.1。

表1.1　第四届中国"互联网＋"大学生创新创业大赛项目表

"互联网＋"创新创业"项目地图"			新一代信息技术					
			移动互联网	云计算	大数据	人工智能	物联网	虚拟现实
经济社会各领域	"互联网＋"现代农业	1　农						
		2　林						
		3　牧						
		4　渔						
	"互联网＋"制造业	5　智能硬件						
		6　先进制造						
		7　工业自动化						
		8　生物医药						
		9　节能环保						
		10　新材料						
		11　军工						
经济社会各领域	"互联网＋"信息技术服务	12　人工智能技术						
		13　物联网技术						
		14　网络空间安全技术						
		15　大数据						
		16　云计算						
		17　工具软件						
		18　社交网络						
		19　媒体门户						
		20　企业服务						
	"互联网＋"文化创意服务	21　广播影视						
		22　设计服务						
		23　文化艺术						
		24　旅游休闲						
		25　艺术品交易						
		26　广告会展						
		27　动漫娱乐						
		28　体育竞技						

---

① 本书部分案例及分析出自内部培训资料。

续表

"互联网＋"创新创业"项目地图"			新一代信息技术					
			移动互联网	云计算	大数据	人工智能	物联网	虚拟现实
经济社会各领域	"互联网＋"社会服务	29	电子商务					
		30	消费生活					
		31	金融					
		32	财经法务					
		33	房产家居					
		34	高效物流					
		35	教育培训					
		36	医疗健康					
		37	交通					
		38	人力资源服务					
	"互联网＋"公益创业	39	公益创业					

参照大赛通知原文："参赛项目要求能够将移动互联网、云计算、大数据、人工智能、物联网等新一代信息技术与经济社会各领域紧密结合，培育基于互联网新时代的新产品、新服务、新业态、新模式。"于是，6项新一代信息技术和39个经济社会领域组合就能够产生234个创新创业空间，每一个创新创业空间都可能创造出不同的新产品、新服务、新业态、新模式，这样就有936种可能的创新创业项目。

三、讲授：大赛好项目的标准

一个成功的创业项目＝好的想法＋创新的产品＋优秀的团队＋强有力的执行。

（一）取势

中国人讲顺势而为，"势"，指趋势和优势。"长"要做对趋势，"短"要用足优势。就是说创业项目要有特色，有自己的底蕴，同时符合外部大趋势。创新创业者要能够发现外部热点，在大势当中发现未满足的需求就可能是好的创业机会。接下来我们会学习"商业预测"的方法来帮助构建创业项目的未来竞争力。

（二）明道

道就是想法。创业者把握时机，基于大势中的热点，萌发了一个创业想法。创业想法要关注需求。客户需求是基础，创业者必须明确自己想解决的问题到底是什么及其是否足够具体、是否值得被解决。创业者要注意验证创业想法是不是"伪需求"，不能"为了卖一种药，生造一种病"。创业者要关注市场格局，要调查清楚问题是否已经有人在解决，他们解决得好不好，还有哪些机会。

（三）优术

术就是产品。再放大来看，术就是商业模式。创业者要做出产品来解决所发现的问题。创业者有了创业想法之后先做两件事，一是在搜索引擎中搜索，二是在购物网络上查询看看是否已有同类产品。如果已有同类产品，自己的产品就要能够做出差异，要有比较优势与竞争壁垒。能够做强、做大、做长的企业都是靠着优秀产品的。要做出优秀的产品，就要以用户为中心，要关注用户，接触用户，跟用户对话，不然就是"闭门造车"。为了避免"闭门造车"，创业者要快速行动，要尽快拿出最小化可行产品（Minimum Viable Product，MVP），尽快验证创业想法。通过最小化可行产品与目标用户进行接触，拿到用户反馈后进行产品迭代。创业者通过一轮又一轮快速的构思、设计、开发和打磨，做出用户热爱的产品。让 100 人为你的产品疯狂，远胜于 1 万人觉得你的产品还行。创业初期切忌做大而全的产品，问问自己如果只做一个功能，那么要做哪个功能。也就是说，初期功能要聚焦，先抓核心功能，用最少的金钱、最短的时间，来验证创业想法。

（四）合众

创业者们的目标和愿景一致，彼此欣赏，彼此信任，组成个性气质、技能、经验、资源互补的团队。

（五）践行

团队只有一个好的创意还不行，创业团队的执行力往往体现在产品的快速迭代上。从构思想法到真正落地执行的速度以及调整能力体现出一个团队的真正实力。创意组团队做出了产品、产品有着市场验证的数据、产品有用户、产品赚到钱……都算好的执行。

总结：创业想法别太大。大赛评委都是投资人，他们不看 PPT 有多好，演讲口才有多好，主要看这个创业是真是假，这个团队行不行，这个项目有没有机会赚钱，技术过不过关。所以，在一个细分领域做小而美，把一个小刚需做到极致，往往是明智的创业选择。

任务三
如何激发创业想法

任务说明

学习使用情景规划 WUS(Wish，Useable，Should)模型；使用 WUS 模型思考创业方向。

一、讲授：WUS 模型

作为创新创业者，我们实际上是在为新问题寻找答案。如果我们想找到有价值的创业想法，就必须放弃直线思维而应颠倒过来以终为始来思考。一个好的创业想法要考虑到所有的要素。这意味着我们必须从点滴思想开始，以此为起点构建整个画面，直到新的未来情景出现。这些未来情景能成为新战略的雏形。但是，思想必须有来源。能够激励创业者萌发有价值的创业想法的来源有趋势、团队核心能力以及团队愿景。

也就是说，创业团队的一个好的创业想法应该能够肯定地回答以下三个问题。

①该创业想法有助于创业团队期望的方向吗？（期望）

②该创业想法利用了创业团队当前的优势能力和团队资产吗？（利用）

③该创业想法与未来环境匹配吗？（应该）

也就是从期望(Wish)、利用(Useable)、应该(Should)三个维度综合考虑。

WUS 模型见图 1.3。

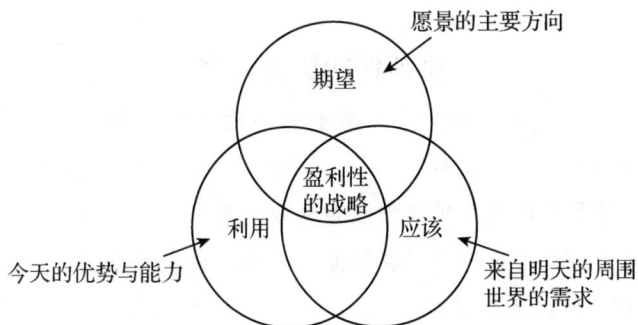

图 1.3 WUS 模型

二、实做：思考创业方向

在纸上画出 WUS 模型，专注自己的呼吸，同时思考以下三个问题，仅思考即可，不必给出答案。（至少 5 分钟）

①你期望成为怎样的自己？你期望你所在的世界成为怎样的世界？（期望）

（活出最好的自己，让世界更美。）

②你当前的竞争优势是什么？你可以利用的属于你的资产有哪些？（利用）

（扬长避短，展示最好的自己。）

③你认为哪些外部趋势中蕴藏着创业机会？（应该）

（顺应外部趋势，响应外部需求。）

任务四
商业预测

🎯 任务说明

学习商业预测理论和方法；分组以中国"互联网＋"大学生创新创业大赛金奖项目为案例做趋势的预测练习，并将案例分析结果上传至云端。

一、预测趋势是重要的创新创业技能

🔍 案 例

康师傅的快速衰败

康师傅是中国台湾地区的在全球颇具影响力的方便面企业。可是就在 2017 年年初，各大网站就纷纷报道了中国台湾康师傅解散的消息，纵使康师傅的母公司顶新集团出面解释原因，但是已经难掩康师傅业务衰败的事实。

纵观康师傅从进入大陆市场到现在的业务衰退，我们可以分为两个阶段来分析。

（一）1992—2011 年：走向巅峰

1992 年，顶新集团投入 800 万美元在大陆推出了康师傅方便面；2011 年，康师傅的市值达到巅峰，价值 1400 亿港元。为什么康师傅在将近 20 年的时间内会有如此大的发展？我们分析发现，这段时间康师傅赶上了大陆的政策红利和人口红利。

1. 政策红利。1992年，邓小平在南方谈话中明确了改革开放的政策方向。各地为了更好地吸引境外投资，给境外企业提供了包括土地和税收在内的各种优惠政策，即政策红利。康师傅在1992年进入大陆，正好赶上了这个大好形势，享受了政策红利。

2. 人口红利。这时正好赶上了大陆的人口红利期。何谓人口红利？人口学认为，在人口结构转变过程中，由于出生率下降和老年人口增长有限，会出现一段劳动年龄人口占比较高、数量相对较多的人口结构"黄金时代"。这一时期，抚养比(少年人口与老年人口之和/劳动年龄人口)较低，劳动力负担较轻，有利于储蓄和投资的增长，从而为经济发展提供人口红利。推动改革开放，我们需要大批的劳动力。1990年第四次全国人口普查数据表明，我国进入了人口红利期。

改革开放的好政策，加上大陆的区域发展不平衡，导致劳动力开始大规模流动，在"时间就是金钱，效率就是生命"的影响下，庞大的劳动人口对于方便面的需求被大大激发出来，康师傅抓住这一机遇，获得了将近20年的黄金发展期，一步步走向了巅峰。

(二)2012—2017年：跌入低谷

2017年第一季度，康师傅的市值只剩下500亿港元左右，5年间市值缩水超过900亿港元。事实上，康师傅业绩的颓势早在2014年就初见端倪。2014年，康师傅的营业额为10238亿美元，同比下降6.43%。

2014年的营业额已经有下滑迹象，康师傅却没有及时调整。目前的局面很大程度上是因为康师傅沉溺于过去的成功，依然沿用既定的思路，没有警惕不确定性，忽略了新的变化。这些变化主要体现在三个方面：人口红利的衰减、消费升级和O2O(Online to Offline，线上到线下)外卖的崛起。

1. 人口红利的衰减。1990年、2010年，大陆的人口红利逐步提升。2010年，人口红利上升到峰值，然后人口红利逐渐衰减。这个时间点与康师傅在2011年达到市值巅峰也基本吻合。

2. 消费升级。国际权威的统计数据表明，当一个地区的人均GDP达到8000美元时，该地区的消费者将会发生消费升级，即消费者手里有了更多的钱，他们需要消费更好的东西。2015年，大陆的人均GDP达到了7956美元，进入了这一阶段。在消费升级的趋势下，曾经便于储存、携带的方便面在人们健康意识的觉醒中正逐渐被淘汰，"不健康"的标签牢牢地贴在方便面的身上，大家对方便面的消费锐减。

3. O2O外卖的崛起。公开资料显示，自2013年以来，伴随着互联网O2O模式的兴起，餐饮外卖市场得到了井喷式发展，美团外卖、百度外卖、饿了么等外卖平台纷纷涌现。方便性是方便面深得消费者青睐的主要原因，但是外卖O2O的兴起使消费者足不出户就能购买到周围的美食，在方便性上不亚于方便面，而且选择性更多，产品相对健康营养。因此，外卖O2O对康师傅的方便面业务造成了冲击。

不管是"2010 年大陆的人口红利开始衰减""2015 年大陆人均 GDP 达到 8000 美元，消费升级启动"还是"O2O 外卖的崛起"，很多公开数据都可以通过互联网获取，只要积极地利用这些数据进行预测，就不难发现趋势的变化。但是，这些本可以预测的趋势都被康师傅忽略了，所以康师傅才有了现在的困境。

从康师傅的案例我们不难看出，忽略市场的不确定性，只是一成不变地沿着老路走，不主动预测趋势和把握趋势，后果就是快速衰败。

不确定性，通俗来讲，就是以往确定的事情现在变得不确定了，出现意外或新变化的概率大大增加。

不确定性中不只有危机，与之同在的还有机遇。创新创业者要有能力看到外部环境中不确定蕴藏的机会，把握时机打造新业务或新产品，进而组建初创企业；同时，初创企业要想生存并发展，创业者就要在紧紧把握机会的同时有能力看到外部环境中不确定的危机，并予以回避。这样的能力称为"预测趋势"。预测趋势就是主动收集和研究不确定性带来的新变化，从中发现蕴藏在新变化中的趋势，把握趋势，顺势而为。

二、如何预测趋势

著名的科幻小说家威廉·吉布森（William Ford Gibson）对预测未来有着深刻的理解，说过很多富有哲理的话，其中有一句名言被未来学领域广为引用："未来已来，只是尚未普及。"

"未来已来"是因为已经有信号在暗示人们未来的样子，但是因为没有大规模普及，所以信号很容易被大家忽略。识别身边的信号是非常重要的第一步，但是只留意信号是不够的，因为有些信号只是昙花一现的假信号，无法扩大为趋势。有些信号则因为背后有强大驱动力的推动，会进一步扩大和普及，这样的信号才能成为未来的趋势。所以，我们要研究信号背后是否有驱动力的推动，这是第二步。识别出了信号，也找到了信号背后的强大驱动力，我们就可以预测在驱动力的驱动下，信号怎样一步步成为趋势，这是第三步。这就是识别大势的三大步骤：第一步收集信号，第二步找出驱动力，第三步做出预测。

（一）收集信号

要收集信号，就先要弄明白什么是信号。根据美国未来学院的定义，信号是在规模、影响和地理分布上具备扩散潜力的小创新，这些小创新汇集起来能告诉你未来的趋势。请注意定义中的两个关键词：①扩散潜力，即未来有进一步扩大的能力；②小创新，就是新事物，不是旧事物。

基于这两个关键词，我们需要关注日常身边出现的新事物，而且如果这些新事物有扩大的潜力，很有可能就是我们要找的信号。常见的信号有新产品、新做法、新的市场策略、新政策、新技术、新现象和新组织。中国"互联网＋"大学生创新创业大赛的大奖项目都可以被看作明显的信号。例如，第二届中国"互联网＋"大学生创新创业大赛总决赛第四名的 ofo 共享单车，就是一种新做法。2016 年 10 月 12 日至 15 日，在第二届中国"互联网＋"大学生创新创业全国总决赛上，ofo 共享单车从全国 2110 所大学、118804 个创业项目、545808 名大学生中脱颖而出，最终获得金奖，项目团队受到了刘延东的接见。ofo 共享单车把普通自行车与移动互联网 App 相结合，引发了国内外风险投资的疯狂追捧。从 2016 年开始到现在，各大风险投资基金对 ofo 共享单车的投资已经达到了数十亿美元。

(二)找出驱动力

在找到了信号之后，我们还需要分析信号背后是否有强大的驱动力推动。因为有驱动力的推动信号才能进一步发展成为趋势，而且信号背后的驱动力越多，说明推动信号的力量越大。那么，信号背后的驱动力有哪些呢？

让我们回到 ofo 这个大赛金奖项目，来分析一下其背后的驱动力。

社会方面：人们对健康越来越重视，愿意使用骑行作为短途出行方式。

技术方面：ofo 采用的是物联网智能锁，物联网技术成为其驱动力。

经济方面：一方面，我国共享经济发展突飞猛进，成为中国经济增长的重要驱动力；另一方面，移动支付成为年轻人习惯的支付手段，一元钱的骑行费用十分低廉。

环境方面：共享单车可以缓解交通拥堵，减少环境污染。

政策方面：党和国家的政策鼓励大学生创新创业，推动互联网创新创业。

我们称这五类最常见的驱动力为 STEEP(Social，Technology，Economic，Environment，Policy)驱动力。

1. 第一类驱动力：社会(Social)驱动力

社会驱动力主要指人口状况和文化背景。人口状况主要包括人口规模、年龄结构、受教育程度、人口结构、种族结构等因素。文化背景主要包括宗教信仰、社会主流价值观、代际价值观变化等。在社会驱动力方面，人口老龄化是正在影响中国发展的重要驱动力。

目前，中国已经成为世界上老年人口最多的国家，也是人口老龄化发展速度最快的国家之一。据联合国统计，到 21 世纪中期，中国将有近 5 亿人口超过 60 岁，而这个数字将超过美国人口总数。

人口老龄化主要带来了两个方面的问题。第一，人口红利逐渐消失，这意味着劳动力人数开始下降，同时劳动力成本很有可能上升。第二，养老问题很严峻，由于老龄人口的抚养比不断上升，所以劳动力的负担越来越重。

人口问题是商业预测的基本问题，因为人既是消费者，也是生产者，人口的变化会给很多方面带来根本性的影响。

2. 第二类驱动力：技术（Technology）驱动力

技术驱动力是指有关的新技术、新工艺、新材料的出现、发展以及应用。技术驱动力是我们最为熟悉的，因为互联网和移动互联网技术的大规模应用，我们的生活已经发生了很大变化。在分析技术驱动力时，我们需要考虑几个根本问题。第一，技术是否降低了产品和服务的成本，并提高了质量。第二，技术是否为消费者和企业提供了更多的创新产品与服务。第三，技术是否为企业提供了一种全新的与消费者进行沟通的渠道。

在技术驱动力方面，物联网已经成为未来对我国各行业有重大影响的一类技术驱动力。

3. 第三类驱动力：经济（Economic）驱动力

经济驱动力包括 GDP 或人均 GDP、通货膨胀、失业率水平、居民可支配收入水平、汇率、各方面成本、市场机制、市场需求等。2015 年中国人均 GDP 达到 8000 美元，就是非常重要的经济驱动力。消费升级这一趋势就是被这一驱动力推动的。

4. 第四类驱动力：环境（Environment）驱动力

环境驱动力包括全球气候环境、可持续发展环境、环境污染等。事实上，环境驱动力已经在越来越多的方面影响着中国的发展。无论前些年的节能减排，还是近年来的雾霾问题，都是非常重要的环境驱动力。

5. 第五类驱动力：政策（Policy）驱动力

政策驱动力包括国际政策和国内的各种政策及法律法规。在中国，政策是非常强有力的驱动力。例如，为了缓解中国的人口老龄化，国家出台了二孩政策；为了促进中国制造业的产业升级，国家出台了"中国制造 2025"计划等一系列政策。

（三）做出预测

对于创业者来说，未来有两种状态：一是"合理的未来"，是在政治、经济、环境、社会、科技等驱动力的推动下，同时在创业者不干预事件发展方向的条件下，有可能发生的状态；二是"创业愿景"，是"合理的未来"中与创业者对未来的需要、价值观相一致的部分，揭示的是人们欲实现的状态，见图 1.4。

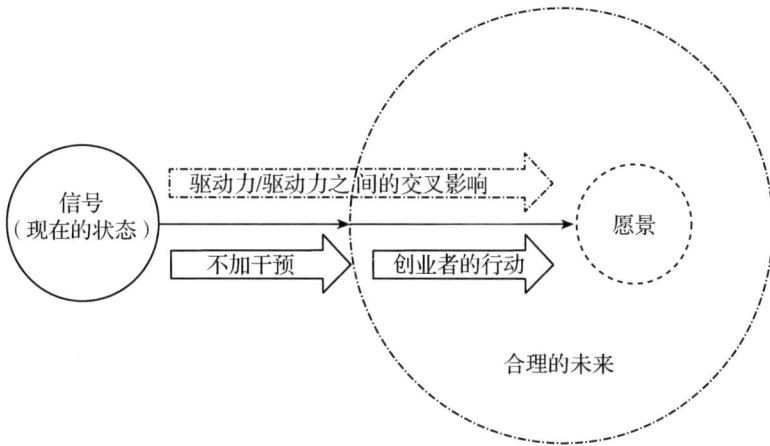

图 1.4 愿景规划过程示意

预测未来需要做因果推演，分析驱动力会如何产生一系列的连锁反应。例如，某城市发生了特大地震，决策者在下达救援命令前要进行推演。

地震发生后，首先出现大面积的基础设施被破坏，很多人失去生命，交通瘫痪。紧接着，由于基础设施大面积被破坏，所以很多人无家可归，就会被集中到某个疏散区域生活。同时，需要处理的尸体很多，交通瘫痪使外部的救援无法及时到位。事态继续发展。由于很多尸体得不到及时处理，会导致疾病，加上人们被集中到某个区域和救援无法及时进入灾区，所以疾病会被大范围传播……所以，特大地震发生后，一定要做好防疫措施。决策者只有做了充分的推演，才能做出正确的判断，从而将未来发展控制在我们想要的范围内。

三、实做：趋势的预测练习

①趋势分析模板(表 1.2)。

表 1.2 趋势分析模板

信号(大赛金奖项目):		
政治	信号	
	动力	
经济	信号	
	动力	
社会	信号	
	动力	

科技	信号	
	动力	
生态	信号	
	动力	

②给每个组指定一个中国"互联网＋"大学生创新创业大赛金奖项目（信号）作为案例，进行趋势分析。

③请指出该项目背后有哪些明显的驱动力。每一个同学都使用便签分别写下自己的想法。

④各组在海报纸上将便签进行汇总归类，得出小组结论。

⑤各组上台进行展演，分享自己的收获。

⑥将趋势分析文档上传至云端。

任务五
愿景规划

🎯 **任务说明**

讲述愿景故事；使用愿景模板输出愿景规划至云端。

一、构建创业愿景

当我们通过观察信号分析出了推动这个世界发展的各种驱动力，创业者就能够尝试预测驱动力对未来世界的影响，推演在驱动力的推动下，信号在未来会一步步出现什么样的变化，从而推演出合理的未来。在这合理的未来之中，创业者构建自己的创业愿景。例如，通过观察苹果 iPhone 智能手机等流行的新产品，我们能够分析出它们利用了几种共存的趋势，包括年轻人有了更多的可支配收入（经济趋势）、人口流动性不断增强（社会趋势）以及电子产品越来越小型化（技术趋势）。据说史蒂夫·乔布斯正是在冥想中看到了趋势形成的未来情景从而决定"重新发明"手机。

（一）阐述创业愿景

情景：关于各种可能的未来的故事。

愿景：创业者想创造的未来的故事。

例如，ofo 的愿景："在未来 ofo 希望不生产自行车，只连接自行车，让人们在全世界的每一个角落都可以通过 ofo 解锁自行车，满足短途代步的需求。"有了愿景，ofo 的使命也随之清晰："致力于解决城市出行问题。"

创业者构建并阐述愿景，本质上就是撰写并讲故事，是对不同的情景逻辑将如何发挥作用并创造不同的未来的一种描述。构建的创业愿景应该有结构和情节，对事件的趋势和发展、原因和结果以及相互影响进行跟踪。

讲故事是一种艺术，讲故事也是一种能力，可以在四个方面进行讲故事的学习和积累经验。

第一，详细说明创业愿景逻辑的含义。驱动力推动信号的发展，以及驱动力之间交叉影响的逻辑提供了情景的故事情节。

第二，对因果链进行追溯。我们可以通过对相对较少的事件的后果的推断、延展故事的范围，丰富故事的细节。有了 3～4 个这样的因果链，我们就能够编出相当复杂的故事。

第三，强调关键事件。当我们用特定事件或进展对情景进行定义时，它的核心就更明显，意义更丰富了。我们在情景中描述的具体事件实际上可能不会发生，但是这些事件能够提高情景的详细水平，这将使情景的全部要点的含义更加丰富，也更清晰。

第四，包含冲突。当情景中包含行业参与者之间在未来的目标、假设以及预期等方面存在的冲突以及一个新的现实时，情景将变得有趣而且富有挑战性。

（二）如何撰写愿景故事

1. 故事要有标题

需要给每个情景故事起一个简洁、生动的标题。该标题应该方便读者理解、比较和讨论，要能够抓住愿景中的基本动力机制并且方便记忆。

2. 故事要有开头、中间和结尾

每个好故事都有这些元素。每个情景都应该在故事的开头就让读者详细理解发挥作用的各种力量；在情景所涵盖的时间段内，对这些力量如何演化和相互作用、出现了哪些新的力量等进行描述；对战略前景在情景所涵盖的时间段末期的变化予以突显。

3. 不是所有的东西都发生了改变

一些关键的驱动力在情景中保持着合理的稳定性。

4. 在愿景中引入人物

在我们的情景中引入至关重要的演员（往往就是我们的目标客户们），将我们的故事变得富有生气，并给予其核心，丰富其含义。

5. 在情景中包含戏剧因素或冲突

每个情景起初都处于平衡状态，但是，随后这种平衡状态被情景的关键事件打破了。对于这些情景，我们都要加以描述。往往这个矛盾冲突就是创业者想要解决的客户问题。这些情景应该描述人物是如何尽力恢复平衡状态的，以及他们对未来的乐观设想是在何处遭遇新的、不可妥协的现实的。

二、实做：分享愿景故事

各组选一名代表上台进行展演，分享本组的愿景故事。

三、讲授：愿景模板

创业愿景是综合考虑了大趋势中可能的机会和能够把握这种机会的自身优势而推演得出的，见表1.3。

表 1.3　愿景模板

与创业项目相关的高可预测关键影响因素（why now）：			
单影响背景环境	政治	信号	
		动力	
	经济	信号	
		动力	
	社会	信号	
		动力	
	科技	信号	
		动力	
	生态	信号	
		动力	
创业愿景：			
创业使命：			

四、实做：输出愿景规划

使用愿景模板输出愿景规划至云端。

商机洞察

成果期望

1. 输出：项目核心问题，补完创业营过程文档中的"移情—用户问题"页。

2. 输出：用户画像，补完创业营过程文档中的"用户画像"页。

所需物料

海报纸、便签、彩笔。

项目流程

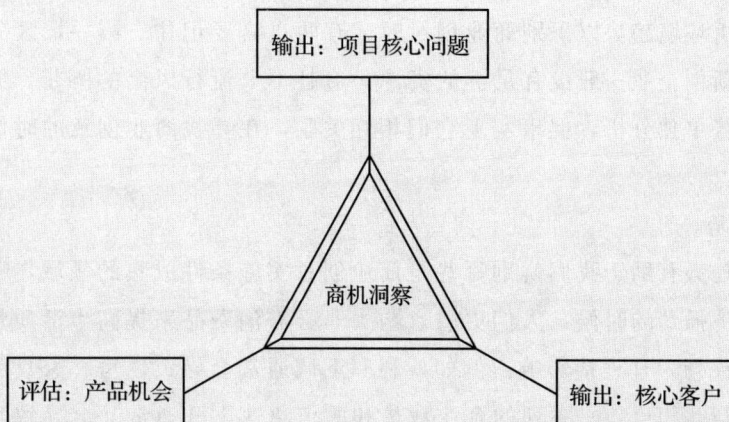

任务一
输出：项目核心问题

🎯 任务说明

建立寻找创业机会的意识；学习寻找创业机会的方法；从尚未解决的问题中形成创业创意。

一、商业创意最常见的三大源泉

形成创业计划的第一步是选择一个能够满足消费者需求、为消费者带来独特价值的创意。如果一家新企业提供的产品与市场上现有的产品没太大区别，这个企业的发展会很艰难。因为人们的消费习惯与行为很难改变，即使新产品更好或价格更低廉，也很难使消费者放弃他们原用的产品。然而以下三个商业创意源泉有助于形成成功、新颖且价值独特的商业创意，它们是"变化的环境趋势""尚未解决的问题"以及"市场缝隙"。

(一)变化的环境趋势

商业创意的第一个源泉是变化的环境趋势。最重要的几个环境趋势是经济趋势、社会趋势、技术进步、政治行为与政策变化。这些领域的变化通常能刺激新商业创意的产生。在分析环境趋势以识别商业创意时，有两点需要记住。第一，区分趋势与流行非常重要。新创企业一般没有足够的资源，追赶不上流行风尚的脚步。第二，尽管我们将各种趋势单独分析，但事实上它们相互关联，在寻找商业创意的时候应该综合考虑这些趋势。

1. 经济趋势

了解经济趋势有助于我们辨别哪些是商业创意实施条件成熟的领域，哪些领域需要回避。当经济强劲的时候，人们更愿意购买非必需消费品来提高生活质量。单个产业对消费者购买行为有直接影响。例如，利率下调通常会导致住房、家具和电器等销售量的增长。与此相反，一系列的企业裁员和股市急速下跌通常又会导致奢侈品需求的下降。

在研究经济因素如何影响商机时，重要的是判断谁有可支配的金钱，以及这些人会把钱花在何处。例如，过去的几年，随着女性就业人数的增加及其相应可支配收入的增加，以职业女性为目标客户的女性服饰用品店数量也在增加。再如，随着人口老龄化，退休人士的很大一部分支出将用于购买能使其退休生活更便利的产品。这一趋势必将使得许多产业中出现新创建企业。最有潜力的产业包括医疗保健、金融、旅游、住房和休闲。能源高成本加上社会责任感则促使越来越多的新企业开发新产品和服务，帮助企业和消费者节约能源，如生产电动汽车的美国特斯拉公司（Tesla Inc.）、中国的蔚来汽车公司。

了解经济趋势还有助于我们识别创业需回避的产业。例如，目前在美国，创建面向公立学校出售产品和服务的企业就不是一个好选择。原因在于，从美国地方、州到联邦的三级政府预算在削减，公立学校受影响严重，从而导致它们对新产品或者服务的购买力显著减弱。

2. 社会趋势

社会趋势对人们的生活方式和所需产品服务类型有一定影响，了解这一点也有助于我们形成商业创意，发现商机。许多情况下，商品带给人们社会需求的满足，而不仅仅是商品表面的使用价值。例如，快餐店大量出现的主要原因不是人们喜欢快餐，而是因为人们过于忙碌，没时间自己做饭。同样，像腾讯微信这样的社交软件之所以备受欢迎，不是因为人们可以在上面上传信息和照片，而是因为人们在这样的平台上能相互交流，这是人类自然的社交倾向。

社会趋势的变化能改变个人和企业的行为方式与优先选择，这些改变影响产品服务的生产与销售方式。下面列出一些当前正在影响人们行为方式与优先选择的社会趋势。

①人口老龄化。

②移动设备使用量增长。

③劳动人口越来越多样化。

④人们对健康食品和绿色产品的兴趣不断提高。

⑤个人与家庭娱乐增长。

⑥强调能源替代品。

⑦对个人、建筑、公共集会和交通系统安全设施的需求增长。

⑧乡镇人口不断向城市迁移。

⑨个性化需求（人们希望定制符合自己品位与需求的产品与服务）。

上述每种趋势都能刺激商业创意的产生。例如，人口老龄化催生了很多商业创意，包括家庭保健服务、提醒人们按时服药的设备、为活动不便的老年人设计的时尚服饰等。

3. 技术进步

技术进步为商业创意提供了持续不断的源泉。很多情况下，技术本身并不是识别商业机会的关键。相反，关键在于认识到如何利用技术来满足人们基本的和变化的需求。例如，智能手机的发明是一项技术成果，但它被接受和普及却是因为人口流动性增强，人们发现了随时随地都能够与同事、客户、朋友和家人通话的诸多好处。技术进步也能够帮助人们更好或者更方便地进行日常活动。

技术进步的另一方面是当人们发明一种新技术后，随后出现的产品会推动该技术发展。例如，智能手机的出现催生了智能手机配件和手机 App 等相关产业。

4. 政治行为与政策变化

政治行为与政策变化也是商业创意形成的基础。例如，我国"一带一路"倡议的提出将带来众多商机。

(二)尚未解决的问题

形成商业创意的第二个源泉是尚未解决的问题。在工作、休闲、日常生活中，人们都可能会感受到或发现问题。那么如何从问题中发现商业创意呢？营销专家菲利普·科特勒(Philip Kotler)说道："去寻找问题。"例如，人们抱怨夜晚很难入睡、家里那些乱糟糟的东西很难收拾、很难找到物美价廉的度假方式、很难追溯家族血统、很难除去花园里的杂草等，每个问题都是一个绝佳的隐藏着的机会。

与此说法一致，许多企业的创建者的确在生活中遇到了某个问题，或看到他人遇到了问题，于是他们创办一个企业来解决这个问题。例如，纽约大学金融专业的学生凯蒂·谢伊(Katie Shea)和苏茜·莱维特(Susie Levitt)发现很多女性穿了一天高跟鞋后会赤脚走回家，于是他们建立了一个名为 CitySlips 的公司，制造便携式舒适鞋。她们做出一种可折叠放入小拉链袋的平底鞋，能很容易塞进女士手包。拿出平底鞋，小拉链袋还可展开成一个手提袋，用来装高跟鞋。CitySlips 公司在 2009 年开始销售便携式舒适鞋，现已开设了 500 多家分店。

与此类似的是，当听到四年级的女儿经常抱怨因为背着书包而后背疼时，劳拉·尤德尔(Laura Udall)产生了一个创意，发明了一种新型背包。她在学生中间做了焦点小组调查，得到反馈后，先做了几个样品，最后发明出 ZUCA 拉杆书包。这种拉杆书包兼具功能性与"酷"感，正投青少年所好。现在 ZUCA 是一家很成功的企业，它生产的拉杆书包在网上和许多零售店都能买到。

有些问题与正在发生的环境变化趋势有关，通过认识这些问题也可以发现商业创意。例如，Safety Web 是一家帮助家长保护孩子在线名誉、隐私与安全的网站。该网站还可以让家长监控孩子的手机通话与短信。越来越多的孩子使用网络和手机这个社会趋势催生了这项服务。同样，有几家新企业开发出监测病人服药的产品。例如，AdhereTech 公司研发出一种药瓶，可实时监测瓶中药片或药水的精确量，并打电话或发短信提醒病人服药。这项实时提醒服务使病人遵医嘱服药率由 60％提高到 90％。按时服药对于老年患者来说尤其重要，因为老年人常服用多种药物。人口老龄化是一种社会趋势，引发了对 AdhereTech 这种企业的需求。

如果你在解决某个问题时遇到困难，不妨想一想其他人是如何解决类似问题的，然后看看别人的解决办法是否适用于你的问题。以美国著名瑜伽用品品牌 Yogitoes 为例，该公司生产防滑瑜伽垫，创建人是苏珊·尼科尔斯（Susan Nichols）。有一些瑜伽动作要求练习者在练习时脚成一定角度，支撑身体重量并保持平衡，保持静止姿势，在普通垫子上做这些动作很容易摔倒或打滑。尼科尔斯想买一种防滑的瑜伽垫，但市面上却买不到，于是她开始寻找其他可以在硬地板上防滑的产品。最终她发现了一种底部有橡胶圈的狗食钵，能防止狗吃食或喝水时在地板上打滑。尼科尔斯找了一家制造商，模仿狗食钵，做出一种带有小 PVC 垫圈的防滑瑜伽垫。尼科尔斯创办了 Yogitoes 卖瑜伽垫，现已持续经营超过 10 年。

尽管很容易想到，大部分专为大学生设计的产品和服务是由老牌企业或有经验的企业家开发的，但情况并不总是如此。越来越多的针对大学生或学生家长的产品和服务由大学生自己开发出来，先是解决了开发者本人的问题，然后与他人分享。

2010 年，得克萨斯大学的一名学生迈克尔·克廷（Michael Koetting），熬夜做微积分作业。他突然想到此时此刻至少有 100 名同班同学正在 Facebook 上，如果他能联系上他们，就能组建一个学习小组共同攻克难题。这一灵感让克廷联合加拉夫·桑加尼（Gaurav Sanghani）和锡德·尤派西亚（Sid Upadhyay）一起开发出 Hoot. me——一款 Facebook 应用，可连接同学、助教、教授和其他人等组成学习小组共同应对作业和课题。学生还可以约见导师获得更正式的指导。

无独有偶，卡罗拉多大学的学生萨拉·斯卡帕（Sarah Schuup）邀请父母来参观自己的校园和寝室。尽管见到父母很开心，但她却遇到一个难题：如何计划才能让父母有一个愉快的行程。她本人住在寝室，对校园以外的宾馆和购物场所并不熟悉。几次乱糟糟的探访之后，斯卡帕意识到父母需要的是一本酒店、宾馆、饭店和购物指南杂志，好让他们去大学探视子女时能计划好行程。她想父母还应该对如何帮助孩子申请奖学金、何时缴纳学费、最近的银行等信息感兴趣（该指南现已出版，也可网上查询）。于是，2003 年诞生了《大学家长》(University Parents)杂志，该杂志现覆盖 200 多所大学。

（三）市场缝隙

商业创意的第三个源泉是市场缝隙。许多消费者需要的商品在特定地区购买不到，或者市场上根本就没有。部分原因是大型零售商主要进行价格竞争，它们只提供针对主流消费者的大众商品。虽然这使得大型零售商实现了规模经济，但却留下许多市场缝隙。时装精品店、特色店和其他商务网店就在市场缝隙中生存。这些店铺所售商品的需求量不大，所以，它们并不在大型零售连锁店里销售。市场缝隙意味着潜在的商业机会。例如，2000 年蒂什·古拉沃尔发现市场上没有女士专用吉他。为填补这一缝隙，她开办了 Daisy Rock，制作女士专用吉他。每把 Daisy Rock 吉他都很漂亮，都有一个女性化的名字，其设计也贴合女性手形和体形娇小的特点。

当人们想找一种他们需要的产品却遍寻不见时会非常沮丧，同时他们意识到其他人也会有相同的感受。通常市场缝隙是在这种情况下被发现的。洛娜·科特勒与巴巴拉·维肯就是这样发现了一个市场缝隙。她们怎么也买不到漂亮、时尚、合体的特大码服装，沮丧之余，她们干脆开了 Bodacious 店，专卖漂亮时尚的女性特大码服装。科特勒和维肯的创业经历让我们看到，如果一个商业创意恰好填补了市场缝隙，能让一类特殊顾客产生强烈共鸣，那是多么令人不可抗拒啊！维肯在回顾她们的成功时说道："冒险太值得了，能给你带来回报。每天都有人告诉你，'有你们我太高兴了'。很多人在我们店里会哭出来，她们是喜极而泣（因为她们找到了合体的服装）。有位女士买了一条合身的牛仔裤，1 小时后她打电话给我说：'裤子太棒了，在家里看也很棒！'"有时人们因为生病或生育，体形发生改变，人们对此会有很复杂的情感。如果出门能买到合体的服装，能让他们自我感觉好得多。

当某地区需要某种服务，但该地区又没有足够人口可支撑传统店铺生存，或店铺在夜间或周末不营业时，市场缝隙也会产生。例如，很多农村地区没有 24 小时营业的药店，这导致夜间或周末急诊的人难以迅速买到药品。为了填补这一缝隙，InstyMeds 公司开发出自动售药机，安置于农村地区的医院和急诊中心，售卖处方药。如果医院或急诊中心的医生开了处方，而附近就有 InstyMeds 售药机的话，处方上就会附有 InstyMeds 的专有代码。你就能凭该代码从自动售药机上买到处方药。如果你有保险，售药机还能自动计算你的应付额，你就可以选择用现金或信用卡付账。如果你没有保险，售药机将提示你全额付款。InstyMeds 售药机并不出售需冷藏的药品，但它出售的药品包括了急诊常用的 100 种左右处方药。

变化的环境趋势可能导致现有的企业进行转型，这也是发现市场缝隙的一个途径。当前健身产业正面临这个问题。人们越来越喜欢符合当地市场需求、24 小时营业、交通便利的小型健身馆，而不是设施齐全、既有游泳池、又有手球馆的大型健身馆。24 小时营业的健身中心以轮班工人（工作时间不规律，无法在固定时间去健身中心）、上班族母亲（只有在孩子入睡后才有自由支配的时间）、工作时间不规律的年轻人为目标客户，上述人群在主流健身中心开门营业时并没有时间光顾。

二、讲授：从人们的"烦恼"中发现创业机会

如前所述，人们的烦恼往往就是问题存在的信号，每个问题都是一个绝佳的隐藏着的机会。

从他人的烦恼中有可能发现创业机会。例如，1957年的一个冬夜，安藤百福经过一家拉面摊，看到穿着简陋的人群顶着寒风排长队，为吃一碗拉面竟然能这样不辞辛苦，这不由使他产生了极大的兴趣。他相信只要制作得法，面条还是受人们欢迎的。他决定研制一种注入开水就能立刻食用的拉面，他相信，对于工作忙碌的人们来说，这可以提供极大的方便。

从自己的烦恼中也有可能发现创业机会。例如，在母亲退休后的第一个生日时，为了表达儿子的一份孝心，罗红想给妈妈选购一个样式新颖、口味鲜美的生日蛋糕。然而，他几乎跑遍了整个成都也没有寻到自己满意的生日蛋糕。"天下的妈妈把孩子抚养长大，不知道要做多少顿饭，可竟然没有一家能让孩子表达孝心的蛋糕店"，就是怀着这样一种无法尽心报答母爱的遗憾，罗红下定决心创立自己的蛋糕店——好利来。

就在包头铁道职业技术学院，也有类似的例子。2017届毕业生刘英林，大三毕业前很烦恼，有很多物品在离校前无法妥善处理，于是他想到了大学生有二手物品交易的需求，然后积极地验证想法。他跟同学和老师们探讨这个事情，确认值得做，最后决定做相关公众号，以满足本校学生二手交易的需求。这个项目参加了2017年的中国"互联网＋"大学生创新创业大赛，获内蒙古自治区赛区优秀奖。

三、实做：使用团队列名法在"烦恼呈现模板"上呈现项目核心问题

(一)团队列名法

团队列名法，也叫结构化研讨，又称头脑风暴，是一种团队讨论问题、解决问题的方法。所谓列名，就是指在一个团队中，每名学员都要围绕讨论的问题提出自己不同的观点和见解，并记录下来。团队列名法的优势在于，它能充分调动每个学员的积极性，激发团队的集体智慧，群策群力，短时间内找到解决问题的对策，实现"众人划桨开大船"。团队列名法步骤如下。

1. 主持人发言

主持人陈述并澄清议题，就讨论的专题进行背景和相关知识介绍，让团队成员了解问题的由来，激发团队成员讨论的兴趣和欲望。规定时间并安排计时员或使用计时工具进行计时。说明规则并鼓励所有人思考。

2. 个人独立准备

规定独立准备时间及每个人需要提供的观点数量。然后小组成员思考并记录自己的观点。在此过程中不允许讨论，保持一个安静的环境。主持人一般不在这个过程中说话。

3. 小组发言

个人准备完毕后，进行小组发言。在此过程中需要遵守以下规则。一是小组成员按顺序轮流发言。每个人一次只讲一条，多个观点将在后面的几轮发言中依次表述。二是后面发言的人不必重复前面已讲过的观点，没有新的意见就越过。三是只表达观点、不展开论述，防止一些队员垄断发言时间从而减少其他人发言的机会。当然，如果其他队员对发言内容有不明白的地方，可以做简单的澄清。四是对发言内容不质疑、不批评、不打击。几轮发言之后，确认穷尽了所有人的意见，本环节结束。小组长将所有发言写在活动挂图或活动卡片上。

4. 小组决策

所有成员根据自己认为重要和准确的程度从所有意见中选出若干条，如5条，并排序打分，如第一位5分、第五位1分。接下来全组把分数相加，得分最多的前五项就是集体的意见。

5. 宣布结果

在头脑风暴的最后，小组对研讨过程进行回顾，重申决策的结果，明确下一步的行动。

(二)实做：使用模板做烦恼呈现

烦恼呈现模板见表2.1。

表2.1　烦恼呈现模板

烦恼一：	烦恼二：	烦恼三：

续表

烦恼四：	烦恼五：	烦恼六：
烦恼总结 1：		
烦恼总结 2：		
烦恼总结 3：		

烦恼呈现模板的使用有以下三个步骤。

第一，个人独立准备：小组成员每人列举几个自己生活中感到最烦恼的问题，并做记录，如写在即时贴上。

第二，小组发言：轮流对自己发现的烦恼进行说明，并将问题进行分类，取数目最多的前六种类似的问题。

第三，小组决策：再从六种类似的问题中挑出三类问题，并记录下来。

四、期望的评估

(一)期望可行性评估

人们的烦恼可以说是一种未满足的需求，换个角度看，是一种期望。创业者发现了这种需求并以创新的方法予以满足，同时取得回报就是创新创业。消费者的期望具有朴实性，有些是可行的，有些则不可行，需要进行过滤。只有可行的期望才能成为需求。我们可以从三个方面进行可行性评估。

1. 技术可行性

期望可以随便想象，有些期望是未来可行但当前不行的。通过了解其他产品有无类似技术实现方式来做判断，技术门槛太高或技术不确定性都要考虑到。

2. 法律可行性

人的期望的满足是受到法律法规制约的。

3. 期望合理性

有的人可能期望不劳而获，有的人期望付一星酒店的钱要求五星酒店的服务，这些都是不合理的期望。

(二)期望价值性评估

在具有可行性的消费者期望之中，应从应用和实现的价值层面做过滤与排序，找出其中最值得考虑的多个期望。

1. 价值高和低期望

从该期望的解决对消费者的价值高低来进行分类排序。同等情况下，优先选择应用价值高的期望来实现。

2. 刚性和柔性期望

有些消费者的期望是刚性的，是生活或生产必需品，有些则是柔性的，可有可无。同等情况下，优先选择刚性期望来实现。

3. 易做和难做期望

从实现上看，有些期望容易实现，有些期望实现起来有难度。在同等情况下，优先选择易做的并期望实现。

4. 高频和低频期望

从使用场景上看，有些期望是经常需要被满足的，有些期望则是偶尔需要被满足的。同等情况下，优先选择高频期望来实现。

五、输出：项目核心问题

对烦恼呈现模板中总结出的烦恼再做进一步的评估，考虑可行性和价值性，最终决定一个烦恼，作为项目的核心问题。

课程将围绕这个问题的解决进行接下来的创新创业训练。

任务二
输出：核心客户

🎯 任务说明

学习用户画像的知识；明确自己的目标客户，制作人物角色，使用用户画像模板将其呈现出来。

一、讲授：用户画像

（一）用户画像的概念

用户画像又称人物角色，是针对目标群体的真实特征勾勒的。每个用户画像都是一个原型，代表的是一群真实的人物。

表 2.2 为某汽车网站勾勒出的一个用户画像。

表 2.2 某汽车网站用户画像

	姓名：大毛 初次购车者	缺乏汽车知识，茫然："第一次买车，完全不知道从哪里开始！"

个人信息与简介（实战中可按需扩充）			
年龄	29	住址	杭州城西
职业	IT 从业人员	预算	10 万到 15 万元
爱好	骑行、台球、魔方、棋牌、K 歌……		
性格	和善、理性、冷静、理想主义、追求完美……		

行业信息（过去经历、当前状态、未来计划、痛处等）

2009 年开始，公司搬到离家约 15 千米的地方，现在每天早晚都坐班车上下班，既要走路到班车停靠点，又要等待特定的时间发车，大量时间浪费在路上。计划 2010 年购车一辆，这样就可以自己掌握时间了……

他的目标还算清晰——10 万到 15 万元的紧凑型轿车，但具体选什么品牌、什么配置，就完全不知道了。他打算找一个可靠的汽车网站，先学习一下各种知识，并与网友交流，以便做决定。

计算机和互联网使用情况

2000 年开始接触互联网，属于重度用户，特别是从最近两三年开始，工作、生活都完全依赖互联网，每天在线时间超过 8 小时。电脑为戴尔（Dell）台式机和联想 ThinkPad 笔记本。上网主要是处理邮件，与同事朋友交流，用阅读器获取信息，不时逛逛各种社交网站、购物网站等。喜欢的互联网产品有 Gmail、Google Reader、豆瓣、虾米音乐等。

用户目标	商业目标
了解汽车知识，各种术语等。 与购买同类车的网友交流。 ……	经常访问网站（广告收入）。 将网站推荐给其他人。 ……

用户画像概括了用户研究的发现，通常会设计 3～5 个角色来代表创业者所有的用户群体：每个人物角色能代表创业者所关注的真正用户；人物角色的属性和描述是准确而完整的；这一组人物角色能涵盖创业者所有的用户；一组人物角色之间应有不同的优先级别。

创业者常常喜欢用学生、白领等名词泛泛地描述自己的"最终用户",而无法聚焦到真实具体的人。给用户赋予一张人物的面孔和一个名字,创建一个人物角色,可以让你的用户变得更加真实。人物角色是能代表整个真实用户需求的虚构人物,它帮助你确保在整个设计期间把用户始终放在心里。

(二)用户画像的要素

用户画像的要素,即人物角色的关键差异是行为、观点、目标。

第一,角色行为和观点,即用户是怎么做的、如何看待这些经历以及如何看待他们自己的。这些是表面能看到、听到的东西,一般通过用户怎么做、怎么说直接表现出来。

第二,角色目标,即用户为什么这么做、这么说,完全不同的目标则意味着完全不同的人物角色。

第三,商业目标。正如角色有目标一样,我们针对这个人物角色也有相应的商业目标。我们创建不同的人物角色是为了知道如何才能更好地为不同类型的人服务,但同时我们也要让他们所做的事情与我们所期望的方向一致。为每个人物角色设定商业目标可以确保创业者不会忘记自己的终极目标:建立和用户对话并将其转变成商业成果。

我们把有着同样目标、行为、观点的用户归为一类,给予其姓名、照片等丰富的细节,就构成了栩栩如生的人物画像。人物角色创建中的一个要点是真实可信,这样团队成员才会把角色看成他们要尽力服务好的真实人物。

(三)用户画像的好处

1. 人物角色带来专注

在大多数的案例中,成功的商业模式通常只会针对特定的群体。设计适合"每个人"的商业模式也就意味着为最低的共同标准设计。一般情况下,给某个特定群体提供优质的服务远远比给更大数量的人群提供一部分服务要聪明得多。面面俱到的产品往往一无是处,使用人物角色可以避免犯这种错误。人物角色帮助创业者认清是在为谁设计商业模式,创建人物角色会迫使创业者把时间花在考虑这类用户的需求上。这对创业者的创业计划很关键,创业最大的陷阱就是利用宝贵的时间和金钱去照顾对创业者而言并不是很重要的用户。用户画像使创业者用更加确切的方式来讨论目标用户,而不仅仅是泛泛地称之为用户。

2. 人物角色引起共鸣(移情)

创业者会本能地基于自己的想法做出决策,常常把自己的需求当成用户需求。要注意,你不是你的用户。人物角色帮助创业者以用户的身份来考虑问题。创业者在使用人物角色时,会把他们当成真实存在的人物来感受。

3. 人物角色促成意见统一

许多产品的用户类型不止一种。如果只是简单地针对每种用户添加功能，结果会是一团乱麻。人物角色能把团队成员集中在一起去创造一个精确的共享版本。创业者团队知道在为谁设计产品，什么是他们想要的。使用人物角色有助于对用户类型的优先级进行排序，识别需要重点考虑用户体验的地方。在创业前期达到意见统一意味着在后期创业者团队决定细节的时候不会出现太多沟通上的错误。团队之间的这种默契也许是人物角色带来的最为重要的一个好处，因为它有助于在整个初创期团队内部确立适当的期望值和目标。

4. 能够让团队新人、投资人、大赛评审迅速了解用户、理解产品。

有形的人物角色存在的更大意义，是当有新人进入团队的时候，可以帮助他们迅速了解用户理解产品。同时让无法关注细节的投资人、大赛评审也可以利用"人物角色"迅速进入状态，明白创业项目想要服务的目标用户是谁。

5. 人物角色创造效率

在创业项目的前期使用人物角色来进行审查，可使每个人都不得不优先考虑有关目标用户和功能的问题，以减少这些议题将来打乱既定计划的可能性。根据这个道理，人物角色几乎不会给整体项目增加费用，反而常常会节省时间和金钱，因为创业团队最初花在人物角色上的时间，换来的是大幅度提高的工作效率。

6. 人物角色带来更好的决策

在确定创业策略时，人物角色可以被用来建立参照标准，这充分发挥了人物角色最重要的力量（专注、共鸣、统一和高效）。在人物角色所揭示的市场机会中，创业团队能更好地识别和评估以下几个方面：潜在的产品和服务机会，渠道的用法，项目实施战略，甚至包括涉及未来初创企业的、能增加销量或降低成本的要求和人员雇用的整个计划。人物角色被建立起来，就能够确保创业团队所有成员都站在同一战线上关注着同样的机会和客户。这极大地提高了创业策略的成功概率，因为很多不错的创业策略的失败都是由于缺乏统一阵线而导致的低劣执行。

（四）制作用户画像

用户在产品概念阶段，通过烦恼模板呈现了有烦恼的用户，是假想的一类人（抽象群体），需要通过接触真实用户进行定性定量研究，然后再根据研究的数据结果定义出用户画像，这时的用户画像虽然是抽象的，但它概括了真实存在的一群用户。此时，如果产品概念需要修正，那么就进行修正。制作用户画像有三个阶段。

第一阶段，用户是抽象群体。在产品概念阶段，用户是假想的某一类人——目标用户、核心用户。这一阶段需要靠创业者的经验和经历来做出假设，可以说是纸上谈兵，见表2.3。

第二阶段，用户是具象个体。需求采集时，我们要去接触一个个真实的用户，见真人、听故事、找感觉，发现用户故事。

第三阶段，用户又是抽象群体。整理采集到的需求时，把真实用户再合并特征，定义出人物角色，并反向修正产品概念，然后再去见另一批用户，如此循环下去，见表2.4。

例如，在一次训练营中，有几个同学提出一个叫"易停车"的 App 产品概念，切入点是解决开车上班族(抽象群体)每天到公司很难找到停车位的问题。接下来，在真实场景中采集需求时，有可能涉及其他用户群体，包括停车场的管理员及停车场附近的商户。有了这些假设，同学们就去约相应的个体了解情况，在这过程中可以发现很多具体的需求。例如，对于开车的上班族，除了工作日上班这个典型场景(规律性、长期)，还有带孩子去医院(突发性、费用不敏感)、周末郊游(偶发性、希望长时间停车能便宜点)等其他场景。

(五)企业用户的画像

如果创业项目的客户是企业(B2B，Business-to-Business)的话，创建企业用户的客户资料的基本步骤如下。

第一，确定一个"可接受"的客户公司。

第二，制作一张使用你的产品或和产品有联系的工作部门的组织架构图。

第三，注明每个人的姓名、角色和职能(用户、影响者或决策者)。

第四，列出每个人负责的主要任务或目标，尽力绘制一张能够确定每个人工作内容的串联图或流程图。

第五，密切关注这个人如何与周围环境相互影响，与团队成员如何协作，包括员工、管理者、其他职能部门的员工、客户和供应商，也有可能包括一些日常事务，如写邮件和记录公司系统的相关信息。

使用客户资料创建角色(或客户特征)能使你广泛地看到团体客户类型人群表现的共同特征。这些人可能在一个或多个工作环境中相互影响。当你在一群人里看到类似的特征时，就有基础创建第一个角色。角色是集群的代表，而并非一个人。你可以为买家、用户、影响者或决策者建立不同的角色，为了加强联系，角色应体现的是在行为上具有共同特性、偏好或态度的一群人。

二、实做：使用模板呈现用户画像

(一)用户画像模板 1

用户画像模板 1，见表2.3。

表 2.3　用户画像模板 1

用户烦恼	用户画像		
	年龄群：	收入状况：	受教育状况：
	喜好：	出入场所：	使用场景：

(二)用户画像模板 2

用户画像模板 2 见表 2.4。

表 2.4　用户画像模板 2

照片	姓名	速记描述	
	语录		
	简介：		
用户观点：			
用户行为：			

续表

用户目标：	
消费习惯：	消费偏好：
商业目标：	

（三）使用步骤

第一，从上个项目总结出的三种问题中，选出最有价值且可以生成项目的一个问题。

第二，将问题进行具体细化并逐条列出其表现。

第三，以图文的形式将问题的目标客户呈现在用户画像模板1中。

第四，从六个方面分析客户的特点。

第五，输出用户画像至云端。

将来经过充分的用户研究，制作模板2的用户画像。有关用户研究的内容在项目五中。

任务三
评估：产品机会

🎯 **任务说明**

写作价值主张的定位声明；公开评审产品机会；选出值得投入精力的产品；围绕评审胜出的产品概念重新配组并开始定义产品解决方案。

一、讲授：电梯演讲——价值主张的定位声明

电梯演讲（Elevator Pitch）：在电梯从一楼运行到顶楼的这段时间内清楚地解释你

的产品。

风险资本家一直用电梯演讲测试来衡量企业的投资潜力。如果创业者做不到，他们就不会投资你的企业，原因如下。

第一，无论创业者的定位声明是什么，它都不能借着人们的口耳相传进行传播。通过这种媒介方式传播的信息通常最多只能达到一两句话，因为人们的头脑在瞬间容不下太大的信息量。口碑传播对于互联网时代创业的成功发挥着关键的作用，所以如果创业者做不到这一点，失败就是必然的事情。

第二，创业者的营销传播信息是随意拼凑而成的。有些"创业者"从五花八门的信息中选取只言片语，把一些互联网热词拼凑成一个定位声明。但事实上，市场中的顾客是不会接受这个产品的。毕竟，如果一项产品连定位都难以做到的话，那么企业是很难说服顾客购买这项产品的。

第三，创业者的研发成果也是随意拼凑的。同样，由于创业者的产品定位有这么多的版本，企业中的工程师和产品营销人员可以从任何一种定位对新产品进行开发与销售，但是他们选择的定位并不一定会为企业带来真正的市场优势。这样一来，创业者手中这么多的产品定位版本很可能将最终失败，创业者也将很难拥有任何可靠的产品价值主张帮助自己获得成功。

第四，创业者将无法争取到任何合作者和同盟的支持，因为他们根本无法确定创业者的目标，也无法确定创业者是否真正能够为目标顾客做出一些有意义的承诺。事实上，创业者的合作者和同盟之间可能会相互说道："这确实是一项伟大的技术，但是这家企业（创业者的企业）的营销方式也存在着很大的问题。"同样，他们也会将这个信息透露给行业中的其他企业。

第五，创业者将无法从任何有经验的投资者那里获得资金支持。大部分经验丰富的投资者都知道：暂不考虑其他的因素，如果创业者不能通过电梯演讲测试的话，就意味着创业者还没有一个明显的，对于他们来说值得投资的营销策略。

那么，创业者如何才能保证自己顺利通过电梯测试呢？关键就是以创业者要占领的目标市场细分，以及占领这个市场细分需要凭借的价值主张为基础，确定产品定位。然后根据产品定位选择合适的竞争对手创造出一种只属于自己的差异化优势，这样创业者就能够按照你期望的方式控制目标顾客的购买决策了。

格式化的电梯演讲可以帮助创业者将产品的定位声明变得精炼。

①这款产品是为目标顾客，并且仅仅是前沿阵地市场细分中的顾客，就是创业者的用户画像中最优先的那个人物角色而提供的。

②他们对目前的市场替代选择感到不满意。

③创业者的产品是一种新的产品类别。

④它具有解决现有问题的强大能力。

⑤创业者的产品与产品替代选择不同。

⑥创业者已经针对顾客的具体应用在这款新产品中配备了关键的整体产品特征。

🔍 案例 1

硅谷图形(SGI)公司是美国《财富》杂志所列美国最大 500 家企业之一，年产值超过 40 亿美元。它提供了世界上最优秀的服务器系列以及具有超级计算能力的可视化工作站。硅谷图形公司的定位声明如下。

①这款产品是为负责后期制作的电影编辑人员而提供的。

②他们对传统电影编辑工具存在的不足感到不满。

③我们的工作站是一种数字电影编辑工具。

④它可以帮助你以任何方式对电影片断进行编辑。

⑤我们的工作站与太阳公司、惠普公司、IBM 公司的产品不同。

⑥我们在这款产品中配备了后期电影编辑工作需要的所有接口。

🔍 案例 2

Intuit 公司是一家以财务软件为主的高科技公司，在自助财务管理软件市场拥有统治地位。2012 年全球员工为 8200 人，收入 41 亿美元。Intuit 公司的定位声明如下。

①这款产品是为使用家用计算机的家庭成员支付账单而提供的。

②他们对每个月都要填写那些相同的传统支票感到非常厌倦。

③Quicken 是一套适用于个人计算机的家庭个人理财程序。

④它能够自动地创建并记录你需要签署的所有支票。

⑤与当前市场中畅销的财务分析软件包"管好你的钱"不同。

⑥我们的这一款软件系统是专门为家庭账单支付而设计的最佳产品。

在撰写类似的定位声明时，重要的并不是创业者写出来的东西，而是创业者要舍弃的一些内容。在硅谷图形公司的例子中，除了电影编辑之外，它的工作站当然还能够应用于其他各种各样的程序——电影编辑者可以利用它来运行项目管理软件、上网、发送电子邮件、管理顾客联络数据库以及其他一些类似的应用。在 Intuit 公司的例子中，Quicken 也可以帮助创业者更有效地制定预算，而且它还可以将创业者在保税季节的缴税记录保存下来，然后将这些记录直接传到 Intuit 推出的另一款 Turbo Tax 家用报税软件中。但是，如果它们在定位时再把这些额外的应用功能加上去，收到的效果会不会更明显呢？

答案绝对是"不会"！事实上，这正是大部分的定位声明之所以会失败的原因。创业者要记住，定位的目的是在目标顾客的头脑中创造一个空间，然后用自己的产品填满这个空间。人们对别人将要使他们头脑中的信息所做出的改变是非常谨慎的。他们非常不乐意的一件事情就是创业者在他们的头脑中占据了太大的空间。这也就意味着他们更愿意听到一些概括的表述。例如，奔驰——工艺精良；宝马——驱动力；沃尔沃——安全；可口可乐——经典；百事可乐——年轻；高露洁——防蛀；佳洁士——美白。

这就是创业者的根本差别性声明能够占据的空间。或者说它们和只有一条线路的电报非常相像。如果创业者不能选择一种合适的产品属性来填充这个空间，市场就会代替创业者做出选择。但是市场中有那么多竞争者希望看到创业者定位失败，所以不要期望竞争对手们会手下留情。

注意以市场替代选择和产品替代选择两个作为参照物的竞争者，将如何帮助那些听到这种声明的顾客在脑海中为你的产品寻找到一个新定位。一个创新创业者要想向市场推出一个新产品，就需要参照市场已有的问题解决方案加以定位。因为用户不会接受新的、不同的事物，除非其与旧的事物有所关联。这就解释了这样一个现象，创业者有了全新的产品后，告诉潜在顾客该产品不是什么，往往比告诉他们该产品是什么还管用。例如，世界上第一辆汽车当时被称为"不用马拉的车"，这一名称便于大众参考当时已有的交通工具为汽车这一概念定位。像"无铅汽油""无内胎轮胎"这样的名称都表明，新概念应该参照老概念进行定位。

要知道，定位与天花乱坠的宣传并没有任何关系，清晰而且准确的定位方向才是最重要的。绝对不能将定位声明当作广告的时髦用语。定位声明的作用是要对广告宣传活动进行控制，并以此确保不管广告机构提出的宣传口号多么"富有创意"，它都不能偏离企业的营销策略。如果广告宣传的重点与定位声明的重点不能够保持一致，那么无论这个广告多么出色，必须做出改变的仍然应当是广告宣传，而不是企业的定位声明。

二、实做：提出产品假设

(一)使用小组列名法在团队内达成共识

核心用户：目标用户中最重要的用户是谁，表达为一个抽象的人群。

刚性需求：他们碰到最痛的痛点是什么，即产品要解决什么问题？

典型场景：这些痛点最常出现在怎样的生活、工作情况下？在这些场景中产品能为用户带来哪些益处？

产品概念：它是什么类型的产品？用什么方案解决用户问题？用一个词，最多一句话概括你的解决方案。

竞争优势：相对已有方案，有什么突出优势？

注意：当有了一个激动人心的创意时，团队不妨使用网络搜索引擎或者进入相关购物网站去搜索相关的几个关键字，看看是否已经有了类似的产品（服务）。如果发现世界上已经有了同类产品（服务），但并没有和你未来的业务产生竞争的话，可以借鉴学习对方的优点；如果确实未来会发生竞争，也不要气馁，可以想想能否定位出差异化优势来。

（二）将结论填入格式化的定位声明

这款产品是为目标用户而提供的；他们对目前的市场替代选择感到不满意；我们的产品是一种新的产品类别；它具有解决现有问题的强大能力；我们的产品与产品替代选择不同，我们已经针对顾客的具体应用在这款新产品中配备了关键的整体产品特征。

三、实做：评估产品机会

评估产品机会的目的在于：淘汰不好的主意，避免浪费时间和金钱；挑选合适的产品机会，团结团队，理解产品，整合资源。

各组写作完成产品机会的价值主张定位之后，选出一名代表准备做电梯演讲，其他小组成员准备做评审团成员对产品机会进行评审。

（一）关于产品评审团

1. 成立产品评审团的原因

即使对于创业公司来说，制定决策通常也是既耗时又费力的。创业公司需要一套机制让决策者和相关人员及时做出明智的产品决策。成立产品评审团是好的解决途径。

2. 产品评审团的工作目标

成立产品评审团的目的是决定产品战略方向，从宏观上监督公司产品的研发流程，合理地配置资源。产品评审团不制定公司的商业战略，而是在给定商业战略的条件下，提出与之相匹配的产品战略。产品评审团的决策直接影响企业的运营。

3. 产品评审团的成员组成

产品评审团由创业公司各个部门的管理者组成。虽然各个公司的情况不同，但通常都包括以下人员：首席执行官、首席运营官、部门总经理；产品管理总监、副总监；用户体验设计总监、副总监；市场总监、副总监；开发总监、副总监；网站运营总监、副总监；客户服务总监、副总监。

要确保每个关键部门都有代表参加产品评审团，但最好把人数控制在 10 人以内。如果有的部门不止一人参加评审团，应该选一个人代表部门陈述观点。

4. 产品评审团的职责

产品评审团并不是设计和开发产品的团队，它的职责是监督产品研发流程，制定关键决策。它根据研发产品的三个里程碑来评审产品、制定决策。

第一个里程碑：评估产品机会，决定是否开始定义产品的解决方案。

第二个里程碑：评审产品原型、用户测试结果、成本估算明细，决定是否开始开发产品。

第三个里程碑：评审最终产品、产品品质、发布计划、社会效应，决定是否发布产品。

中国"互联网＋"大学生创新创业大赛创意组校赛和省赛可以被看作第二或第三个里程碑。冲击奖项的项目应该尽可能向第三个里程碑推进项目进度。

本次任务的评审就是要越过第一个里程碑。评审团为了评估产品机会，可以参考以下问题向各组代表提问。

产品要解决什么问题？（产品价值）

为谁解决这个问题？（目标市场）

成功的机会有多大？（市场规模）

怎样判断产品成功与否？（度量指标或收益指标）

有哪些同类产品？（竞争格局）

为什么我们最适合做这个产品？（竞争优势）

时机合适吗？（市场时机）

如何把产品推向市场？（营销组合策略）

成功的必要条件是什么？（解决方案要满足的条件）

以上问题并不涉及具体的解决方案。机会评估只讨论待解决的问题，不应涉及具体解决方案。考虑解决方案是将来的事情，现在是认真考虑要解决什么问题的时候。创业者往往把待解决的问题和解决方案放在一起考虑，当具体解决方案遇到困难时，他们会放弃产品机会。这是典型的"把洗澡水和孩子一起泼掉"的做法。

最难回答的往往是机会评估的第一个问题——产品价值。很多人感到惊诧，这应该是最容易回答的问题呀！问问创业者产品要解决什么问题，我们会发现多数人答非所问，只能泛泛地说出产品的功能和特色。另一个棘手问题是如何评估市场规模。市场规模的评估务必谨慎，避免浮夸，不是所有创业项目都有上亿人民币的市场。营销组合策略也很重要。它描述具体销售方式，甚至会影响产品需求。成功的必要条件（解决方案要满足的条件）指在调研过程中发现的特殊需求。同样，确定必要条件的任务不是描述解决方案，而是搞清楚产品的依赖因素和约束条件。

总之，创业团队的任务就是挑选合适的产品机会，然后向用户提供实用的解决方案。创业者负责评估各种创意，在团队投入宝贵的时间和金钱之前，淘汰蹩脚的创意，找出对自己最有利的机会。

(二)评审步骤

第一，路演展示1分钟，由其他组成员进行提问。

第二，为产品机会评分：各组对每一个产品机会进行讨论并评分。使用圆点贴或粉笔在黑板上记录，优记3分、良记2分、中记1分、差记0分；象征你代表公司愿意为这个产品机会投入多少人力、财力。

第三，班级保留评分高的前几个项目(同时淘汰末尾项目并解散相应的小组)，围绕生存下来的项目根据学生意愿重新分组。

生存下来的小组在接下来的课程中开始定义产品的解决方案。

项目三

商机规划

成果期望

1. 输出：利益相关人关系图，补完创业营过程文档中的"相关人关系"页。
2. 输出：项目核心需求列表，补完创业营过程文档中的"项目需求"页。
3. 输出：项目功能服务列表，补完创业营过程文档中的"资源与需求规划"页。
4. 输出：优先级列表，补完创业营过程文档中的"资源与需求规划"页。
5. 输出：商机规划，补完创业营过程文档中的"项目简报"页。

所需物料

海报纸、便签、彩笔。

项目流程

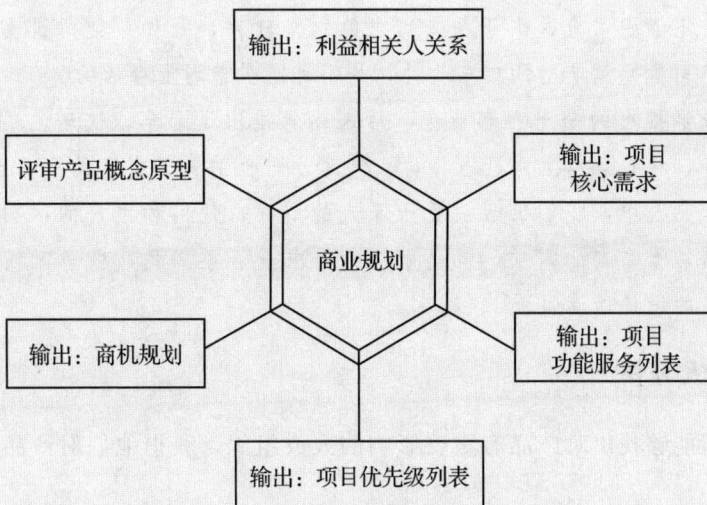

任务一
输出：利益相关人关系

任务说明

学习干系人分析、分类、管理；用相关人模板呈现利益相关人关系。

一、讲授：干系人

（一）干系人的概念

干系人：能影响创业决策、活动或结果的个人、群体或组织，以及会受或自认为会受创业决策、活动或结果影响的个人、群体或组织。在创业初期就识别干系人，并分析他们的利益层次、个人期望、重要性和影响力，对创业成功非常重要。

案　例

滴滴出行

滴滴出行，是涵盖出租车、专车、快车、顺风车、代驾及大巴等多项业务在内的一站式出行平台。2015年由滴滴打车更名而来。

很多人都有用滴滴出行打车的经历。产品的用户自然是最重要的干系人，但是还有其他不同的人群，在这款产品中扮演者不同的角色，他们也是产品的干系人。我们无法想象，一个不考虑司机这个干系人需求的打车软件，是如何让司机去使用的。而一个没有出租车司机愿意使用的打车软件，是不可能在市场上存活的。

滴滴出行最早推出的是出租车业务，后来逐步推出了专车、快车、顺风车、定制巴士及代驾业务，将私家车主、巴士公司、代驾公司也纳入了自己的产品干系人范围。从滴滴出行的干系人中，我们回过头看干系人的定义，他们和用户的区别在于，产品设计并不直接满足干系人的需求，但是用户的需求是否被满足，很多时候取决于干系人是否能被产品的设计所满足。

（二）干系人分析

干系人分析能够找出对产品有重要影响的人或组织，获得他们对产品的期望和需求，同时通过分析把控需求的优先级，尽量减少干系人之间的利益冲突，从而帮助创业者制定出满意的产品方向和目标，确保产品的最终实现。

如果不做干系人分析，那么被设计出的产品往往会遗漏重要的功能，甚至存在很多问题，让产品毫无用处。举个例子，在一个网购平台中，重要干系人有买家、卖家和物流公司。假如设计师忽略掉了对物流公司的分析，可能就不会设计显示物流信息的功能，买家和卖家就无法及时查看物流信息，这就会造成各种困扰。

干系人分析是系统地收集和分析各种定量与定性信息，以确定在整个创业项目中应该考虑哪些人的利益。通过干系人分析，识别出干系人的利益、期望和影响，并把他们与创业项目的目的联系起来。干系人分析也有助于了解干系人之间的关系（包括干系人与创业项目的关系、干系人之间的关系），以便利用这些关系来建立联盟或合作伙伴，从而提高创业项目成功的可能性。

干系人分析通常应遵循以下步骤。

第一，识别全部潜在的干系人及其相关信息，如他们的角色、所在部门、利益、知识、期望和影响力。关键干系人通常很容易识别，如主要目标客户。通常可对已识别的干系人进行访谈，来识别其他干系人，扩充干系人名单，直至列出全部潜在干系人。

第二，分析每个干系人可能的影响或支持，并把他们分类，以便制定管理策略。在干系人很多的情况下，必须对干系人进行排序，以便有效分配精力，来了解和管理干系人的期望。

第三，评估关键干系人对不同情况可能做出的反应，以便策划如何对他们施加影响，提高他们的支持，减轻他们的潜在负面影响。

从干系人分析得到设计启发，通过对干系人在项目中的利益、负面影响以及期望或要求的分析，我们可以找到干系人的痛点和需求点，得到很多设计启发，并从中提炼出干系人可能需要的功能、情景，为设计提供依据。例如，在设计一款中小学生护眼 App 时，针对干系人"家长"进行分析，得到他们对于产品"可以有效控制孩子玩手机的时间，预防孩子沉迷"的期望，从而得到"错误用眼提醒、长时间用眼提示、家长强制关屏"等功能设计的启发。

（三）干系人的分类

产品涉及的干系人可能有很多，在罗列出众多干系人之后，我们需要对他们进行分类，确定他们在项目中的角色，让我们对干系人的分析更有逻辑性。在产品设计时，不是罗列越多的干系人就越好，而是需要从需求利益出发。当干系人间的利益或要求有较大不同时，说明有值得进行独立设计考虑的地方，需要将其作为不同的干系人进行分析。反之，当干系人群体的核心利益和需求相似时，可以把他们抽象合并为同一干系人角色。

对干系人一般进行如下的分类。

出资方：投资方，是以现金、实物、技术等形式，为项目提供资源的人或组织。

购买者：采购项目产品，或为项目产品买单的人或组织。有时购买者同时可能也是用户，他们为产品功能或服务付费。

用户：产品（服务）的使用人。很多时候我们还要将用户细分成更多子类，以便更好地分析不同特质用户的需求。

权力部门：对产品设计要求、规则、制度、进度等施加积极或消极影响的个人或组织。

合作方：公司外部和产品有合作关系的广告商、渠道商、销售商、供应商等个人或组织。

其他感兴趣的人或组织：对项目感兴趣的，包括核心团队、政府机构、媒体渠道、行业协会、竞争对手、用户（购买者）有重叠的其他产品团队。

软硬件相关：在产品设计中，在特定状况下必须考虑的软硬件问题，如数据的存储问题，支付组件的对接问题等。

🔍 案　例

"饿了么"的干系人分类

"饿了么"于 2009 年上线，是现在中国领先的在线外卖订餐平台，为中国许多地区的用户提供丰富多样、简单快捷的在线订餐服务，同时为不同类型的餐饮商户提供基于互联网技术的一体化运营解决方案。"饿了么"的干系人分类如下。

出资方：由于具有"投资该产品并期望获得回报"这一共同特征，参与其中的控股机构、投资组织、社会资本等团体，可统一被视为投资者类干系人，不管投资多少。

用户：所有使用"饿了么"平台的群体都可以被称为用户，由于不同类型用户的需求不同，因此需要对用户进行分类。主要的用户群体有订餐者（可细分为更多群体，如白领和学生）、商家（同样可细分）、送餐员。

购买者：用户不为平台类产品本身买单，"饿了么"为餐厅商户提供了有效的管理软件，购买者就是产品项目付费的商家。

权力部门：对卖家营业资质和行业市场进行监管的部门，如工商行政管理局、卫生局。

合作方：为餐饮提供运输的快递公司等（"饿了么"属于自营）。

其他干系人：如果有在线广告业务，那么广告商就是其他干系人。

软硬件干系人：为"饿了么"提供软件运行所需服务的网络供应商等。

(四)干系人的识别

干系人登记册是识别干系人过程的主要输出,用于记录已识别的干系人的所有详细信息,包括(但不限于)以下内容。

基本信息:姓名、职位、地点、项目角色、联系方式。

评估信息:主要需求、主要期望、对项目的潜在影响、与生命周期的哪个阶段最密切相关。

关系人分类:内部和外部,支持者、中立者、反对者,等等。

(五)干系人的管理

可以使用分类模型"权力和利益方格"来帮助分析与管理干系人,如图 3.1 所示。

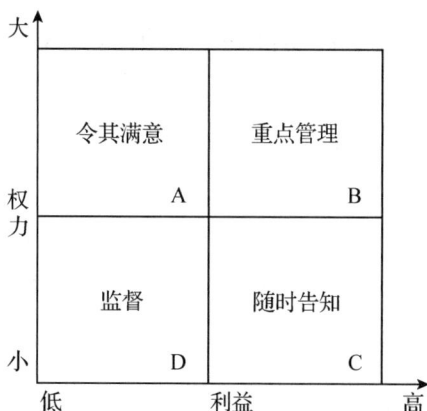

图 3.1　权力和利益方格

权力和利益方格是根据干系人权力的大小以及利益对其分类。这个方格指明了项目需要建立的与各干系人之间关系的种类。将关系人在权力和利益方格中归类之后,评估关键干系人对不同情况可能做出的反应或应对,以便策划如何对他们施加影响,得到他们的支持和减少他们的潜在负面影响。

首先关注处于 B 区的干系人,他们对项目有很大的权力,如为产品买单,也很关注项目的结果,项目经理应该"重点管理",应采取有力的行动让 B 区干系人满意。创业项目的客户就是这样的干系人。

尽管 C 区干系人权力小,但关注项目的结果,因此项目经理要"随时告知"项目状况,以维持 C 区干系人的满意程度。如果低估了 C 区干系人的利益,可能产生危险的后果,可能会引起 C 区干系人的反对。大多数情况下,要全面考虑到 C 区干系人对项目可能的、长期的以及对特定事件的反应。例如,对于一个 2B(to-Business)项目,产品的"用户"就可以说是 C 区干系人。

方格区域 A 的关键干系人具有"权力大、对项目结果关注度低"的特点，因此争取 A 区干系人的支持，对项目的成功至关重要，创业者对 A 区干系人的管理策略应该是"令其满意"。对于一个创业项目来说，工商、税务、卫生、消防等政府部门都可以说是 A 区干系人。

最后，还需要正确地对待 D 区中的干系人的需要，D 区干系人的特点是"权力小、对项目结果的关注度低"，因此创业者要是通过花最少的精力来"监督"他们即可。但有些 D 区的干系人可以影响更有权力的干系人，他们对项目发挥的是间接作用，因此对他们的态度也应该"要好一些"，以争取他们的支持，降低他们的敌意。对于一个创业项目来说，社会舆论属于 D 区干系人，但如果疏忽了对 D 区干系人的管理，后果将会很严重。

🔍 案　例

腾讯受官媒批评，市值蒸发千亿

2017 年 7 月 4 日，腾讯 15 分钟蒸发了千亿市值。早盘 11 点 49 分，腾讯股价突然暴跌，短短 15 分钟，直接跌了 4.62%，1222 亿港元市值瞬间灰飞烟灭。截至当日收盘，腾讯仍跌 4.13%。这一切的原因，竟是人民网的一篇评论文章——《〈王者荣耀〉：是娱乐大众还是"陷害"人生》。实际上，发声的不止人民网，新华社也发布了评论《"王者"成"指尖上的印钞机"　别让赚钱成为唯一"荣耀"》。这两篇立场鲜明的官方文章同时在 7 月 3 日发出，一天后腾讯被精确击中了，导致腾讯股价暴跌。

二、实做：填写相关人模板

（一）相关人模板

相关人模板如表 3.1 所示。

表 3.1　相关人模板

目标客户		诉求			
相关人		与目标客户的关系		主要诉求	
相关人		与目标客户的关系		主要诉求	
相关人		与目标客户的关系		主要诉求	
相关人		与目标客户的关系		主要诉求	

(二)填写步骤

在项目二任务二"输出：核心客户"一节中，我们已经制作好了用户画像，接下来要做的是以下五个步骤。

第一，将目标客户填写在画板上。

第二，小组讨论出其他相关人，并填写在相关人的位置上。

第三，描述各个角色的主要诉求。

第四，描述各角色与目标客户之间的关系。

第五，将关系人文档上传至云端。

任务二
输出：项目核心需求

🎯 **任务说明**

分析用户需求，归纳干系人关键需求。

一、用户需求分析

用户需求分析指从问题到方法（解决方案）的转化，或者说从用户需求到产品功能的转化。这个过程可以总结为一个大写的字母 Y，叫作 Y 模型，见图 3.2。

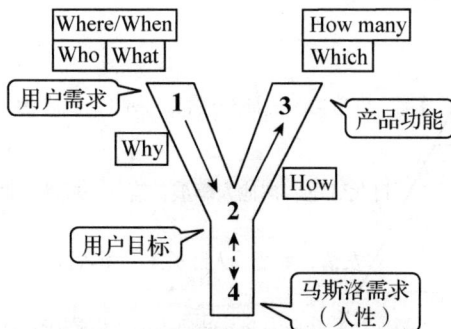

图 3.2 "Y 模型"的基本概念

在 Y 模型中，"1"是用户需求场景，即用户需求。这是起点，是表象，是需求的第一个深度——用户的观点和行为。

"2"是用户需求背后的目标和动机，是需求的第二个深度。创业者在思考用户目标时，也要综合考虑创业团队的商业目标。

"3"是产品功能，是解决方案，是创业团队未来要"制作"的东西。

"4"是人性，或者说价值观，是需求的第三个深度，是需求的本质。

在 Y 模型的不同阶段，需要分别回答一些问题，可以总结为六个 W 和两个 H。

"1"这个阶段的问题主要是 Who(用户)、What(需求)和 When/Where(场景)。

"1"到"2"和"2"到"4"这些阶段，要回答 Why：不停地往下深挖需求。当然，有些细碎的用户需求，不一定会挖到"4"，所以"2"到"4"是虚线。

"4"到"2"再到"3"的过程中要想清楚"How"：问题怎么解决。

"3"这个点，要回答 Which 和 How many。Which 是指选哪一个方案，做哪一个功能，这背后其实是对价值的判断，如怎么评估性价比和优先级。How many 是指这一次做多少个功能，考验的是对迭代周期、最小化可行产品的把控。

相关知识

马斯洛需求层次

亚伯拉罕·马斯洛(Abraham H. Maslow，1908—1970)出生于纽约市布鲁克林区，是美国社会心理学家、人格理论家和比较心理学家。

在马斯洛看来，人类价值体系存在两类不同的需要：一类是沿生物谱系上升方向逐渐变弱的本能或冲动，称为低级需要和生理需要。另一类是随生物进化而逐渐显现的潜能或需要，称为高级需要。

马斯洛理论把需求分成生理需求、安全需求、情感需求、尊重需求和自我实现需求五类，依次由较低层次到较高层次，见图 3.3。

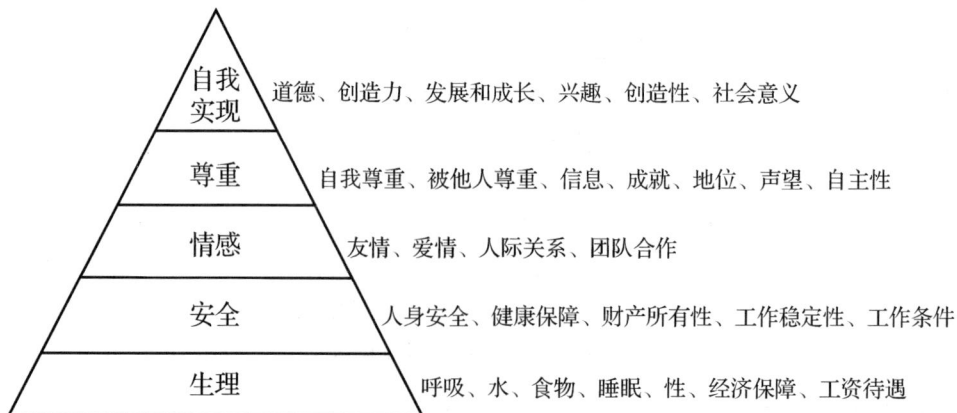

图 3.3 马斯洛需求层次理论

1. 生理上的需求

这是人类维持自身生存的最基本要求，包括饥、渴、衣、住、性等方面的要求。如果这些需求得不到满足，人类的生存就成了问题。在这个意义上说，生理需求是推动人们行动的最强大的动力。马斯洛认为，只有这些最基本的需求满足到维持生存所必需的程度后，其他的需求才能成为新的激励因素，而到了此时，这些已相对满足的需求也就不再成为激励因素了。

2. 安全上的需求

这是人类要求保障自身安全、摆脱事业和丧失财产威胁、避免职业病的侵袭、接触严酷的监督等方面的需求。马斯洛认为，整个有机体是一个追求安全的机制，人的感受器官、效应器官、智能和其他能量主要是寻求安全的工具，甚至可以把科学和人生观都看成是满足安全需求的一部分。当然，当这种需求一旦得到相对满足，也就不能再成为激励因素了。

3. 感情上的需求

这一层次的需求包括两个方面的内容。一是友爱的需求，即人人都需求伙伴之间、同事之间的关系融洽或保持友谊和忠诚；人人都希望得到爱情，希望爱别人，也渴望接受别人的爱。二是归属的需求，即人都有一种归属于一个群体的感情，希望成为群体中的一员，并相互关心和照顾。感情上的需求比生理上的需求要细致，它和一个人的生理特性、经历、教育、宗教信仰都有关系。

4. 尊重的需求

人人都希望自己有稳定的社会地位，要求个人的能力和成就得到社会的承认。尊重的需求又可分为内部尊重的需求和外部尊重的需求。内部尊重指一个人希望在各种不同情景中有实力、能胜任、充满信心、能独立自主。总之，内部尊重就是人的自尊。外部尊重指一个人希望有地位、有威信，受到别人的尊重、信赖和高度评价。马斯洛认为，尊重需求得到满足，能使人对自己充满信心，对社会满腔热情，体验到自己活着的用处和价值。

5. 自我实现的需求

这是最高层次的需求，指实现个人理想、抱负，发挥个人的能力到最大程度，完成与自己的能力相对应的一切事情的需求。也就是说，人必须干称职的工作，这样才会使他们感到最大的快乐。马斯洛提出，为满足自我实现的需求所采取的途径是因人而异的。自我实现的需求是努力发挥自己的潜力，使自己越来越成为自己所期望的人。

人的需求能够影响人的行为。只有未得到满足的需求能够影响行为，得到满足的需求不能充当激励工具。人的需求按重要性和层次性排成一定的次序，从基本的（如食物和住房）到复杂的（如自我实现）。当人的某一级的需求得到最低限度的满足后，他才会追求高一级的需求，如此逐级上升，成为推动继续努力的内在动力。

案 例

"如果福特问用户需要什么，用户会说，我要一匹更快的马"

100多年前，福特公司的创始人亨利·福特（Henry Ford）到处跑去问客户："您需要一个什么样的更好的交通工具？"几乎所有人的答案都是："我要一匹更快的马"。很多人听到这个答案，于是立马跑到马场去选马配种，以满足客户的需求。但是福特先生却没有立马往马场跑，而是接着往下问。

福特："你为什么需要一匹更快的马？"

客户："因为可以跑得更快！"

福特："你为什么需要跑得更快？"

客户："因为这样我就可以更早到达目的地。"

福特："所以，你要一匹更快的马的真正用意是什么？"

客户："用更短的时间，更快地到达目的地！"

于是，福特并没有往马场跑去，而是选择了制造汽车去满足客户的需求。

在这个例子中我们看到，用户需求"1"是更快的马，但它经常会以一种不靠谱的方式表达出来，这种表述可以叫作用户自以为是的解决方案、伪需求。在和用户交流的过程中，经常有这样的体会，你问他哪里不满意，他会告诉你应该怎么做。如果是没经验的创业者，这时候就会想，我要怎么研发一种新的饲料，或改进训练方法，让马跑得更快更久。而更优秀的创业者就会搞清楚 Why，向目标"2"走。结果发现，在某种需求场景下，用户其实是为了更快地到达某地，"更快"比"马"重要。相对于用户，亨利·福特是领域专家，可以利用自己的领域知识，给出更靠谱的方案：汽车。

一个优秀的创新创业者会发现，在一个不成熟的领域或全新的市场，只做"1—2—3"是可以的。例如，汽车市场的早期，你可以通过满足"更快"的需求建立优势。但表层需求很快就会被相似的跟进产品满足，随着市场的成熟，产品很快会陷入同质化竞争和价格战，最终整个市场变成红海（经济术语，指竞争相当激烈的市场）。

例如，我们发现今天的各种汽车都已经满足"快"这个最基本的用户需求了。但是当下的出行限制因素变成了道路限速、限行、堵车……现在用户要去机场，5万元的吉利和500万元的宾利几乎可以同时到，那么，有人买吉利、有人买宾利肯定是因为其他原因。在供给丰饶的时代，各种行业的细分市场都已经很成熟，而创业者的产品如果不能脱颖而出，那么这个产品就很难生存和发展。怎么找到让产品出彩的其他原因呢？

　　答案就是向深层需求探索，顺着马斯洛需求层次向高级需求的方向追溯。这个时候，Y模型里"4"的价值就开始显现了。市场越成熟，越需要细分。今天大家对新车功能的关注点已非常发散，全景天窗、真皮座椅、按摩、加热、通风、高级灯光、安全辅助系统等功能，每个用户都各有侧重，但都和"更快"没什么关系，而是为了满足用户获得他人尊重、高品质社交、乘坐感受、驾驶体验等细分需求。

二、挖掘用户需求

　　挖掘用户需求，即Y模型里的"1—2—4"，主要依赖"用户访谈"这种定性的需求采集方法。有一种方法叫作"攀梯术"（Laddering Technique），很适合应用于用户访谈当中。

　　攀梯术是一种在一对一深度访谈中使用的探询技术，用来探究用户对产品功能、特性的态度背后原因。它可以帮助创业者了解用户如何在产品属性（Product Attributes）A和个人价值（Values）V之间产生有意义的关联，从而知晓影响用户决策的因素。

　　攀梯术的基本手段，是通过一系列直接的探询式问句来洞察人性。典型的提问形式是"为什么那个东西对你来说很重要"和"那个东西对你意味着什么"。

　　研究员：您喜欢哪种口味的薯片？

　　用户：蒜香味的。

　　研究员：为什么呢？

　　用户：味道浓。

　　研究员：为什么喜欢味道浓的呢？

　　用户：这样就不会一次性吃太多。

　　研究员：一次性吃太多会怎么样？

　　用户：会长胖。

　　研究员：长胖对你意味着什么？

　　用户：身材不好。

　　研究员：身材好对你来说很重要吗？

　　用户：我自尊心强，觉得胖了会被人笑话。

　　至此，从产品属性A（蒜香味的薯片）到个人价值V（社会交往、尊重的需要）的关联达成。

　　但实操过程中，往往会遇到各种困难，如以下几种情形。

　　①用户想不出"为什么"，开始胡编乱造。

　　②越接近个人价值的答案越抽象，离原本的讨论主题越远，离用户的个人生活越近，可能会遇到隐私或用户防御的问题。

③由于老是要绕着弯儿追问"为什么",用户可能觉得你很傻,因此须考虑如何让对方不至于讨厌你。

这些困难都是有对策的。首先在做准备时,让访谈环境尽可能舒适放松,如准备好饮料零食。在开始访谈前向用户说明以下问题:回答没有对错,只需要表达自己的观点即可;如果过程中觉得有一些问题无法回答,可以直接说出来。

在访谈过程中,相关论文给出了五个经典技巧和案例,这里分享给大家。

案例 1

情境唤起

通过让用户假想、回忆(使用产品的)情境,引起他的思考。

研究员:您说您倾向于周末与朋友聚会时喝果酒,为什么呢?

用户:因为酒精比较少,但是有满足感,我就会喝得比较少、比较慢。

研究员:为什么跟朋友聚会时想喝酒精少的酒呢?

用户:不知道啊,没想过。

研究员:您回忆一下,最近一次跟朋友聚会时喝果酒是什么时候?

用户:上周末。

研究员:当时为什么会选择果酒呢?

用户:我不想喝醉。

研究员:为什么不想喝醉呢?

用户:喝醉了就没法跟朋友交流啊,我需要融入朋友圈里。

至此,从产品属性 A(酒精含量低)到个人价值 V(融入朋友圈、归属感、社会交往)的关联达成。

案例 2

假设某物或某状态的缺失

让用户思考,某物或某状态如果缺失了会怎样。

研究员:您说您倾向于下班回家后喝果酒,因为味道醇厚。为什么下班后需要喝味道醇厚的酒呢?

用户:没为什么,辛苦工作后来一杯,让我感觉满足。

研究员:为什么下班后喝一杯让您满足的酒很重要?

用户:不知道啊,喜欢就是喜欢。

研究员:如果家里刚好没有果酒,那您会怎么办?

用户：可能喝啤酒吧。

研究员：和喝果酒相比，喝啤酒有什么差别？

用户：喝啤酒的话，我可能会一直喝下去。但是果酒的话，一杯就差不多了，就想止住了。

研究员：为什么您不希望一直喝下去呢？

用户：喝多了很容易困，早早就睡去了。那我就没法跟我妻子聊天沟通了。

研究员：与您的妻子沟通，对您而言很重要吗？

用户：当然，家庭和谐很重要啊！

至此，从产品属性 A（味道醇厚、容易止住）到个人价值 V（家庭和谐）的关联达成。

🔍 **案例 3**

反面攀梯

用户无法说出做某事或想要某种感觉的原因时，可询问他不做某些事情或不想产生某种感觉的原因。

研究员：果酒有 300 ml 和 500 ml 两种规格，您更常购买哪种规格呢？

用户：我总是买 300 ml 的。

研究员：为什么呢？

用户：不知道啊，习惯吧。

研究员：为什么不买 500 ml 的呢？

用户：太多了，我喝完一瓶之前，气都跑没了，就只能扔掉。

研究员：扔掉酒会带来什么问题吗？

用户：让我觉得很浪费钱啊。

研究员：金钱对您而言意味着什么呢？

用户：我负责家庭开支的规划，我有责任不乱花钱。

至此，从产品属性 A（300 ml）到个人价值 V（家庭责任）的关联达成。

🔍 **案例 4**

时间倒流对比

让用户反思过去，并与现状对比。

研究员：您说您通常在酒吧的时候会喝果酒，为什么呢？

用户：不知道啊，习惯喝这个。

研究员：和现在相比，几年前您在酒吧的点酒习惯有什么不一样吗？

用户：嗯，现在和以前还是不太一样的。

研究员：有什么变化呢？

用户：以前念书的时候，基本上就是喝啤酒。

研究员：那现在为什么喝果酒呢？

用户：现在工作了，和同事出去喝酒，喝果酒看起来比喝啤酒好。

研究员：为什么？

用户：果酒的酒瓶设计和包装，显得比较高端。

研究员：这对你而言很重要吗？

用户：反映一个人的形象嘛，显得比较成熟、职业化，可以拉近和同事之间的距离。

至此，从 A(酒瓶设计和包装高端)到 V(拉近和同事之间的距离、归属感)的关联达成。

🔍 案例 5

重定向——沉默或重述确认

用沉默或通过再次询问确认的方式来鼓励用户继续讲。

研究员：您说喜欢果酒里的碳酸，您觉得碳酸有什么好处呢？

用户：没什么特别的吧。

研究员：果酒里的碳酸呢？

用户：没什么吧？

研究员：(沉默)

用户：我想起来了，有碳酸的话，口感比较爽。

研究员："爽"意味着什么呢？

用户：可以快速止渴啊，特别是刚刚运动完的时候，来一瓶最赞了。

研究员：您刚才提到"赞"，您能具体解释一下这是怎样的感觉呢？

用户：像是对自己的一种犒劳吧，我完成了自己定下来的锻炼目标。

至此，从产品属性 A(含碳酸)到个人价值 V(完成目标、自我实现)的关联达成。

攀梯术可以应用在各种形式的访谈中。本质上它是一种层层深入的追问手段，旨在从具体的用户需求、产品功能出发，寻找用户目标以及背后的价值观。攀梯过程对提问者的访谈技巧有较高要求，最好的提高方式还是多多练习。

三、讲授：需求模板

需求模板如表 3.2 所示。

表 3.2　需求模板

需求角色 1		需求	
需求角色 2		需求	
需求角色 3		需求	
需求角色 4		需求	
需求角色 5		需求	
核心需求：			

填写需求模板时要注意以下三点。

第一，核心需求选择时要进行适当的归纳。

第二，核心需求选择时的原则：核心客户需求不能遗漏；核心客户需求优先，需求覆盖多角色优先。

第三，需求进行归纳后不能超过五条。

四、实做：填写需求文档模板

在上一节中，我们已经分析出了项目的关键干系人。接下来要填写需求文档模板，具体有以下五步。

第一，填写"需求关键角色"。

第二，小组分工认领角色。

第三，完成各个角色需求设计并填入需求文档模板。

第四，归纳核心需求，完成需求文档。

第五，上传需求文档至云端。

任务三
输出：项目功能服务列表

🎯 任务说明

筛选产品的主要功能（服务）。

一、讲授：狩野模型

狩野（KANO）模型是东京理工大学教授狩野纪昭发明的一种对用户需求进行分类和优先排序的实用工具，以分析用户需求对用户满意的影响为基础，体现了产品性能和用户满意之间的非线性关系。

（一）基础功能

用户认为产品"必须有"的属性或功能，也叫用户痛点，如果此类需求没有得到满足或表现欠佳，那么用户的不满情绪会急剧增加，此类需求得到满足后，可以消除用户的不满，但并不能带来用户满意度的增加。对于这类需求，我们的做法应该是不要在这方面失分。

基础功能如图 3.4 中曲线所示。

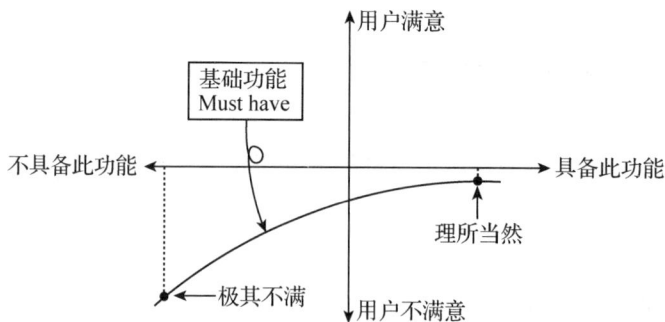

图 3.4　基础功能曲线

例如，智能手机的基础功能有如下内容。

第一，可连接、兼容性和安全性：语音通话质量、信号覆盖、操作系统兼容、安全性等。试想一下，一个智能手机没有信号肯定是不能通话的，如果通话质量差、操作系统不兼容、手机被感染病毒、基本上不能用的时候，用户的不满情绪肯定会增加。

第二，日常使用和性能：待机时间、速度等。如果手机待机 10 分钟就没电了，那么手机没电肯定不能用。如果手机运行速度太慢，接近崩溃，半天才有反应，那么这个手机基本上是用不了的。这些都会使用户的不满情绪增加，但是上述需求都满足后，并不能带来用户满意度的增加，因为用户认为这些是必须要有的。

基本功能的一般特征有以下三点。

①基础功能是用户所需求的必须具备的功能。

②这些功能（特征）对用户来说很明显，以至于用户在被询问时，常常忘记提及这些基本型功能（特征）。

③基本型特征是不言而喻的，用户认为没有必要说，如果没有这些特征，那么用户会认为这些产品是失败的。

（二）亮点功能

亮点功能的曲线与基础功能的曲线看上去正好相反，见图 3.5。

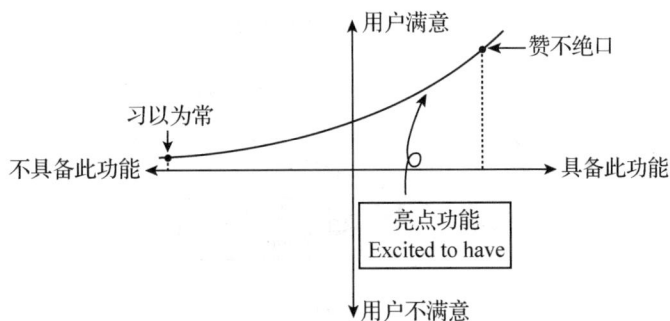

图 3.5　亮点功能曲线

亮点功能指提供给用户一些完全出乎意料的产品属性，使用户产生惊喜，也叫用户需求的暗处。兴奋点和惊喜点常常是一些未被用户了解的需求，用户在看到这些功能之前并不知道自己需要它们。当这个功能没有做时，用户并不会不满意或觉得有问题，因为已经"习以为常"。但是一旦有了这个功能，用户就会大为惊喜，甚至"赞不绝口"，从而提高用户的忠诚度。这类需求往往是用户的潜在需求，我们的做法就是去寻找发掘这样的需求，领先对手。例如，苹果手机从 iPhone 5s 开始推出的指纹识别、华为手机推出的双摄像头、小米手机推出的全面屏等，都是当时的产品亮点。

亮点是忠诚度、口碑传播的基础。如今，一个没有亮点的产品，用户也许偶尔会用，但不会与产品建立正向情感连接，更不会主动帮助传播。想让老用户带来新用户，产品必须找到自己的亮点。

那么应该做什么样的亮点呢？常见的亮点特性有"用户没见过""未经市场检验"和"如果被认可就能获得巨大回报"几种。小公司和早期产品应该优选成本低的亮点，仅将其视为锦上添花。因为，在将产品推向市场之前，并不知道它会不会真的变成亮点。如果投入太大成本去做这样的亮点，对初创团队来说往往等于孤注一掷，一旦用户不买账，创业项目就可能夭折。

亮点功能的一般特征有以下三点。

①消费者很难阐明亮点功能。因为亮点功能是超出预期的，用户自己不知道。

②亮点功能是为某个特定的人群和某种特定的需要而制定的。

③当消费者遇到满足兴奋型需求的特征时，他们的第一反应就是喜悦。

创业产品要做出亮点，主要靠创业者对用户的理解，因为亮点是用户想不到、说不出的，创业者必须领先一步，深刻洞察。

(三)期望功能

期望功能的曲线见图 3.6。

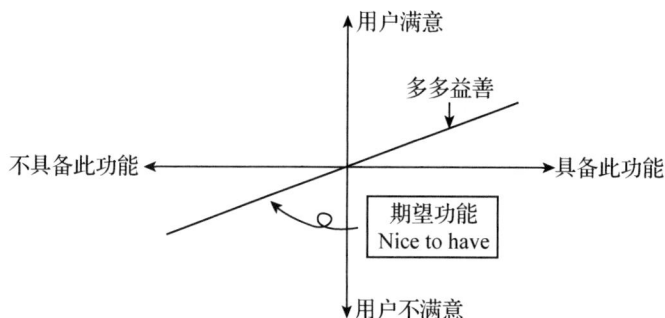

图 3.6　期望功能曲线

这类功能也叫用户需求的痒处。用户通常谈论的是期望型需求，期望型需求又叫作线性需求，这类需求越多越好。此类需求若被满足，用户的满意度会显著增加；此类需求若得不到满足，用户的不满会显著增加。这是处于成长期的需求，是用户、竞争对手和企业自身都关注的需求，也是体现竞争能力的需求。对于这类需求，我们的做法应该是注重提高这方面的质量，要力争超过竞争对手。

例如，智能手机的期望型需求内容如下。

通信：电话、E-mail、SMS、网页浏览、文档功能、手写输入、多点触摸等。

生活相关的功能：多媒体播放器、拍照、摄像、GPS 导航、闹钟、计算器等。

用户希望手机上的期望型需求越多越好。

期望功能的一般特征有以下四点。

①在大多数情况下，消费者可以清楚地表达这些需求。

②对消费者来说这些需求有独特性。

③与消费者的喜好呈线性关系，容易测量。

④大多数情况下，这些需求有特定的技术定义。

(四)KANO 模型与 Y 模型的关联

如果只是通过简单地和用户交流来采集需求，最终实现的大多只能是期望功能。这说明了一个原则："听用户说，但不要照着做。"这可以用图3.7来进一步阐释。

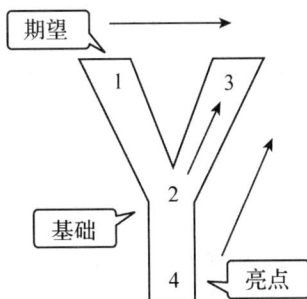

图 3.7　KANO 模型与 Y 模型的关联

Y 模型里的"1"，既是用户需求的表象，也是用户的期望。KANO 模型从另外一个角度告诉我们，如果直接从"1"到"3"，照着用户说的做，那么这个产品的功能往往是不完整的。因为用户告诉你的，只会是期望功能。用户不会提基础功能，因为他觉得你的产品肯定会有；用户也不会说亮点功能，因为他想不到。可见，不能"抄近道"，必须从"1"往下挖，挖到"2"后用领域知识来补全基础功能，再挖到"4"，这时要通过对人性和价值观的理解来提出亮点。从各种功能的来源上看，期望功能对应的是"1"，亮点功能对应的是"4"，而基础功能对应的是"2"。

再次提醒创业者，如果完全指望客户提出解决方案，你只会得到平庸的答案。史蒂夫·乔布斯说过，"不能全听客户的。如果他们要什么你就做什么，等你做好了他们又会提出新要求。"

🔍 案　例

川崎公司曾是全球最大的水上摩托艇生产企业。摩托艇要站立驾驶，有用户抱怨长时间驾驶双腿很累，于是川崎的设计师询问用户应该如何解决这个问题，用户的建议是加厚脚底的护垫，川崎公司就加厚护垫满足客户需求。但是，川崎的竞争对手雅马哈发现了用户没有提到的问题：不管加多厚的护垫，站着骑摩托艇都没有坐着骑行舒服。最终，雅马哈凭借有座椅的新型水上摩托艇抢走了川崎大部分的市场份额。川崎不得不将行业"领头羊"的位置拱手让给了创新者雅马哈。

（五）前三类功能的与时俱进

前面讲的三类功能，还只是在一个时间切片上去分析。现在，再加入时间维度来理解 KANO 模型。先说结论，随着时间的推移，一个功能的类型是会变化的，往往会经历从亮点功能到期望功能再到基础功能这样一个完整变迁的过程。

预测未来很难，但可以通过追溯过往来找到例子。2000 年左右，有少数手机已经可以用来听歌，彻底颠覆了单独使用 MP3 的用户的习惯，所以"可以听歌"明显是个亮点；一两年后，越来越多的用户意识到手机能听歌的好处，会在参与需求调研时提出"希望你们的下一款手机也可以听歌"，这时"可以听歌"又变成了典型的期望功能；再过去几年，当所有手机都能听歌了，用户就再也不会主动提这个功能，"可以听歌"变成了理所当然的基础功能。

基础功能也有可能被新技术替代，慢慢不再被用户需要，这是时间的力量。基础功能常用来满足旧有的存量市场，而亮点功能则更有可能创造一个全新的增量市场。随着市场竞争的日益激烈，企业要想胜出，就必须不断创新，对市场进行有效细分，以快速找到自己产品的亮点。

（六）无差别功能

在图 3.8 中，第四类功能无差别功能的曲线和横轴重叠，用波浪线表示。是否提供无差别功能，用户对产品的感受是没有变化的。

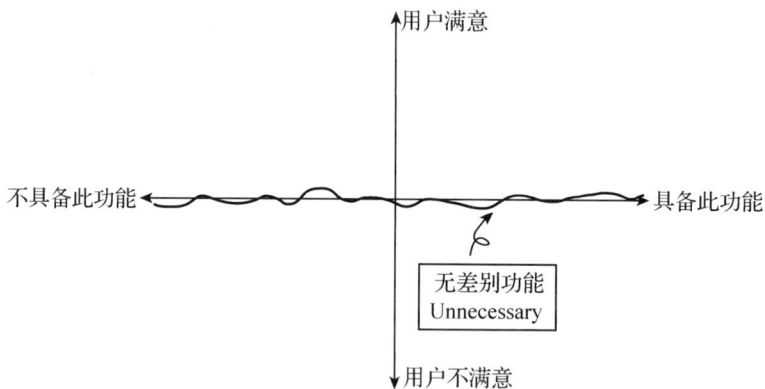

图 3.8 无差别功能曲线

无差别功能指那些对满意度没有明显影响的因素和需求，也称多余功能。对于无论有没有都无所谓的产品（服务），当其存在时，没有人感到感激和开心，当其不存在时，也没有人抱怨、没有人注意、没有人投诉。有些服务或产品反而会引起用户不满，那更是费力不讨好，画蛇添足，纯属多余和浪费，这类需求都归结为多余需求。例如，在酒店所有的房间里都额外放一张儿童床，每次退房都要求客人填写意见调查表，突然敲门送报纸或者热水，等等。

导致创业失败的一个主要原因正是创业者识别的所谓需求是不存在的、没有必要的甚至多余的。创业机会识别的一个常见的毛病是将自己的需求强加到他人身上，这是创业者需要格外注意的。

无差别功能怎么应对？当然是不要做。那么如果不做，怎么知道它是无差别功能？所以，就要采用精益创业的思想，即"以最小的成本和有效的方式验证产品是否符合用户需求，灵活调整方向"。创业者可以采取一些小投入的方案，来验证用户需求、验证市场，进而决定要不要做这个功能。对任何功能做取舍时，都建议采用低成本验证的方法。

🔍 案 例

Zappos 的精益创业

美国有一个鞋类电商网站，叫 Zappos，后来被亚马逊（Amazon）收购了。Zappos早在十几年前就在网上卖鞋。最开始的时候，要回答的第一个问题是"有没有人愿意在网上买鞋?"当时没人知道这件事，毕竟对于买鞋，传统的想法是要试穿的。如果先把电商的整个系统，包括网站、后台、供应链等都搭好，万一没有人愿意在网上买鞋，那损失的成本就太高了。Zappos 的创始人之一谢家华是这样做的：他先搭了几个简单的页面，当有人下单之后，他就去商场把这双鞋买过来，然后给对方寄过去。通过这样的方式把业务流程跑通，然后才逐步做各种电商系统。谢家华写过一本书，叫《三双鞋》，讲的是在用户每次购买一双鞋的时候，Zappos 会给用户寄三双，未被挑中的两双可以被无条件退回。Zappos 通过这样的方式，把用户不敢在网上买鞋的顾虑打消了。

所以，先通过人工跑流程来验证模式，使用量上来后再用 IT 系统来提升效率、实现规模化效益，是常见的操作方式。一个流程在效率可接受时，不一定非要做一个产品出来。产品只是一种解决方案，人工服务也是，这里面的核心考量是投入产出比。

（七）反向功能

如图 3.9 所示，第五类功能的反向功能呈现为一条反向的斜线，代表的含义是做的越多用户越反感。这类功能叫作反向功能。

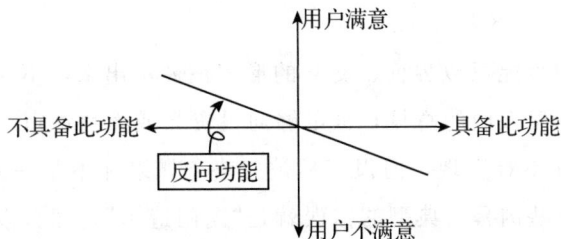

图 3.9　反向功能曲线

以百度的广告为例，对普通搜索用户来说，搜索结果页里的广告越多，满意度就越差，但对投放广告的用户来说，他们肯定希望搜索结果中出现更多自己的广告。

这是因为，KANO模型里的纵轴叫用户满意度，而一个产品的用户是多种多样的，不同用户的目标也各不相同，所以这里的"满意"，针对某一种用户可能是反向的，而针对另外一种用户却可能是正向的。

一个KANO模型往往只针对一种用户，通常是核心用户。实际上，也可以针对不同的用户画出多个KANO模型。一般情况下，因为必要性不大，所以实际操作中很少有人这么做。

在评估反向功能时，要注意以下两种常见的用户属性。第一种是用户的多边性，指多边平台产品里有完全不同类型的用户，他们之间可能存在利益的矛盾。例如，同时有卖家、买家双方的交易类平台，往往卖家很喜欢的功能可能损害买家利益，反之亦然。以出行应用为例，司机希望能够挑乘客，不希望被平台派单，而乘客也希望能主动挑司机，不希望被动接受，这里面就有冲突。而广义的多边，是外部用户和公司，他们的利益也经常是有冲突的。第二种是用户的多样性。在同一类用户中，有些人喜欢这个功能，有些人不喜欢这个功能，那么创业团队就需要回顾之前设定的人物角色的优先级来做出相应决策。

反向功能很考验创业者，他们需要在多种用户利益之间寻找平衡，而如何判断不同用户孰重孰轻，则又要回到前面的内容中寻找答案。

二、讲授：最小化可行产品

当创业者充分思考了创业产品的主要功能（服务），就可以开始制作最小化可行产品了。

最小化可行产品，指的是满足"用户愿意用、最好愿意付费""用户易于使用""团队有能力实现"的最小功能集合，有些可以直接作为最终产品使用，有些甚至只能用来演示。

最小化可行产品的重点就是制作的成本要极低，但是却能展示最终产品的主要特色（基本功能和亮点功能齐备）。

创业者的创意很可能只以界面、交互的形式被展示出来，不涉及复杂的开发。但这样的产品已足够激发人们的意见，也足够向投资人或大赛评审表明你的意图。用户需要的东西有时候并不难实现，但很容易被忽略。如果你不是一开始就跟用户接触，那么你就很难知道这些内幕。典型的错误就是"闭门造车"，却自以为很有成就。最小化可行产品的功用就是让你拿着它接触客户，尽早根据客户的回馈来改进你的产品。

🔍 案　例

Dropbox 公司的最小化可行产品

德鲁·休斯敦(Drew Houston)是 Dropbox 公司的首席执行官。这家位于硅谷的公司开发了一种非常简单易用的文件分享工具。安装了该应用程序后,你的电脑上会出现一个 Dropbox 收纳盒文件夹。任何拉入文件夹内的资料都会自动上传至 Dropbox 的服务器,然后即刻复制到你所有的电脑和设备上。

由于该产品需要精通技术的专才来开发,所以公司的初创团队是由工程师组成的。

这些工程师创造了 Dropbox 软件最大的竞争优势,它的运行是如此顺畅,以至于至今对手都难以超越。Dropbox 公司的这群人并不是人们观念中的营销天才。事实上,他们中没有人从事过市场销售工作。这些创业者在开发产品的同时想要取得顾客反馈,了解顾客真正在意的是什么。Dropbox 特别需要检验它的"价值假设"和"增长假设":如果我们能够提供一种超级顾客体验,人们会不会试用我们的产品?他们相信,文件同步是一个大多数人没有意识到的问题(后来发现确实如此)。一旦你体验了相应的解决方案,你简直无法想象生活中怎么可以没有它。

顾客往往不知道他们想要什么(KANO 模型中的亮点功能),当听到 Dropbox 的概念时,他们很难明白这到底是怎么回事。筹措创业资金的时候,休斯敦遭遇了不少挫败才意识到这一点。在一次又一次的会议中,投资者都说,已有产品充斥了这个"市场空间",没有谁赚到多少钱,而且,文件同步也不是什么重要问题。休斯敦会问:"你亲自试用过那些产品吗?"如果他们称是,他会问:"你觉得它们运行顺畅吗?"答案几乎都是否定的。但是一次次的会议之后,风险投资家们还是无法想象休斯敦的"理想国"究竟是什么。而休斯敦则坚信,如果这个软件能"神奇地运行",那么顾客自然会蜂拥而至。他的挑战在于,根本不可能以原型产品形式来展示一个运行的软件。实际产品需要克服重大的技术障碍,并且产品中的在线服务部分也需要做到高度可靠和有效。为了规避风险,以免开发多年之后才恍悟产品没人想要,休斯敦拍了一段视频。

这是一段普通又直观的 3 分钟视频,针对技术圈内的早期使用者演示了该技术的工作情况。休斯敦亲自给视频配了旁白。当描述到他要同步的文件种类时,观众可以看到他如何用鼠标操作电脑。休斯敦回忆道,"这个视频吸引了几十万人访问我们的网站。产品公测版的等候名单一夜之间从 5000 人上升到 75000 人。这让我们又惊又喜"。时至今日,Dropbox 是硅谷最炙手可热的公司之一。

在这个案例中,一段视频就是最小化可行产品。它证实了休斯敦的创业假设,即顾客确实需要他正在开发的产品。这是由顾客真实的注册数量决定的。

三、实做：填写资源与需求规划模板

（一）资源与需求规划模板

资源与需求规划模板，见表 3.3。

表 3.3　资源与需求规划模板

核心需求 功能（服务） 源资					
主要功能服务					
1					
2					
3					

（二）填写步骤

在上一节中，我们已经分析出了项目的核心需求，接下来，在资源与需求规划模板中要做下面几项工作。

第一，填写核心需求。

第二，填写 3～5 种需要的资源。

第三，填写采取何种功能(服务)解决需求。

第四，提取最主要的功能(服务)。

第五，输出项目功能(服务)列表至云端。

注意事项：第一，对于需求及合作方式相同的相关方可以合并；"资源"对应列不一定要写满；"功能(服务)"对应空格也不一定要填满；第二，"功能(服务)"一定要填写的是可提供给客户的功能(服务)，不要填写自身的理念或者手段。

任务四
输出：项目优先级列表

🎯 任务说明

为产品的主要功能(服务)做价值评判和成本评估，做出性价比的排序。

一、讲授：产品原则

产品原则是对团队信仰和价值观的总结，用来指导产品团队做出正确的决策和取舍。它体现了产品团队的目标和愿景，是产品战略的重要组成部分。从形式上看，它是一系列明确的体现团队特色的产品价值准则。

制定产品原则的前提是团队至少已经完成了项目需求采集，如完成了项目需求模板。

产品原则是整个创业团队必须达成共识的准则，依赖于团队的价值观或者是创意此产品的初心。投资人或大赛评审在了解创业团队时很喜欢问一个问题：你为什么做这个项目？这个问题的答案就是初心，初心决定了团队发展空间的上限。

所以，新组创业团队要做的一件重要的事情就是制定产品原则。制定产品原则意味着决定什么重要、什么不重要，哪些原则是根本的、战略性的，哪些是临时的、战术性的。产品原则不是产品功能的清单，它是创业团队的价值宣言。好的产品原则甚至可以激发设计产品的灵感。产品原则可以让之后加入团队的创业伙伴从中了解团队创始人设立的创业目标。产品原则是一套价值判断的框架，帮助创业团队做出正确的决策。

以某电影网站为例，它的产品原则是相信社区用户的影评比专业人士的影评更有价值。如果某家制片厂希望借网站发表评论，产品团队就可以根据这条产品原则决定是否采纳。

产品原则是否公开因公司而异。它既可以用作团队内部的指导工具，像是产品战略文档，又可以公开给客户、合作伙伴、投资人，用于向公众宣传公司的理念。

此外，产品原则还可以用来团结创业团队，让所有成员形成共同的价值观，在认识上保持一致性。这是任何产品说明文档都做不到的。

注意：仅仅罗列出产品原则还不够，还要按原则的重要性排序。所有产品都希望做到既易于使用又安全可靠，但总有需优先考虑的原则。最重要的究竟是易用性，还是可靠性。

制定产品原则时容易出现两类错误。第一类是原则过于空泛，失去了指导作用。第二类是把设计原则误当成产品原则，例如，为用户提供清晰的导航路径（方便用户完成下一步操作）属于常见的设计原则，不属于产品原则。

创业团队在产品决策过程中经常议而不决，围绕产品发生争论、冲突，原因主要有以下三点。第一，每位同事对团队的产品都有自己的看法。第二，大家都非常在乎产品，明白团队取得成绩得靠用户，只有产品才能吸引用户。第三，许多人以为自己比其他人了解目标用户，事实上并非如此。如果创业团队有清晰的产品，那么就可以避免以上这种状况的发生。

如果你所在的团队还没有制定清晰的、有关产品理念的产品原则，应该把大家召集起来讨论分析，确定团队最看重的价值理念，让大家在以下四个要点上达成共识。

第一，究竟要解决什么问题。在产品的市场切入点中，最关键的用户需求场景是哪几个。

第二，要为哪类人物角色解决这个问题。如果将目标用户分为几类，那么他们的优先级排序是什么。

第三，产品要达到什么目标。

第四，每项目标的优先级是什么，最初的最小化可行产品必须满足哪些需求。

往往团队内出现严重的意见分歧，并非大家对事实的认定有争议，而是对目标和目标的优先级有不同的理解。比如，团队首先应该确定哪个目标对用户最重要，是易用性、响应速度、功能、成本、安全性，还是用户隐私。只有先统一对产品目标和目标优先级的认识，大家才能在此共识上进一步讨论各种方案的合理性与可行性。务必认真分析产品目标的优先级（从最重要到最不重要逐项排序），让团队达成共识。切不可囫囵吞枣地把所有目标都贴上"关键"和"重要"的标签。一定要区分什么最重要，什么次重要……

即使大家已经达成共识，也应该在讨论开始前再次予以强调，最好把目标按优先级顺序写在白板上，这样每位团队成员都可以看到评估方案和制定决策的确切依据。

激烈的会议争论会影响大家的斗志和工作效率。如果再出现这种情况，请先回顾产品目标和目标优先级，确保大家达成共识。

注意：产品原则也需要与时俱进，定期优化调整。

二、讲授：确定功能的优先级

理论上，性价比高，功能优先级也就高，所以应该先做。

性价比＝价值/成本。其中，价值由产品功能背后的用户需求（问题）决定，成本由产品功能（解决方案）决定。

（一）价值评判

价值评判的基础原则见图 3.11。

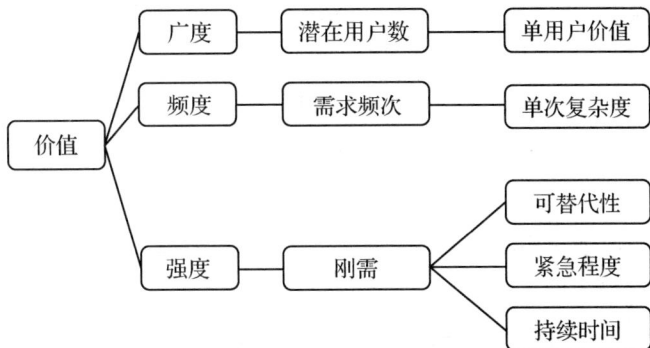

图 3.10 价值评判框架

1. 广度：潜在用户数×单用户价值

广度对应着潜在用户数，即一个产品将来可能覆盖的用户群体有多大。

不同产品、不同功能的定位直接决定其可能覆盖的潜在用户数会有差异，有时甚至相差多个量级。例如，面向出行这一需求，打车应用覆盖的潜在用户数可能是几个亿，代驾应用因为要求用户有车且没法开，所以其可能覆盖的潜在用户数最多只有几百万，两者差距很大。同样是餐饮服务，日常快餐和只接婚宴，潜在用户数的差距也很大。

单用户价值这个词，在不同行业能找到不同的说法。例如，电商行业的"客单价"指用户平均每次消费花多少钱；游戏行业和运营商的"ARPU"（Average Revenue Per User），是指平均每个用户在单位时间内给公司带来的收入；而对于社交应用，对应的说法也许是"活跃度"。

从广度的角度，"潜在用户数×单用户价值"可以用来判断产品对应的市场容量。

具体操作时，经常先从一些细分用户切入，再逐步扩大到所有潜在用户。比如，2016年第二届中国"互联网＋"大学生创新创业大赛第四名的 ofo 共享单车，就是先攻高校内部，再扩张到校园外。

2. 频度：需求频次×单次复杂度

频度是指需求频次的高低，不同的需求，频次差异会非常大。

有些需求每天都会出现一次甚至多次，如叫外卖；有的需求每周最多出现一次，如看电影；有的需求也许每个月只出现一次，如交水电费、还信用卡；有的需求每年出现一两次，如车险、出境游等；有的需求甚至有可能一辈子只出现一次，如结婚。

很容易就能得出结论，高频高单价的需求极少，低频低单价的需求不值得做。常见的策略：先利用高频低单价的需求抓住用户，因为高频场景和用户互动的机会多，而低单价的轻决策场景可以降低用户进入门槛，容易引流；再用低频高单价的需求做利润，因为单价高了，可以切分的蛋糕才大。之所以采取这样的先后次序，是因为必须有海量用户做基础，低频需求的总量才足够大。比如，汽车后市场(买车以后产生的各种消费)就很典型，用高频低单价的洗车增加客流量，甚至通过补贴来抓牢用户，然后用低频高单价的保险、保养、修车来赚取利润。

"需求频次×单次复杂度"，让我们在广度之余，可以从频度的视角再一次对市场容量进行验证。

不同价位、不同频次需求的处理策略总结，见图3.12。

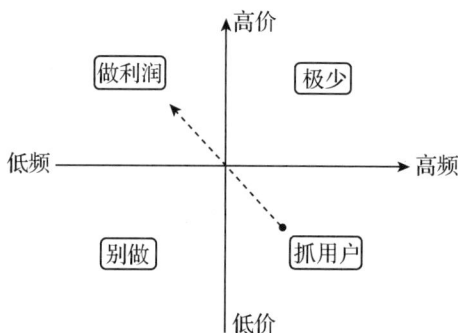

图3.11　不同价位、不同频次需求的处理策略

3. 强度：不可替代、紧急、持久

强度指的就是真实刚需。一个需求是不是真的，是不是刚性，有一个简单的判断原则，就是问自己这样一个问题："当你没有做这个产品功能时，用户是不是在设法解决，甚至已经在用某种低效的方式来解决这个问题？"如果答案是肯定的，那么说明需求真的很强烈。

三个判断的角度：

第一，可替代性。可替代性用来说明一个功能是不是很容易被其他功能替代。越是不可替代的功能，其需求强度越大。

第二，紧急程度。需求紧急程度也可以作为衡量需求强度的判断原则。需求紧急程度和需求强度成正比。

第三，持续时间。持续时间是指一个功能做好之后，用户有效使用的周期是多久。使用周期越长的功能，其需求强度相对越大。

4. 不同阶段的产品看重什么

第一，在产品的不同阶段，对上面提到的广度、频度、强度上会有不同的侧重点。产品早期的验证阶段，更重视"强度"。用户留存率够高，产品在将来才会有好的发展，而留存率高就要求产品背后的需求足够强。这一阶段的产品还在不断试错，寻找最能打动用户的切入点。创业者关注的问题是"有没有人愿意为此付费""哪些人迫切地愿意为此付费"。

第二，验证完毕，产品进入大面积拉新（获取新用户）的阶段，这时更重视"广度"，这个阶段的产品需要快速增长，希望通过各种推广来占领更多市场份额，以尽快与对手拉开差距。工作重心依然是围绕核心功能做优化，同时可以获取大量的用户反馈。这一阶段创业者关注的问题是"有没有更多的人愿意为此付费""有多少人"。

第三，当用户增长出现瓶颈时，就需要开始对产品的用户进行激活。这时更重视"频度"。在拉新阶段，通常的策略是先攻"单用户获取成本"低的场景。例如，如果你要主攻白领人群，那么上下班时间的写字楼电梯口就是一个好机会，在这里单位时间内能获取的新用户数肯定高于你在路边寻找。但是，当这类机会都饱和后，拉新成本就会越来越高，这也就意味着用户数没法一直保持高速增长。这时再想扩大产品的价值，应该怎么办？在每个用户身上挖掘更大的潜力是个好办法，所以这个阶段适合做频度，让已有用户更加活跃，使用产品的频次提高，贡献更大的价值。这一阶段创业者关注的问题是"如何让愿意为此付费的人更频繁地付费"。

（二）成本评估与性价比

判断一个产品功能的成本，有很多方面的考量，如人力、时间、金钱等，甚至也可以把风险看作广义的成本。日常评估时，没法面面俱到，所以通常先判断成本的瓶颈（整体中的关键限制因素）在哪里，然后用对成本瓶颈的评估来简化完整评估。

此时评估的目的是确定功能的相对成本的高低，从而确定性价比。功能 A 与功能 B 相比，哪个相对成本较高一点，哪个较低一点，只需要知道对比关系就可以，如"高、中、低"的评价或者"5－4－3－2－1"的不同分值。然后，用半定量的价值和半定量的成本，就可以计算出半定量的性价比，即性价比＝价值/成本。

三、实做：输出项目优先级列表

（一）优先级模板

纵轴代表"难易程度"，由下向上表示由"易"到"难"。横轴代表"重要程度"，由左到右表示由"不重要"到"重要"，如表3.4。

表3.4　优先级模板

难易程度	C（难，不重要）	B（难，重要）
	D（简单，不重要）	A（简单，重要）
	重要程度	

（二）填写优先级模板

之前，我们分析出了项目最主要的功能（服务），接下来的工作有以下三点。

第一，将提取出的关键功能（服务）按优先级填到模板中。

第二，将项目优先级列表文档上传至云端。

第三，团队讨论、制定产品原则，然后上传至云端（此工作可选）。

任务五
输出：商机规划

🎯 任务说明

呈现解决方案，完成项目简报。

🔊 **学习回顾**

第一，首先我们尝试澄清自己的创业动机。我们在某个领域创新创业发挥优势，借助环境中的大趋势，响应外部的需求，澄清愿景，明确使命。使用：愿景模板。

第二，明确我们要服务谁，他们有着怎样的烦恼。使用：烦恼模板；客户画像模板。

第三，确定了值得解决的问题之后，我们就要开发一种产品(服务)来解决这个问题。我们为自己的产品(服务)做了定位声明：目标用户是谁。产品要解决什么问题。它是什么类型的产品，产品能为用户带来哪些益处，与同类产品相比该产品的优势是什么。

第四，各组以格式化的定位声明做了电梯演讲，经过了第一次内部评审。

第五，然后我们开始进入第二阶段：确定解决方案。我们识别了和产品有关的所有干系人，把干系人的需求做了整理，归纳出了关键需求；我们的产品要满足和平衡这些关键需求，从而解决用户的问题。使用：干系人模板、需求模板。

第六，接下来，我们为满足这些需求设计了相应的产品功能，并为开发这些功能分配了所需要的资源。将提取出的关键功能(服务)按优先级做了排序，先开发那些重要且动用资源少的功能(服务)。

第七，这样，我们就提出了产品的最小功能集合，以此能够开始制作最小化可行产品。

第八，接下来，我们各个组要呈现自己项目产品的解决方案，并完成项目简报。

将创意表现在别人面前，可以帮助创业者问出更好的问题、验证假设、得到建设性的反馈、快速改善创意。创业者可以尝试这些低成本而快捷的方式：漫画、短视频、实物模型。

一、讲授：画漫画

漫画是文字与绘画的组合与连续展现。漫画是一种简洁有趣而且广受欢迎的表现形式。

(一)漫画的特点

1. 易于理解

漫画是一种人们易于理解的通用语言，它由图形、肢体语言和面部表情构成。漫画的表达方式、表现力甚至比语言都要丰富。事实上，漫画符号可以被看作独立的语言词汇，人们不用学习也无须解释就能看懂。

看到对话泡，即使它是空的，我们也知道它代表声音。看到动作线，我们就知道有东西在动。用来表现角色情绪的符号也是一样的。

2．激发想象

漫画通过省略某些细节（抽象化），为读者发挥自己的想象留下了空间。省略某些细节，更容易让读者与画面建立起情感上的联系。例如，画一栋大楼，你既可以细致地画成某座知名的大楼，也可以画成一座抽象的大楼，而读者会把抽象的大楼想象成自己熟悉的建筑，从而与漫画建立情感上的联系。对于抽象的人物角色，读者会在潜意识里用自己的经验去丰富，从而能与角色产生共鸣。

我们还可以故意将某些部分画得抽象，而把另一些部分画得细致。这样做可以突出重点，吸引读者的注意力。例如，用细致丰富的产品配合简单抽象的用户人物，形成一种强烈的反差。这样做一方面引导读者将注意力放到人物身上，另一方面能让读者产生代入感。

3．表现情绪

一图胜千言，漫画可以表现比语言更丰富的情绪。我们可以将面部表情作为基本词汇来运用。面部表情能表现语言无法表达的东西，仅仅改变嘴巴和眉毛的线条，就能画出各种表情。肢体语言也很容易表现。例如，身体前倾代表自信、强势，甚至是威胁；身体后仰则代表缺乏安全感、害怕，甚至是恐惧。

4．表现时间

漫画可以创造性地、无拘无束地表现时间的变化，如运用动画式的处理、插入空白画格、拉宽画格、使用重复画格、使用画面内容暗示、使用参照物等。

（二）漫画创作流程

漫画的创作可以分成四个步骤：确定内容、编写脚本、分镜、绘画和制作。

1．确定内容

创作漫画之前要确定故事包含哪些内容。你想突出产品的哪些功能，更重要的是，哪些功能应该被排除在外，哪些是产品的目标用户，哪些人会看这幅漫画。这些问题是你创作漫画的基本依据，它们就好比写文章时的主要论点。

漫画的目标：漫画要达到什么样的效果，希望读者看完漫画后有什么反应。

漫画的篇幅：要交代多少信息，这决定了漫画的篇幅。

漫画的读者：确定读者类型才能选择合适的内容和表现形式。

典型的用例：什么样的使用案例和情景能反映用户需求，能突出产品功能。

2．编写脚本

正如拍电影要先有剧本，画漫画之前也要写好故事情节，即根据要表现的内容编写漫画脚本。如果把前一步比作提出论点，这一步就像是编写大纲。脚本至少应该包括人物、背景、对话、旁白等要素。这些要素都有特定的格式。以电影《罗密欧与朱丽叶》的剧本为例。

场景：凯普莱特家坟茔所在的墓地。

帕里斯：我不听你这种鬼话；你是一个罪犯，我要逮捕你。

罗密欧：你一定要激怒我吗？那么好，来，朋友！

（二人格斗）

侍童：哎哟，主啊！他们打起来了，我去叫巡逻的人来！

（下）

帕里斯：啊，我死了！

（倒下）

帕里斯：你倘有几分仁慈，打开墓门来，把我放在朱丽叶的身旁吧！

（死）

（1）场景

场景也叫背景，通常以黑体字表示。它通常交代故事发生的时间、地点或者铺垫情节。场景的设置取决于观众是谁，他们掌握哪些信息，以及你想向他们传递哪些信息。漫画的第一个画格通常都是用来交代场景的，这样的开场画格称为"定场镜头"。

（2）人物

人物通常用黑体字表示。它用来指示后面的对话和动作属于谁。产品漫画里的人物通常可以分成两类。

第一类是目标用户，产品要解决他们的问题。我们之前创建的"人物角色"，有着年龄、性别、生活习惯、工作习惯、遇到的问题等，这些都是创作产品漫画的宝贵素材。

第二类是与目标用户互动的人物。

（3）对话

对话也叫台词，通常用宋体字表示，它出现在人物后面。对话内容等应该符合人物身份，能够引起潜在用户的共鸣。对话应该避免自吹自擂。只要产品能解决用户的问题，写出真实的对话并不难。漫画应该尽量用画面和对话来表现情节。叙述性的旁白用得越少，漫画表现主题的效果就越好。

（4）动作

人物的动作，通常用楷体表示。

3. 分镜

根据脚本设计漫画的构图，决定每一个画格的画面内容。要不要为人物添加背景、要不要给产品一个特写、应该展示多少个产品界面。这就好像摄影师为了获得理想的拍摄效果必须构思如何取景。漫画是连续的艺术，分镜就是用一个接一个的画格来表现故事的发展。之前讲过漫画在表现运动和时间上的优势，这种优势很大程度上是借助分镜来展现的。

分镜的目的是为绘制漫画搭好框架。要考虑每个画格的构图、距离和视角，以及如何保持情节的连续性。

（1）构图

构图，即人物和物品应该放在哪里。构图分为以下三种方法。

①三分法。三分法是常用的构图技巧。将画面横竖各分为三等分，就有了九个网格，称为"九宫格"。主要的人物或对象应该尽量放在网格线附近，而不是放在画面中央。这样就避免人物或对象把画面平均劈成两半。如果主要人物或对象能够放到中间的四个网格交叉点附近，效果就更好了。除了人物，其他对象也应该尽量放到网格交叉点附近，这样构图就会显得既协调又富有张力。

②留白。因为内容过于拥挤的画面，可读性会大大降低，所以应该适当留白。大多数漫画都是由人物和对话泡组成的。两者的比例应该协调，避免对话泡或人物占据过多的画面，破坏平衡感。

③避免线条交叉和重叠。画面内容过多时，容易出现线条交叉和重叠的现象。如果前景和背景的线条严重交叉，影响到了画面，应该在背景和前景之间留出一点空白。如果遇到线条重叠的情况，可以稍稍改变重叠对象的位置，或者改变对象的造型。

（2）距离与视角

距离与视角就是以什么样的距离和角度来画。

①距离。构图时，不妨想象有一台摄影机可以从不同的距离和角度拍摄人物与场景。镜头离得越远，捕捉到的画面内容就越多。镜头离得越近，读者就越容易产生身临其境的感觉。远景告诉读者"人物在哪里"，中景则告诉读者"谁在这里""他们在干什么"。中景更适合展示人物的动作。镜头进一步靠近，就称为特写。这时画面几乎完全被拍摄对象占据。特写镜头常常用来表现产品的细节和特色。

②角度。电影常用的拍摄角度有三种：平拍、俯拍、仰拍。漫画也一样。大多数漫画的画面都是平拍的，也就是以平视的视角绘制的。俯拍也叫作鸟瞰，它营造的是一种居高临下的观感，能让观众产生拍摄对象变小的错觉。俯拍适合用来表现全景，交代四周环境。由于俯拍不是人们日常习惯的视角，因此它很难让观众产生身临其境的感觉。仰拍则恰恰相反，它能给观众强烈的"置身于现场"的感觉。仰拍适合用来营造庄严的、宏伟的或者恐怖的戏剧效果。还有一种电影拍摄手法是主观镜头，它是用摄影机模仿剧中人物的视角。主观镜头带给观众一种"我就是剧中人物"的感觉。在介绍产品的漫画里，它常常用来表现电脑屏幕和手机屏幕的特写。大多数特写镜头都是主观镜头。随着情节发展的需要，适当地变换镜头，能让漫画更有趣。

③连续性。连续性，即如何保证前后情节的连续性。漫画是连续性的艺术，画格出现的顺序以及画格之间的联系非常重要。前面主要讲的是如何安排单个画格的内容，下面讲的是画格之间的联系。漫画的整体连续性是靠相邻画格之间的连续性来保证的。如果读者看不懂两个画格之间发生了什么，那么连续性就破坏了。要保持这种连续性，前面的画格必须交代必要的细节，而后面的画格要给予呼应。假设要表现人物使用手机，那么前一个画格最好给一点提示，如让人物拿着手机，或者暗示有来电等。画完草图后，最好请朋友看看。如果对方能在没有提示的情况下看懂，那么就说明连续性不存在问题。反之，就需要修改。

4. 绘制

绘画和制作安排好分镜后，就可以开始绘制了。

（1）基本图形

漫画是由许多抽象的元素构成的，如线条、三角形和圆形。简单的图形能表现丰富的对象。一个圆可以代表球和车胎，也可以代表太阳和脑袋。有了这些基本图形，再加上一点点小技巧，就能画出任何东西。比如，画笑脸，脸是圆形，眼睛是两个点或者两条线，微笑的嘴巴是一条曲线。遇到难画的对象，都可以用同样的方式进行拆解。

（2）画人物

①火柴人的画法。我们可以用方块、圆锥或椭圆来表现人物身体的部分，手脚可以用线条来表示。熟练掌握火柴人的画法后，再考虑进一步增加细节。

②人体比例。上身的长度为两个头的长度，腿长约四个头的长度，肘关节在腰线稍下的地方，膝关节在腿长一半的位置。实际应用时，不必追求精确，只要比例协调就可以了。

③肢体语言。漫画人物常常使用夸张的姿势和动作来表现情绪。而火柴人特别适合表现各种身体姿势和动作。例如，身体前倾表示感兴趣、愤怒，甚至是威胁；身体后仰则表示惊讶、忧虑、反对，甚至是恐惧；胳膊高举过头代表生气或威胁；手轻抚下巴代表感兴趣；眼睛注视某个对象表示感兴趣，反之则表示漠不关心。

还有一个技巧可以用来捕捉人物的姿势，就是把自己当模特，试着调动某种情绪，看看身体会有什么反应。还可以找朋友摆出姿势，拍成照片，然后对着照片画。

（3）画人脸

①表情。面部表情很容易画，稍稍改变眉毛和嘴巴的线条就可以表现不一样的表情。要熟悉各种面部表情，最好的方法是自己做模特。对着镜子做各种表情，注意观察自己的眉毛和嘴巴，尽量做得夸张些。

②五官的位置。在椭圆的中心画十字线，横线处就是眼睛的位置。再把下半张脸分成三等分，就能确定鼻子和嘴的大致位置。把椭圆想象成立体的球，它可以向各个

方向转动。不同的十字线画法代表了不同的方向。

（4）场景和物品

有关产品的漫画讲述的是人物与产品的关系，以及人物与环境的交互过程。环境是由场景和物品构成的。

大多数物品都能用几个组合起来的矩形表示。矩形出现的地方很自然地暗示了它是什么东西，如漫画人物拿在手中的矩形足以说明它是个"手机"。

画不画背景取决于故事情节的需要。背景的作用是交代环境。画背景不必过分拘泥于细节，只要能让读者识别环境就行。如果只想表达一个观点，就没有必要画背景。切记可画可不画的东西就不要画。

（5）描图

描图可以降低绘制漫画的难度。例如，你不会画人物拿着手机的样子，怎么办？最简单的方法是拍一张团队伙伴拿着手机的照片，然后把它描出来。如果直接使用照片，就让漫画失去了抽象的优势。过多的细节会分散读者的注意力，且限制了读者的想象空间。相反，描图可以去掉无关紧要的细节，把重点放在与故事有关的内容上。描照片尤其适合用来画没把握的姿势和复杂的建筑物。除了拍照，还可以上网搜索图片，然后用来描图。互联网提供了丰富的图片资源，不过在用于商业用途时，一定要遵守相关的法律法规。

二、讲授：做视频

（一）使用手持设备摄制

视频的创作和漫画的创作类似，也可以分成四个步骤：确定内容、编写脚本、分镜、摄制。演员可以选择团队成员也可以请更加专业的同学出演。训练中摄制设备可以选择手机。

（二）使用 PPT 配合录屏软件进行制作

使用 PPT 配合录屏软件制作视频。

三、实做：输出产品概念原型（低保真的最小化可行产品）

使用漫画或视频的形式呈现解决方案。

四、实做：输出商机规划

（一）项目简报模板

项目简报模板，见表 3.5。

表 3.5　项目简报模板

项目名称	
相关方：	需求描述：
项目简述：	项目图解：

（二）填写项目简报模板

①项目名称位置填写项目的名称。

②相关方的位置填写相关人文档各个角色的名称。

③需求的位置填写需求文档中提取出的核心需求。

④项目简述位置根据优先级文档描述项目如何逐步开展。

⑤项目图解位置画出项目简述中关键的步骤。

⑥上传项目简报文档至云端。

注意：需求描述是对需求进行归纳综述，项目简述是对项目如何解决客户问题进行简述。

任务六
评审产品概念原型

任务说明

对各组目前的产品概念进行内部评审，相互给予评价，根据反馈对项目进行调整。

一、从三个方面进行评审

（一）可行性：能否开发出产品

第一，现有的技术条件是否具备。

第二，产品设计中有哪些难以克服的障碍。

第三，技术风险在哪里。

第四，团队是否有接下来开发产品的资源基础。

（二）可用性：产品是否使用方便

第一，产品的功能特性是否能让不同类型的用户都能明白如何使用。

第二，能否提供良好的用户体验。

第三，能否完成接下来的市场研究。

（三）价值性：产品是否有商业价值

第一，产品是否有用。

第二，产品是否能激发起购买欲。

第三，产品是否让人喜欢。

第四，产品是否有商业上的创新点。

第五，产品是否切中了市场需求。

第六，产品是否有盈利的可能。

二、实做：产品概念评审

第一，各组准备项目简报内容；选出一个代表准备做项目简报。

第二，每组做项目简报，展示漫画、视频或者模型。时间控制在 5 分钟或 10 分钟以内。

第三，其他小组成员充当评审团成员进行提问。

第四，各组为产品概念评分：各组对每一个产品概念进行讨论并评分。使用圆点贴或粉笔在黑板上记录，优记 3 分、良记 2 分、中记 1 分、差记 0 分。

第五，各组对产品概念进行评价：各个小组在纸上对其他组的产品概念给予建设性的评价并提交。

各组参考目前获得的反馈对产品进行调整。

项目四
组建团队与资源管理

成果期望

输出：团队分工。

所需物料

海报纸、便签、彩笔。

项目流程

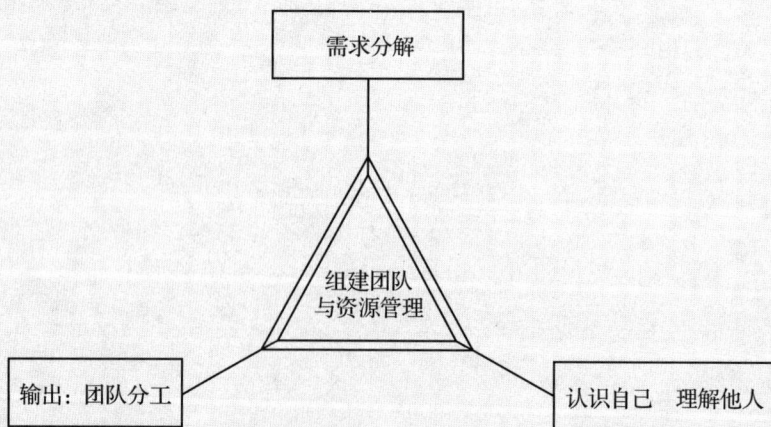

任务一
需求分解

🎯 **任务说明**

根据产品需求进行工作分解。

一、讲授：需求跟踪矩阵

（一）需求及需求的分类

需求指根据产品原则，产品、服务或成果必须具备的条件或能力。

需求将成为工作分解的基础。需求也是成本、进度和质量规划的基础，有时也是采购工作的基础。

把需求分成不同的类别，有利于对需求进行进一步完善和细化。需求主要分为以下三类。

第一类，业务需求，即整个创业团队的高层级需要。例如，解决业务问题或抓住业务机会，以及实施创业项目的原因。

第二类，干系人需求，即干系人或干系人群体的需要。

第三类，解决方案需求，即为满足业务需求和干系人需求，产品、服务或成果必须具备的特性、功能和特征。解决方案需求又进一步分为功能需求和非功能需求。功能需求是关于产品能开展的行为，如流程、数据以及与产品的互动；非功能需求是对功能需求的补充，是产品正常运行所需的环境条件或质量，如可靠性、安防性、性能、安全性、服务水平、可支持性、保留（清楚）等。

通过完成干系人模板和项目需求模板，创业者收集了创业项目的干系人需求。完成资源与需求规划模板之后，我们为满足这些干系人的需求设计了相应的产品功能，并分配了开发产品功能必需的资源，生成了项目的解决方案需求。现在我们就可以开始明确，接下来为了满足这些解决方案需求要完成哪些具体的工作，以及由谁来完成。

要注意的是，通过了评审之后，这些需求就相对"冻结"了。如果项目需求要发生变更，可能需要启动由创业团队商定的一系列需求变更的审核程序。

(二)需求跟踪矩阵

需求跟踪矩阵是把产品需求从其来源连接到能满足需求的可交付成果的一种表格。首先,使用需求跟踪矩阵,把每个需求与业务目标或项目目标联系起来,有助于确保每个需求都有商业价值。其次,需求跟踪矩阵提供了在整个项目生命周期中跟踪需求的一种方法,有助于确保被议定的每项需求在项目结束的时候都能交付。最后,需求跟踪矩阵还为管理产品范围(包括在项目内的工作)变更提供了框架。

需求跟踪包括(但不限于)跟踪以下内容:业务需要、机会、目的和目标;项目目标;可交付成果;产品设计;产品开发;测试策略和测试场景;高层级需求到详细需求。

应在需求跟踪矩阵中记录每个需求的相关属性。这些属性有助于明确每个需求的关键信息。需求跟踪矩阵中记录的典型属性包括唯一标识、需求的文字描述、收录该需求的理由、所有者、来源、优先级别、版本、当前状态(进行中、已取消、已推迟、新增加、已批准、被分配和已完成)和状态日期。为确保干系人满意,可能需要增加一些补充属性,如稳定性、复杂性和验收标准。

🔍 **案例 1**

表 4.1 ××打车需求跟踪矩阵

项目名称	××打车需求跟踪矩阵							
项目描述	乘客需要方便快捷地出行,出租车希望多接单,避免空车,私家车希望补贴一些油费							
编号	关联编号	需求描述	干系人	业务需要、机会、目的、目标	工作分解结构可交付成果	优先级	优先级说明	当前状态
001	1.0	就近派单	司机	预约叫车,就近派单		高	关键功能,必须实现	进行中
	1.1							
002	2.0	便宜打车	乘客	拼车、顺风车		中	在需求 1.0 之后,必须实现	进行中
	2.1	乘车保险	司机	风险防范		低		已推迟
	2.2							已取消
003	3.0							新增加
004	3.0							已完成
005	3.0							已变更

🔍 **案例 2**

表 4.2　"木林森校园热点"微信公众号的需求跟踪表

项目名称		"木林森校园热点"微信公众号（mls20170331）						
项目描述		高效匹配校园里涌现的不确定的需求与供给，为的是更好地服务铁院同学						
编号	关联编号	需求描述	干系人	业务需要、机会、目的、目标	工作分解结构可交付成果	优先级	优先级说明	当前状态
001	1.0	二手物品交易	毕业生	在离校前妥善处置物品	独立菜单和页面模版	高	毕业生准备离校（从毕业生优先转为低年级优先）	已删除
	1.1	西服租赁	面试生	服务面试形象准备	独立菜单模版	中	需求 1.0 完成后（已外包）	已完成
002	2.0	路局招聘	面试生	获取就业信息	对应页面模版	高	为吸引关注需即时更新	进行中
	2.1	路局集锦	面试生	回答"你对我们单位有何了解"等面试问题	对应页面模版	高	提高公众号打开率，进而形成值得反复查阅的资料库	进行中
	2.2	现场反馈	在职生	分享职业体验，让同学提前了解自己所学专业对应的工作	对应页面模版	高	认识行业、认识专业、帮助在校生做好就业准备	进行中
003	3.0	校内兼职	商家	发布兼职信息	对应页面模版	低	引流	已推迟
	3.1	失物招领	失主	发布失物信息	对应页面模版	低	引流	新增加
004	4.0	……	……	……	……	……	……	已取消
005	5.0	……	……	……	……	……	……	已变更

（注：公众号"木林森校园热点"已于 2018 年 7 月 9 日更名为"铁路二三事"）

二、创建工作分解结构

　　创建工作分解结构（Work Breakdown Structure，简称 WBS），是把项目可交付成果和项目工作分解成较小的、更易于管理的组件的过程。

　　工作分解结构是对创业团队为实现创业项目目标、创建可交付成果而需要实施的全部工作范围的层级分解。工作分解结构组织并定义了创业项目的总范围。

　　工作分解结构最底层的组件被称为工作包，其中包括计划的工作。工作包对相关活动进行归类，以便对工作安排进度、进行估算、开展监督与控制。在"工作分解结构"这个词语中，"工作"指作为活动结果的工作产品或可交付成果，而不是活动本身。

分解是一种把项目范围和项目可交付成果逐步划分为更小、更便于管理的组成部分的技术。工作分解结构每向下分解一层，代表着对项目工作更详细的定义。工作包是工作分解结构最低层的工作，可对其成本和持续时间进行估算与管理。分解的程度取决于所需的控制程度，以实现对项目的高效管理。工作包的详细程度因项目规模和复杂程度而异。要把整个项目工作分解为工作包，通常需要开展以下活动：识别和分析可交付成果及相关工作；确定工作分解结构的编排方法；自上而下逐层细化分解；为工作分解结构组件制定和分配标识编码；核实可交付成果分解的程度是否恰当。

对工作分解结构上层的组件进行分解，就是要把每个可交付成果或组件的工作分解为最基本的元素，即可核实的产品、服务或成果。工作分解结构可以采用提纲式、组织结构图或能说明层级结构的其他形式。确认工作分解结构下层组件，是完成上层相应可交付成果的必要且充分的工作，来核实分解的正确性。不同的可交付成果可以分解到不同的层次。某些可交付成果只需分解到下一层，即可到达工作包的层次，而另一些则须分解更多层。工作分解得越细致，对工作的规划、管理和控制就越有力。但是，过细的分解会造成管理努力的无效耗费、资源使用效率低下、工作实施效率降低，同时造成工作分解结构各层级的数据汇总困难。

要在未来远期才完成的可交付成果或组件，当前可能无法分解。项目管理团队通常需要等待对该可交付成果或组件的一致意见，以便能够制定出工作分解结构中的相应细节。这种技术有时称作滚动式规划。

工作分解结构包含了全部的产品和项目工作，包括项目管理工作。通过把工作分解结构底层的所有工作逐层向上汇总，来确保既没有遗漏的工作，也没有多余的工作，这有时被称为100%规则。

例如，木林森校园热点的工作分解结构，见图4.1。

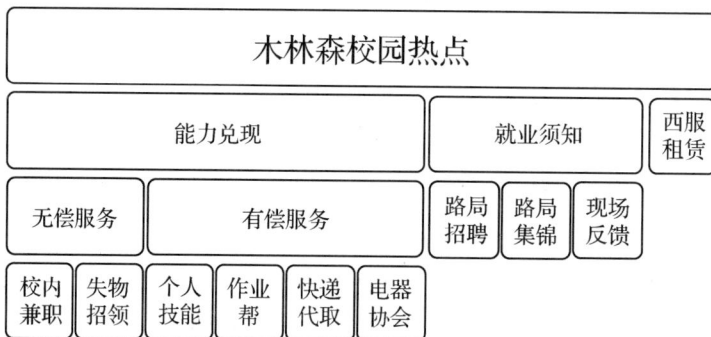

图4.1 "木林森校园热点"项目工作分解结构图示

三、实做：各组输出项目分解结构

第一，将项目设计的功能(服务)进行分解。

第二，以层级结构的形式呈现。

第三，上传至云端。

任务二
认识自己　理解他人

🎯 **任务说明**

测评自己的先天特质；学习如何在生活、工作、创业中应用先天特质；在云端填写创业者资料库。

职业(创业)优势＝先天特质＋知识＋技能＋经验。

在 WUS 模型中的"利用"维度，创业者要关注自己的先天特质，从而可以通过认知自我而扬长避短，最大化发挥个人价值；能够了解他人，因人而异地沟通，高效解决与人相关的矛盾；寻找适宜合作伙伴，优势互补，组建有战斗力的团队。

一、实做：使用表格自测

①测试名称：先天特质测试，见表 4.3。

②规则：如果非常同意答案，请选 5 分；比较同意，选 4 分；差不多，选 3 分；一点同意，选 2 分；不同意，就选 1 分。回答问题时不是依据别人眼中的你来判断，而是你认为你本质上是不是这样的。

表 4.3　先天特质测试表

序号	题目	5 分	4 分	3 分	2 分	1 分
1	你是一个值得信赖的人吗?					
2	你个性温和吗?					
3	你有活力吗?					

序号	题目	5分	4分	3分	2分	1分
4	你善解人意吗？					
5	你独立吗？					
6	你受人爱戴吗？					
7	你做事认真且正直吗？					
8	你富有同情心吗？					
9	你有说服力吗？					
10	你大胆吗？					
11	你精确吗？					
12	你适应能力强吗？					
13	你组织能力好吗？					
14	你是否积极主动？					
15	你害羞吗？					
16	你强势吗？					
17	你镇定吗？					
18	你勇于学习吗？					
19	你反应快吗？					
20	你外向吗？					
21	你注意细节吗？					
22	你爱说话吗？					
23	你协调能力好吗？					
24	你勤劳吗？					
25	你慷慨吗？					
26	你小心翼翼吗？					
27	你令人愉快吗？					
28	你传统吗？					
29	你亲切吗？					
30	你工作足够有效率吗？					

　　将5、10、14、18、24、30题的得分加总填入老虎属性栏中；将3、6、13、20、22、29题的得分加总填入海豚属性栏中；将2、8、15、17、25、28题的得分加总填入企鹅属性栏中；将1、7、11、16、21、26题的得分加总填入蜜蜂属性栏中；将4、9、

12、19、23、27题的得分加总填入八爪鱼属性栏中。(注:不同动物属性代表不同性格。)

二、讲授:自我认知先天特质

先天特质理论分为三类。基础篇:了解人与人之间的巨大差异。应用篇1:认知自我,职场发展的优势定律。应用篇2:了解他人,沟通要因人而异。

主题:成功从了解人开始,什么是成功?成功的概念是因每个人价值观的不同而不同的。简单定义成功:在规定时间内,达成自己所设定目标的过程和结果。我们生活在由人组成的大千世界中,无论实现什么目标,都离不开与人的和谐相处和沟通(包括自己),解决了人的问题,成功路上就会减少80%以上的矛盾和障碍。

情商:一个人的成功15%取决于智商,85%取决于情商。情商指情绪商数,控制和管理自己和他人情绪的能力。了解自身情绪,可以管理情绪,自我激励;识别他人情绪,可以帮助处理人际关系。情商的重要体现是与人和谐相处。

情商与智商的关系:智商高、情商低,怀才不遇;智商低、情商高,贵人相助;智商高、情商高,春风得意;智商低、情商低,一事无成。

结论:用情商经营自己(事业和生活),成功概率高!智商自我决定不了,难以改变,但是情商是可以改变、可以修炼的。学习先天特质理论最主要的目的就是学习如何提高自己的情商。先了解自己,再理解他人,在生活、工作、创业过程中能够更好地管理自己和他人的情绪,从而能够更顺畅地取得成功。

在创新创业过程中,"了解人"的意义和应用有以下三方面。第一,认知自我,扬长避短,最大化发挥个人价值。第二,了解他人,因人而异沟通,高效解决与人相关的矛盾与问题。第三,优势互补,寻找适宜合作伙伴,组建有战斗力的团队。

思考以下问题。

是否有客观、细致地分析过自己:我是个什么样的人?我的优势和潜力在哪?做什么事情时开心且有价值感?我的缺点和局限在哪?怎样才能少犯错误和规避风险?为什么我做某类事情效率很高,有累并快乐的感受?为什么我做另类事情却没有兴趣,常感到紧张或恐慌?

你是否认真、仔细地分析过身边的人:为什么有的人谨慎、做事认真、靠谱,但苛刻死板?为什么有的人热情大方、乐观开朗、喜欢分享,但易情绪化?为什么有的人自信、敢担当、有主见、利索,但没耐心?为什么有的人和蔼可亲、耐心祥和、关心别人,但缺乏激情?为什么有的人中庸、周延、做事做人面面俱到,但决策纠结?

你有过这样的困惑吗?

有的人与你相似的地方特别多,很默契,一言一行、一颦一笑、一举一动都能相互理解；有的人，你简直觉得他是个"怪物"，思维方式、行为习惯、价值取向都与你完全不同，简直不可思议。遇到相同者时很容易理解和包容对方；遇到不同者就很难达成共识，误会、抱怨、痛苦常伴左右。所以我们就明白了性格不同，思维方式和内在动力也不一样。

通过学习先天特质理论提升情商，我们首先可以了解自己，从而能够接纳、修炼并与自己和谐相处，然后可以了解别人，从而能够理解、包容并与他人和谐相处。

(一)基础篇：了解人与人之间的巨大差异

1. 先天特质理论的基础内容

以心理学家荣格的人格特质理论为基础，研究人类行为与动物行为的相似之处，通过分析类比，选择出最适合五种人类共性特征的形象化匹配。

2. 先天特质理论的价值

(1)研究人类共性特征并匹配大家熟知的动物形象

目的：将复杂问题简单化，利用左右脑思维，便于记忆。

(2)重点研究人们行为背后的动机

行为——做的是什么，动机——为什么要这样做。

①动机是一个人内在最真实部分。

②同一行为背后可能有不同动机。

③行为可以训练，动机无法改变。

(3)先天特质理论是一种实用工具，可以自我认知，也可以理解和包容你关系密切且必须要面对的有性格差异的人，减少冲突的痛苦。

3. 五种动物属性的性格分类

老虎：勇敢、挑战、积极。

海豚：热情、分享、乐观。

企鹅：耐心、和谐、分工。

蜜蜂：质量、程序、分工。

八爪鱼：整合、周延、弹性。

(1)人格特质：老虎

老虎是一种孤独的森林肉食动物。老虎的动物行为有猎食迅速、屡次出击，追逐大目标，紧盯不放，独自猎食，强壮威猛。老虎的人类行为有勇于尝试、胸怀大志、相信自己。

①老虎型人的主题词：勇敢、挑战、积极。

老虎型人的动机：成功。

"老虎"勇于尝试：速度快、果断，把握机会，挑战未来。

"老虎"胸怀大志：锁定大目标，"见林不见树"（重大纲、细节）。

"老虎"相信自己：锁定目标后勇往直前，不放弃，创造历史。

②老虎属性的特性。目标导向，不达目的誓不罢休，独立性强，快速决断，敢冒风险；求胜欲望，战胜对方；敢承担责任，抓大放小，高效行动；勇敢自信，意志坚强，敢说敢做，永不言败，坦率直接，实用主义。

不足：自以为是，死不认错；缺乏耐心，霸道；自我中心，忽略他人感受。

③老虎属性的价值取向。

追求：领导地位，别人跟随；高效率，务实；独立，不依赖他人；获胜、成功、荣誉。

反感：别人把意志强加自己，优柔寡断；能力差，效率低；不服从自己的权威；担心被驱动、强迫，失去威望。

④老虎性格的人生功课：学会与别人合作，承认自己也有错的时候；多看别人价值，关注别人感受，目中有人，增加点耐心；避免成为工作狂，避免给别人太大压力。

⑤以下词汇常用来描述老虎类型的人。

常用的正面描述词汇：目标、成就、坚定、速度、控制、挑战、自信、独立、好胜、直接、不畏强权……

常用的负面描述词汇：死不认错、独断专行、刚愎自用、没耐心、霸道、缺乏同情心……

常有的行为：交谈时直接接触目标；喜欢主导事情进程；有目的性且能迅速行动；说话快速且有说服力；能直接抓住问题本质；直截了当；不受情绪干扰；理性、关注计划要点。

典型的语言：有什么事快说；请讲重点；这件事情就这么定了；你们的产品不符合我的要求；行了，我知道了，不用再说了；你到底想告诉我什么？不行/你不对，听我告诉你……

（2）人格特质：海豚

海豚是一种极富灵性的海洋哺乳动物。海豚的动物行为有随船嬉戏、喜欢与人互动、围猎鱼群、好群栖，亢奋时旋转跳跃、学人唱歌。海豚的人类行为有不怕陌生、呼朋引伴、表达力强。

①海豚型的主题词：热情、分享、乐观。

海豚型人的动机：快乐。

"海豚"不怕陌生：容易注意到新鲜的人、事、物；容易跟不同的人接近。

"海豚"呼朋引伴：喜欢与大家同在一起；与大家分享资源。

"海豚"表达力强：爱表达，抢话；擅用画面陈述事件。

②海豚属性的特性：感性、外向、热情、鼓动性；阳光乐观、真诚信任、喜欢助

人，对新事物敏感，追求快乐、变化和刺激；生气勃勃、童心未泯、无拘无束，情感丰富外露，不记仇，富有激励性；活泼开朗、热情大方、喜欢交际、表达力强、善于打开局面、好奇心强。

不足：口无遮拦、随意善变、杂乱粗心、缺乏耐力、易冲动、情绪化。

③海豚属性的价值取向。

追求：别人的认同；广受欢迎与喝彩；自由自在，不受约束；轻松、快乐；新鲜、变化和刺激。

反感：不会变通，墨守成规；低效率，能力差；担心失去声望、无聊、寂寞；担心受到条条框框的约束。

④海豚性格的人生功课：学会控制自己的情绪，减少情绪化大起大落；修炼说话前经过大脑，减少言多必失和随意性；练就全神贯注地听的能力，给别人更多的表达机会，不能总插话、抢话。

⑤以下词汇常用来描述海豚类型的人。

常用的描述词汇：自由、快乐、积极、情感丰富、有动力、不记仇、思维敏捷、喜欢被关注、交际高手；情绪化、杂乱无章、易冲动、好心办坏事、口无遮拦、计划不如变化快……

常有的行为：真诚主动、乐于助人、面部表情丰富、信任他人、反应快、充满激情、喜欢赞美、开玩笑、有错就认、健忘多变、随意性强、粗心大意、轻信、爱抢话、爱忘事……

典型的语言：好的，没问题；小意思了；这事很好；某人特别厉害；我跟你说，想当初……太棒了；我非常喜欢；我建议；我告诉你一个好玩的地方你一定要去……

（3）人格特质：企鹅

企鹅是一种不会飞但擅长游泳和潜水的海洋动物。企鹅的动物行为有成千上万栖息在一起取暖、孵蛋 60 天不动等。企鹅的人类行为有待人亲切、与人合作、耐心对待。

①企鹅型的主题词：耐心、和谐、合作。

企鹅型人的动机：和谐。

"企鹅"待人亲切：处事温和，如沐春风，感情是渐进式的。

"企鹅"与人合作：与世无争，默默付出不计较，以和为贵，天性宽容。

"企鹅"耐心对待：遇事不惊，稳定成长，会坚持到最后。

②企鹅属性的特性：乐天知命，与世无争，天性宽容，耐心柔和，对人友善，有韧劲；追求和谐，稳定低调，协作精神好，松弛配合，无攻击性；善于聆听，待人公平，承受力强，追求简单随意的生活方式。

不足：作风懒洋洋，优柔寡断，逃避问题与冲突，不懂拒绝。

③企鹅属性的价值取向。

追求：稳定，安逸；以柔克刚，以静制动；人际关系和谐。

反感：没有诚信；飞扬跋扈；担心突然的变革，担心与人发生冲突，给别人带来麻烦和风险。

④企鹅性格的人生功课：不能总安于现状，要督促自己积极进取；学会接受变化并迅速适应变化；不能无原则妥协、逃避问题，要负责任地积极解决问题。

⑤以下词汇常用来描述企鹅类型的人。

常用的描述词汇：温柔祥和、稳定、宽容、亲切、友好、声音轻柔、包容、不喜欢冲突、心态轻松、无攻击性、富同情心、关心别人、平淡、节奏慢、难适应变化、逃避问题、害怕冲突……

常有的行为：面部表情和蔼可亲，说话慢条斯理，声音轻柔，用赞同、鼓励性语言；从不发火；倾听；知足常乐，心态轻松；缺乏激情、主见；易压抑自己的感受迁就别人……

典型的语言：好好好，我问问领导再说；还行，但今天定不了，需要再商量下……好的，可以；随便，我没意见；你说该怎么办；我无所谓，这事你定就行了……

（4）人格特质：蜜蜂

蜜蜂是一种集体生活的昆虫。蜜蜂的动物行为有蜂王、雄蜂、工蜂的分工与合作。蜜蜂的人类行为有分工权责、认真工作、公平正义。

①蜜蜂型人的主题词：质量、程序、分工。

蜜蜂型人的动机：完美。

"蜜蜂"分工权责：注重规则，遵守规范；计划周详，专业专精。

"蜜蜂"认真工作：追求完美，情感细腻；信守承诺，使命必达。

"蜜蜂"公平正义：坚忍执着，关注细节；强烈是非，黑白判断。

②蜜蜂属性的特性：理性，内向，思考着，监督型；思想深邃，计划周详，关注细节和规则，坚持不懈，井井有条；沉默寡言，成熟稳重，坚忍执着，严于律己，守秩序，时间观念强；尽职尽责，精益求精，谋定后动，善于分析，注重承诺，坚持原则。

不足：负面情绪化，保守悲观，吹毛求疵，缺乏灵活性，猜忌心重，过度敏感。

③蜜蜂属性的价值取向。

追求：完美、内在逻辑、承诺。

反感：没凭据、说大话、改变规则。

④蜜蜂性格的人生功课：减少抱怨和挑剔，有意识多做积极正面思考；有话直接表达，避免总是暗示，让人无法理解；对自己和对别人不要总是太苛刻，学会变通和释放。

⑤以下词汇常用来描述蜜蜂类型的人。

常用的描述词汇：坚持原则、追求完美；理性、内敛；强调程序、制度、细节、公平、数据；重承诺、善分析、坚忍执着、守规则；猜忌心重、悲观消极、杞人忧天、固执……

常有的行为：少有面部表情，使用精确语言；很少谈个人隐私；善于分析、富有条理、不盲目从众；谨慎而深藏不露；注意特殊细节；原则性强不宜妥协、患得患失、不主动沟通……

典型的语言：有文件支撑吗？按规则办。拿你们的产品参数给我看看。拿什么保证我们的利益？我为什么要相信你？不一定吧，我看这事有风险。你能拿出依据来吗？有数据支撑吗？为什么？……

(5)人格特质：八爪鱼

八爪鱼不是鱼类，是一种软体动物。八爪鱼的动物行为有怕强光、2000个吸盘、用一只眼睛。八爪鱼的人类行为有中庸低调、面面俱到、多面向。

①八爪鱼型人的主题词：整合、周延、弹性。

八爪鱼型人的动机：周延。

"八爪鱼"崇尚中庸低调：面对新的人、事、物不会轻易表达意见；不停地搜集讯息与观察，适应能力强。

"八爪鱼"面面俱到：因做人周到，而令人感到贴心；做事因周密，而面面俱到。

"八爪鱼"多面向：博学多闻，不一定专精；可同时进行多项工作。

②八爪鱼属性的特性：理感性共存、内外向兼修，团队观念强，整合资源能力强；多层面思考，沉稳，谨慎，做人周到，做事周密，不喜欢搞派系；博学多闻，多才多艺，适应能力强。

不足：想法太多，立场不坚定，矛盾体，选择障碍，决策难。

③八爪鱼属性的价值取向。

追求：中庸；笑到最后，后发制人；先立身，后做事；深藏不露，韬光养晦。

反感：爱虚荣，华而不实；只说不做；考虑问题简单、被人误解，别人不信任。

④八爪鱼性格的人生功课：该坚持原则的时候要旗帜鲜明表明自己的态度；与人沟通时注意眼神的聚焦，征求别人意见之后要有回馈；减少决策纠结，想明白了就去做。

⑤以下词汇常用来描述八爪鱼类型的人。

常用的描述词汇：中庸、周延、八面玲珑、耳听八方、博学多闻、多才多艺、面面俱到、做人周到、做事周密、喜欢观察、不极端、不执着、韧性强、需安全感、善变、无原则、不专一……

常有的行为：笑容满面、心思细密、顾全大局、喜欢征求别人的意见与想法、凡事不执着、博学多闻、多才多艺、整理能力强、不喜欢无准备先发言、善总结、决策难、缺乏原则……

典型的语言：没事儿，别着急；你说吧；这事儿我再考虑一下；不可能有什么最好，只能相对来说；你们再商量一下，换一种方式；你说的有道理；我想听听你的想法；你有什么好建议；你觉得呢……

4．总结

(1)五种类型人的动机和行为差异

老虎：追求成就，行动力强，想到了就去做，想做就做。

海豚：追求快乐，喜欢说，表达能力强。

企鹅：追求和谐，善于倾听，是倾诉的好对象。

蜜蜂：追求完美，想的很多，表达的很少。

八爪鱼：追求中庸，喜欢看，喜欢观察。

(2)五种类型人的相同与不同属性

老虎和海豚都是主动获得需求，以自己的需求主导自己的行为，属于外向型性格。

企鹅和蜜蜂是谋定而后动，关注环境来决定行动，思虑较多，属于内向型性格。

老虎和蜜蜂是事物导向的，关注效率，是理性的。

海豚和企鹅是人际导向的，关注和谐，是感性的。

八爪鱼适应能力强，性格不是特别突出，一方面八爪鱼的第二属性往往决定其做事风范，另一方面八爪鱼和什么性格的人在一起就人凸显出类似的性格。

(二)应用篇1：认知自我，职场发展的优势定律

1. 在职场(创业)中，认清你是谁，比你想成为谁更重要

每种类型的人的成功方法不同。例如，海豚型的人会说，成功源于积极、热情、向上；蜜蜂型的人会说，成功源于责任、用心、认真负责；老虎型的人会说，成功来自坚定的目标、执着的追求。我们要学习跟我们同类人的成功的方法，因为每个人的成功路径不同、方法不同。所以，建议学习所有成功人的态度，学习与自己个性相同的人的成功方法，用80％的精力扩展长项，将优势发挥到极致就能成功，用20％的精力弥补和规避短项，将弱势减少到最小。职场(创业)成功的核心就是"扬长避短"。

2. 在职场发展中，需要"善沟通"

据统计，团队成员80％的工作效率来自良好的沟通，企业80％的矛盾和误会来自沟通不畅，企业管理者实际70％的时间都用于沟通，工作中70％的问题是由沟通障碍引起的。所以，沟通在生活、工作中的作用，怎么重视都不为过。好的沟通是适当的、精准的、有效的，与个人语言能力、专业能力、学历经历等没有太大关系。沟通的核心是根据对方"需要"，用他喜欢的模式，规避其"讨厌"的禁忌，这样沟通就可以得心应手，效率倍增。沟通的黄金法则：用对方听得懂的语言沟通，即了解对方的先天特质，用对方喜欢的方式沟通。

3. 在职业规划(选择创业方向)时，要扬长避短，要了解自己的优势和潜力

所谓优势，就是你天生能做一件事，不费劲，却比其他很多人做得很好。每个人必有某种过人之处，那就是你真正擅长的事情。寻找你的优势和擅长的领域，把精力集中于此并专注地学习、奋斗，就能获得比在任何其他领域更多的成就。在有优势和潜力的领域做事，你会感受到期待、沉浸、成功，即 EIS＝Expect＋Immerse＋Success。

E(期待)：在开始之前，你对此事已充满了期待。

I(沉浸)：在过程中，你会感到很充实、很高效、沉浸其中。

S(成功)：完成之后，你会感觉很有成就感和真实感。

发现你的优势与潜力。你的优势是指那些让你感到自己很强大的事，那些你不断在做，而且可以做到近乎完美的事。你的潜力是那些让你特别感兴趣、学得特别快的，以及学起来(用起来)特别得心应手的事情。成功比别人早一步的诀窍是发挥自己的天赋优势。

4. 各类型人在组织中适合的分工

(1)老虎类型

老虎类型的个性优势：勇于尝试；自信，敢担当；胸怀大志。

老虎类型的个性不足：不善合作；没耐心，易冲动；不注重细节。

老虎类型在组织中适合的分工如下。

主动掌握的工作：管理、营业企划、业务和市场开发等。

事物开创性工作：新事业或部门创立、新产品开发、新市场开创负责人。

可独立作业的工作：加盟商、代理商、经销商、区域代表等。

(2)海豚类型

海豚类型的个性优势：表达能力强；乐于分享；不怕陌生人。

海豚类型的个性不足：轻信、粗心；不够专注；不喜单独行动。

海豚类型在组织中适合的分工如下。

注重形象的工作部门：银行、百货公司、顾问部门、餐饮部门、公关部门、咨询部门等。

宣扬理念、主动与人分享的工作：教师、电台主持人、记者、啦啦队队长、销售等。

以群体为主的工作：提升员工斗志的管理工作、经营企划、市场开发等。

(3)企鹅类型

企鹅类型的个性优势：表达能力强，乐于分享，待人亲切，不怕陌生人。

企鹅类型的个性不足：容易"想当然"，很难适应变化的环境，显得反应缓慢。

企鹅类型在组织中适合的分工如下。

需亲切服务"人"的工作：客服、咨询、医疗、教育、售后服务等。

需稳定持续改善"事"的工作：财会人员、内勤管理、文书总务、研究发展等。

需做长远考虑的工作：教育、会计师、程序设计师、精算师、公职人员、建筑师等。

（4）蜜蜂类型

蜜蜂类型的个性优势：深思熟虑；认真，重承诺；谨慎、细致。

蜜蜂类型的个性不足：太过追求完美；不够灵活、变通；爱钻牛角尖。

蜜蜂类型在组织中适合的分工如下。

重视规范与制度的工作：财会人员、物流、品质管理、内勤管理、文书总务等。

需要准确与高品质的工作：会计师、工程师、精算师、律师、医师、建筑师等。

重公平是非的工作：法官、裁判稽核、警察、检察官等。

（5）八爪鱼类型

八爪鱼类型的个性优势：博学多闻、面面俱到、做人周到，做事周密。

八爪鱼类型的个性不足：易给人善变、没原则的印象；什么都想了解，不够专精。

八爪鱼类型在组织中适合的分工如下。

整合能力强的工作：人事管理、谈判、外交人员、公关、总管、发言人等。

周延思考的工作：特别助理、秘书、企划、军师、总务等。

适应力强的工作：客服人员、会计主持人、协商者、第二线业务等。

（三）应用篇2：了解他人，沟通要因人而异

1. 老虎类型

（1）老虎类型的人的沟通模式

听：不易听到自己预测之外的答案；繁琐的事也可能不想听完；只想听概要与重点。

说：想照顾他人、教训他人；简单、豪迈、权威；喜欢说服他人；常直接下结论。

问：探索问题时，心中常有预判的简单答案；喜欢以质问的态度去问；问两次以上易不耐烦。

（2）老虎类型的人的沟通细则

需要：尊严。

喜欢：直接、重点、结果。

讨厌：无能、被命令、语焉不详。

（3）怎样与老虎类型的人沟通

他们需要尊严和面子，不喜欢被限制。他们关注目标，非常务实，讲求速度，不喜欢啰唆。有错时，他们希望别人私底下委婉、含蓄地告诉自己，最好不要让自己在别人面前承认错误。他们很在意自己的地盘、权利，若有人侵犯他的领域和权限时，他们会发动攻击。作为部下，他们希望被充分授权，没有太多限制或干扰；身为主管，他们希望下属主动告知重要情况，以便掌控全局。他们讨厌畏畏缩缩，语焉不详，说

话没重点或者被命令。

善于利用先天特质，以下是一些要点。你最在乎谁，就去了解他们的先天特质。只要在沟通中关注他们的"需要"，用他们"喜欢"的方式，规避他们"讨厌"的禁忌，你就可以成为沟通高手。使用先天特质的正确心态：不要对别人的缺点贴标签。任何一种特质都可以修炼、成长；不要为自己的缺点找借口。要控制自己的缺点，少输就是赢。

运用先天特质时要注意三点原则。

第一，性格无好坏之分，无论哪种，都可找到其高产能的地方，发挥潜力，越早应用受益越多。

第二，每个人的性格特质是由遗传、成长环境等决定的，不必刻意去改变，但却可以通过专业训练有意识地修炼，让自己扬长避短，发挥更棒的个人潜能。

第三，性格特质可能受家人或直接领导的影响而产生假象，也会因为职场修炼变得不清晰，但在最放松的状态下，先天特质还是有明显差异的，有效挖掘和应用会受益很大。

总之，成功的重要因素是了解人，理解人和人之间有着巨大的差异。要了解自己，根据自己的优势和局限做好职业（创业）规划；记住你是谁比你想成为谁更重要。要理解他人，在工作和生活中，因人而异地进行沟通，会根据各种属性的人的需要、喜欢、讨厌的方面选择适宜的沟通方式，用别人的"母语"沟通会让人如沐春风。

2. 海豚类型

（1）海豚类型的人的沟通模式

听：边听边想有没有自己可以表达的机会，以致不专心；对于严肃的内容的理解很吃力；喜欢有趣的、感性的、图像的信息。

说：擅用形容词、图像性陈述、交互式沟通、充分表达。

问：引发共识或直接问。

（2）海豚类型的人的沟通细则

需要：认同。

喜欢：欢乐、有趣、大家同在一起。

讨厌：悲观者、被孤立、钻牛角尖。

（3）怎样与海豚类型的人沟通

海豚类型的人需要别人认同。他们做事喜欢欢乐有趣，一群人在一起边做边玩。做好一件事后，他们喜欢别人表扬自己。他们在团队中最怕孤独，强烈需要伙伴的关心。他们讨厌有人搞"小圈子"，害怕自己被孤立。海豚类型的人到一个新环境时，能立即融入环境与陌生人打成一片。工作上，他们害怕（讨厌）接到一个必须独立完成且需要挑战高技术的任务。

3. 企鹅类型

(1)企鹅类型的人的沟通模式

听：容易耐心地听他人把话说完；认同时，表情放松，轻轻地回应；不认同时，保持沉默，没有回应。

说：简短，含蓄地表达，语气平稳。

问：很少问，淡淡地问，去头去尾地问。

(2)企鹅类型的人的沟通细则

需要：关心。

喜欢：稳定、持续、人和。

讨厌：变来变去、批判、差劲的计划。

(3)怎样与企鹅类型的人沟通

企鹅类型的人需要伙伴的关心。企鹅类型的人很有耐心，重视合作，喜欢和谐的状态。企鹅类型的人做事情时喜欢温馨的环境，喜欢合力完成。他们进入一个新环境时需要较长时间的适应才能融入。他们害怕充满批判的、攻击的环境。企鹅类型的人不会被轻易惹怒，但容易因为积累的不满而情绪爆发，难以收拾。他们不喜欢面对冲突的场面和突如其来的重大改变。评价一个人的时候，他们会比较在意对方是不是务实踏实的人。

4. 蜜蜂类型

(1)蜜蜂类型的人的沟通模式

听：一边听一边思考是否有明确的根据；想了解事情的来龙去脉；希望对方能引经据典。

说：慎言；有凭有据；讲道理。

问：追根究底地问；怀疑地问；尊重；客气。

(2)蜜蜂类型的人的沟通细则

需要：肯定，想要被认可他的专业性，责任心。

喜欢：品质、公平、程序。

讨厌：没凭据、说大话、规则改变。

(3)怎样与蜜蜂类型的人沟通

蜜蜂类型的人重视程序细节，追求完美。他们讨厌做事没有章法、不守规矩，喜欢条例分明，重视质量，讲求工序。对于突然改变既定的规则章程及运作流程的行为，会觉得很难接受。他们讨厌出错或面临尴尬，不喜欢在没有完全做好准备的情况下表现自己。蜜蜂类型的人评价一个人的时候，总是更看重此人的深度和专业性。他们非常尊重别人，因此也希望别人尊重他，在被人尊重的环境下，会全心付出。

5. 八爪鱼类型

（1）八爪鱼类型的人的沟通模式

听：听的时候，不断横向思考各种可能性、关联性；想找出可让对方继续话题的方法；想找出双方有交集之处。

说：询问式地说；不易下结论；寻求认同；主题模糊。

问：不断探询对方的看法，不断修正提问的方式，同一个问题问很多人。

（2）八爪鱼类型的人的沟通细则

需要：安全感。

喜欢：环境明朗、信息充足；清楚别人的想法；与大多数人有交集。

讨厌：环境不明朗前被迫自我剖析；无前例可参考；跟多数人没有交集（与大环境脱节）。

（3）怎样与八爪鱼类型的人沟通

对于八爪鱼类型的人来说，安全感非常重要，因此环境越明朗，内心越自在。他们在做一件事情时，喜欢有前例可考，有重组的数据和讯息来源。八爪鱼类型的人在一个团队中，讨厌搞不清楚状况就被迫剖析自己。他们进入一个新环境时，会先观察环境的安全性再决定要不要融入。交代"八爪鱼"做事情时，要让他清楚你的想法和底线，给他足够的时间和空间收集数据、整合资源，请他在期限内完成。他们面对压力时，会采取模糊策略，以尽量不正面冲突为原则。他们在评判一个人的时候，会看对方为人处世是否考虑周延。

三、实做：在云端填写创业者能力表格

表格中会包括姓名、专业、班级、自己的先天特质类型、特长技能、创业方向等内容。所有表格形成创业者资料库。

任务三
输出：团队分工

🎯 任务说明

明确团队共同目标，根据项目分解情况在团队内分配工作任务。如果现有团队成员无法完成工作，就需要考虑招募新的团队成员。

一、初创团队中的角色和职责

（一）角色

角色指在项目中，某人承担的职务或分配给某人的职务，还应该明确和记录各角色的职权、职责和边界。

（二）职权

职权指使用项目资源、做出决策、验收可交付成果并影响他人开展项目工作的权力。例如，下列事项都需要由具有明确职权的人来做决策：选择活动的实施方法、质量验收以及如何应对项目偏差等。当个人的职权水平与职责相匹配时，团队成员就能更好地开展工作。

（三）职责

职责指为完成项目活动，项目团队成员必须履行的职责。

（四）能力

能力指为完成项目活动，项目团队成员需具备的技能和才干。如果项目团队成员不具备所需的能力，那么他就不能有效地履行职责。一旦发现成员的能力与职责不匹配，团队就应主动采取措施，招募新成员、调整进度计划或工作范围。

二、组织图和职位描述

可采用多种格式来记录团队成员的角色与职责。大多数格式属于以下三类：层级型、矩阵型和文本型，见图 4.2。

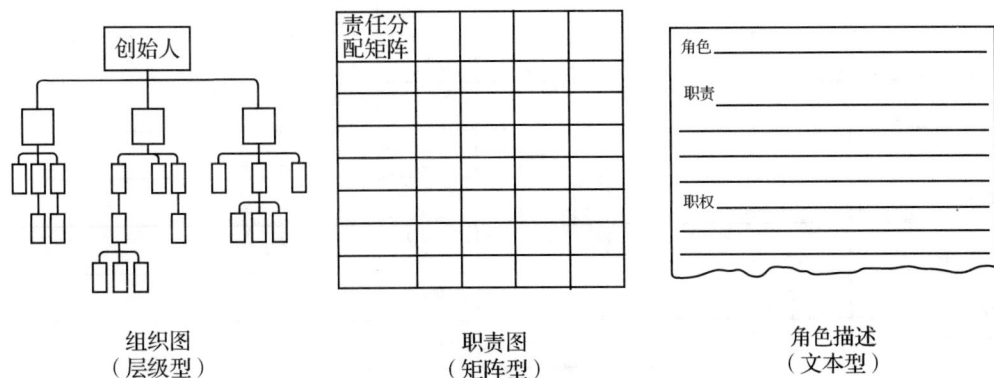

组织图
（层级型）

职责图
（矩阵型）

角色描述
（文本型）

图 4.2　角色与职责定义格式

无论使用什么方法，目的都是要确保每个工作包都有明确的责任人，确保全体团队成员都清楚地理解其角色和职责。例如，层级型可用于规定高层级角色，而文本型更适合用于记录详细的职责。

（一）层级型

层级型可以采用传统的组织结构图，自上而下地显示各种职位及其相互关系。创建工作分解结构用来显示如何把项目可交付成果分解为工作包，有助于明确高层级的职责。工作分解结构显示项目可交付成果的分解，而组织分解结构（Organization Breakdown Structure，简称 OBS）则按照组织现有的部门、单元或团队排列，并在每个部门下列出项目活动或工作包。运营部门，如信息技术部或采购部，只需要找到其所在的组织分解结构位置，就能看到自己的全部项目职责。

（二）矩阵型

责任分配矩阵（Responsibility Assignment Matrix，简称 RAM）用来显示分配给每个工作包的项目资源的表格。它显示工作包或活动与项目团队成员之间的关系。在大型项目中，可以制定多个层次的责任分配矩阵。例如，高层次责任分配矩阵可定义项目团队中的各小组分别负责工作分解结构中的哪部分工作，而低层次责任分配矩阵则可在各小组内为具体活动分配角色、职责和职权。矩阵图能反映与每个人相关的所有活动，以及与每项活动相关的所有人员。它也可确保任何一项任务都只有一个人负责，从而明确谁是该任务的最终责任人或谁拥有对该任务的职权。

例如，以"木林森校园热点"为例的责任分配矩阵，见表 4.4。

表 4.4 "木林森校园热点"责任分配表

RAM	活动									
姓名	校内兼职	失物招领	个人技能	作业帮	快递代取	电器协会	路局招聘	路局集锦	现场反馈	西服租赁
张三	√	√								
李四									√	
王五					√			√		
赵六							√			
陈七						√				
缺口 1			○							
缺口 2			○							
外包										
注：√＝岗位已满　　○＝岗位空缺										

(三)文本型

团队如果需要详细描述团队成员的职责，那么就可以采用文本型。文本型文件通常以概述的形式，提供职责、职权、能力和资格等方面的信息。这种文件有多种名称，如职位描述、角色—职责—职权表。

三、实做：输出团队分工

第一，团队分工模板，见表4.5。

表 4.5　团队分工模板

角色	姓名	特质	能力	职责
项目负责人				
分工 1				
分工 2				
分工 3				
分工 4				
分工 5				
分工 6				
分工 7				
分工 8				
团队分工设计			团队共同目标	

第二，团队成员各自完成自己的角色、特质、能力、职责等内容。

第三，团队负责人完成"团队分工设计"和"团队共同目标"的内容。

第四，上传团队分工结果至云端。

项目五

市场调研与分析

成果期望

输出：市场调研设计。

所需物料

海报纸、便签、彩笔。

项目流程

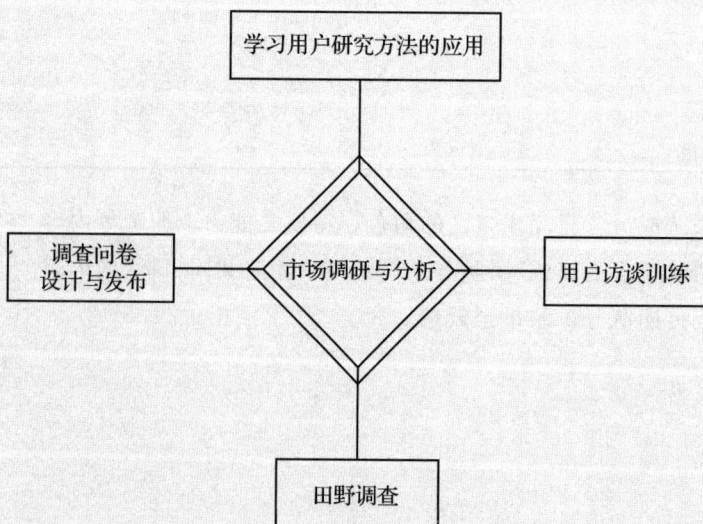

任务一
学习用户研究方法的应用

🎯 任务说明

学习并练习用户访谈法、调查问卷法、田野调查法等用户研究方法。

一、讲授：创新创业的两种风险

首先要区别发明与创新创业。发明仅仅是创造出新技术、新产品，而创新创业应该是发明（无论新旧）与市场需求的结合，或者说创新创业是科学发明和市场洞识的交集，见图 5.1。

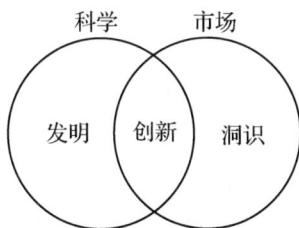

图 5.1　创新的定义

如果不能满足实际的市场需求，发明的就只是新奇的玩具，虽然有趣，但是它只能被束之高阁。同样的道理，如果不能与发明相结合，纯粹的市场洞识带来的最好结果也不过是模仿别人的生意。

所以，创新创业者就面临两种风险：技术风险（能否实现）和市场风险（能否找到客户）。研发心脏病药品的市场风险很低，但是技术风险却非常高。相反，创建网站的技术风险相对较低，但是市场风险却极高。成功的创新创业必须同时解决这两方面的问题。大部分创业者以为自己面对的只有技术风险，所以他们的精力都放在如何开发产品上。但是超过九成的产品失败是因为找不到客户，而不是技术不过硬。

如果成功的创新创业是发明和市场洞识的结合，那么发明的灵感与市场洞识又从何而来呢？发明的灵感可能来自你的行业经验。例如，萨姆·沃尔顿（Sam Walton）在创办沃尔玛之前，积累了在杂货店打工的经验；英瓦尔·坎普拉德（Ingvar Kamprad）在创办宜家之前，有多年销售家具的经验，所以他才能发明拼装家具和平板包装。发明也可能来自将不同领域知识的重新组合。比如，谷歌创始人在开发图书馆查询工具时，偶然想到它也可以用于互联网搜索；而 IDEO 设计公司则擅长废物利用，如用废弃的自行车零件、玩具等做出创意十足的新产品。创业者不一定要自己动手发明什么，他们可以借用现成的发明。发明家往往对自己的发明过度痴迷，不愿接受别人的意见，这反而不利于创业。可以利用的发明随处可见。近 20 年，美国大学专利增幅超过了 1600％，但是专利的商业应用的增幅只有 30％，可见众多的专利并没有被有效利用。而且专利并非寻找创业灵感的唯一途径，创业者可以利用的资源远比这要多。问题的关键是要挑选合适的创意以满足市场需求。所以，创业者面临的最大难题并不是缺少发明，而是缺少市场洞识。

市场洞识又从何而来呢？答案是从客户中来。但市场洞识不是靠简单地询问客户得到的。如果你问客户想要什么，那么他们只会告诉你已知的产品和服务。正如亨利·福特说的："汽车出现前，如果我问客户需要什么，他们会要跑得更快的马。"这是因为人们很难跳出习惯的思维方式。有一项测试普通人行为的试验，要求被测试者借助铁丝完成一项任务。如果递给他们回形针，多数人很快就能完成任务；但是如果递给他们一叠用回形针夹着的纸，大多数人就不知道该怎么办了。

所以不仅要询问客户需要什么，而且更要了解他们想解决的问题及其动机。Huggies 公司的调研人员收到的客户需求是自相矛盾的：既不希望宝宝尿湿床，又不想用尿布。看上去这个问题似乎无解，但是调研人员没有就此放弃。通过进一步的沟通，他们发现家长提出这种要求是因为传统的尿布不好用。于是他们发明了纸尿裤，巧妙地解决了这个看似无解的问题。市场洞识来自与客户的交流，但是客户的回答通常不能直接用作答案，你必须发掘现象背后的本质，才能达到目的。克莱顿·克里斯滕森（Clayton M. Christensen）的团队发现许多消费者购买奶昔是为了打发上班路上的时间，于是他们为客户设计了更细的吸管，延长了喝奶昔的体验时间，还提供与奶昔搭配的各种水果。相比之下，许多创业者的失败是由于他们只了解表面的需求，就自以为什么都知道了。

所以，创业者就要做好一件事，以此洞识市场需求、规避市场风险，这件事就是用户研究。

二、讲授：用户研究方法

做用户研究是想更好地理解用户。创业者根据自己想了解的内容，选择相应的用户研究方法。用户研究方法可以分成定性和定量两种。

（一）定性研究方法

定性研究方法是从小规模的样本中发现新事物的方法。用户访谈和可用性测试（观察用户使用产品)属于定性研究方法,通过与少数用户(10～20 个)互动来得到新想法或揭露未知的问题。定性研究不会证明任何事情,因为创业者是跟有限数量范围内的人们进行交流的,不过它在发掘全新见解方面非常有价值,创业者可以根据其结果来进行下一步的测试和验证。从这个意义上来讲,定性研究的结果是开放的。通常会揭示出创业者不知道的一些事情。

(二)定量研究方法

定量研究方法是用大量的样本来测试和证明某些事情的方法。调查问卷和网站流量统计是很典型的定量研究方法。通过分析上百或上千条数据,创业者会找出具有统计学意义的趋势,然后更加确信自己的发现精确地反映了全部用户的真实情况。定量研究能帮助创业者验证通过定性研究而发现的假说。从另一个角度来看,定量研究适用于告诉创业者正在发生的事,定性研究适用于讲述为什么会发生这样的事。

这两种研究方法都很重要。定性研究是一种低成本的方法,用于得到全新的见解;定量研究帮助人们检验这些直觉是否切合实际,同时提供可以向投资人或评审展示的证据。如果在一个轴线上探索用户研究方法的话,定性对于定量的关系就是"人们说了什么"对于"实际上做了什么"的关系。

人们说了什么很重要。因为这揭示了他们的目标和观点,目标触发了用户和创业者之间的对话,所以需要彻底理解他们想要完成的任务。除非创业者已经真正了解了用户的目标,否则创业者就不可能知道哪些需要改善或怎样去改善。此外,观点透露了人们使用产品的感受,理解这些感受也是同样重要的。访谈和调查问卷是用来研究"人们说什么"最常用的方法,通过这两种方法能了解到用户的目标和观点。

人们做了什么同样重要,因为与他们所说的相比较,实际行为能显示出更多与人们有关的信息。行为不仅仅显示他们在哪里可能会有烦恼,也显示他们在使用产品时的普遍倾向,这些会影响创业者如何设计产品。

这里有一个关键点:人们说的和做的可能完全不一样。

有一个关于索尼游戏机的经典故事。索尼公司找了一些用户,问他们喜欢黄色的还是黑色的游戏机,结果发现喜欢黄色的用户比较多。之后,索尼告知用户为了感谢他们的配合,将送他们一台游戏机,颜色可以任意挑选,而同样一批用户选择把黑色的游戏机带回家的更多。很明显,部分用户说喜欢黄色却带走了黑色的游戏机。

用户并不是故意想欺骗我们,而可能是他们被问了自己也没仔细想过的问题,又不想回答"不知道",就在现场编造了一个看似有理有据的理由;或者他们有讨好访谈者的心理,会回答他们觉得访谈者希望听到的答案,而不是自己真正的想法。

至此我们可以得到用户研究方法的二维矩阵,见图 5.2。

图 5.2 用户研究和测试技术的纵览

创业者理解用户需求，发现创业机会，同样符合人类认知新事物的一般规律：从观点到行为，再从行为到观点，从定性到定量，再从定量到定性，以实现螺旋式上升，使了解和证实在不断迭代中得到进化。常见的需求采集方法分别为用户访谈、调查问卷、可用性测试、数据分析，见图 5.3。

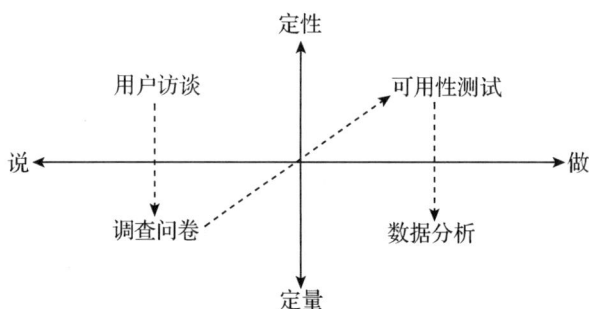

图 5.3 Z 字采集法

以一个互联网公司的产品的完整需求采集过程为例。

产品规划阶段：听用户"定性地说"，确定产品方向（做什么）；随机抽样了 40 个用户做访谈，据此写出需求列表。

项目早期：听用户"定量地说"，确定需求优先级（先做什么）；投放了 20 万份调查问卷，确定了需求优先级的排序；以此为参考，帮助创业者决定最终做什么。

项目实施过程：看用户"定性地做"，确定要先实现的那几个需求应该怎么做；设计的同时完成可用性测试，其间陆续找了 10 个用户来验证。

上线后的优化阶段：看用户"定量地做"分析，不断地改进产品。

训练营的学生们是从"身边的烦恼"中发现创业机会的，他们看到了身边熟悉的人在做什么，及身边的人对所做事情的结果并不满意，于是说了一些抱怨的话，进而训练营的学生们萌生了一个创业想法。虽然没有意识到，实际上可以说，之前他们在日常生活中做了一些用户研究工作。这些观察结果是定性的，所以他们要记得定量验证产品概念，确定产品会有足够大的市场。当产品概念确定之后，他们就可以开始开发产品原型，并不断定性定量地对产品设计进行验证，不断迭代优化产品。

任务二
用户访谈训练

任务说明

围绕小组项目设计用户访谈大纲，并在各组之间进行用户访谈的训练。

一、讲授：用户访谈

创业者犯的最大的错误是开发了顾客拒绝使用的产品。在现代经济中，几乎每件想象得到的产品都能被开发制造出来，所以，问题不是"这项产品能开发出来吗"，而是"需要开发这个产品吗"和"围绕这一系列的产品和服务，我们能建立一项可持续的业务吗"。成功地执行一项无意义的计划是导致失败的致命原因，而经证实的认知则是解决这个问题的首要方法。经证实的认知必须要以从真实顾客那里收集到的实证数据为基础。新创企业的目标在于弄明白到底要开发出什么东西，它是顾客想要的，还得是顾客愿意尽快付费购买的。创业者的工作是要让企业愿景和顾客接受度相匹配。（这并非向顾客自以为需要的东西让步，亦非告诉他们应该要什么。）创业公司如果一味强调执行力，那么很可能走向死胡同。要想学到东西，最快的办法就是和客户直接交流。所以，就要走出办公室（教室），与目标客户面对面，做访谈。

实施一次好的采访是一门艺术。要确保我们聚焦在发掘真正对客户有意义的东西上，而不仅仅是给他们讲解解决的办法。客户访谈需要遵循一些原则和建议。

（一）调研为主

我们的谈话主题应该以调研为主，而不是以推介为主。做推介的前提是你认为你的产品就是客户想要的产品。调研和推介正好相反，它需要你把背景交代好，把大部分时间留给客户，让他们谈自己的想法。你不必知道问题的答案。除此之外，和听推介相比，人们更愿意帮助那些希望得到建议但又不苛求的创业者。

采取初学者的心态。用"一双新耳朵来听"，避免解释，特别探索没想到的工作、痛点和收益。多听少说，避免浪费时间阐述创意，因为这是从客户那里学东西的时候。

不要太早提及解决方案。不要解释，而要问"对你来说让你犹豫的最重要的事情是什么"；不要问"你是否会买我们的解决方案"，而可以问"在你们购买……的时候，你们的决策标准是什么"。

（二）从行为中挖掘

不要直接问客户想要什么，要从他们做的事情中挖掘信息。不要问"你是否能够……"，而要问"你最后一次做……是在什么时候"。

客户会在访谈过程中说谎，这很正常，有时候是碍于面子，有时候则是因为他们对谈论的东西不了解或者是不关心。我们要想办法在访谈中深入挖掘客户的做法，并以此来验证他们的说法。

有个客户说有个问题非解决不可，那我们就应该继续深入，问问他现在是怎么解决这个问题的。如果他什么都没做，日子也还过得好好的，那么这个问题可能并不像他说的那么严重。相反，如果他正在使用自创的办法或者使用我们竞争对手的方案而又觉得并不满意，那么这个问题也许值得解决。

如果某个客户说他愿意为我们的产品付费，那么我们可以直接让他先给一点预付款，同时向他保证：不满意可以全额退款。让客户尽快采取行动，来验证他们的说法。

（三）准备访谈大纲或产品原型

这样做的目的是保证访谈可信且有效。因为我们的访谈是为了达到特定的学习目标，所以访谈必须前后一致，而且可重现，这样才算是系统的方法。如果是验证"问题"的访谈，就要拟制采访大纲并跟着大纲走。大纲包括关于客户"最重要的工作""痛点"和"收益"的问题。如果是验证"解决方案"的访谈，就要准备演示产品。不要因个别访谈对象的意见就修改解决方案，草率地反复重新设计产品是无效的。

访谈大纲是一个相关的主题清单而不是一个刻板的调查表，并不用照着读。避免一组固定的问题，固定的问题会让受访者产生被审问的感觉。访谈者可以事先安排一个默认的顺序，但最好能根据访谈的情况随时调整。不要强迫自己在每次访谈中完成所有的主题。新想法的出现通常发生在准备好的问题之外。

避免讨论产品设计，避免讨论技术，不要与用户纠缠产品的实现方式。创业者应"听用户说，但不照着做"。

鼓励用户讲故事，故事是帮助创业者理解用户的最好的方法。

避免诱导性的问题，如"如果有某某功能，你会使用吗"。一般来说受访者会给出毫无意义的肯定答复。

访谈大纲举例如下。

用户信息(性别、年龄、工作、喜好等)。

问："为什么你要做……"(确认"任务")

这个问题对你来说是个困惑吗?

问："为什么_____对你来说这么重要?"(确认"收益")

问："为什么_____是个痛点?"(确认"痛点")

这个问题是如何影响你的生活的?

目前你是如何应对这个困惑的?

你期待怎样解决这个困惑?

…………

(四)尽量面对面地进行访谈

访谈的重点之一就是要能看到访谈对象。面对面交谈除了可以看到对方的肢体语言之外,还可以让人产生一种亲近感,这种感觉是其他交流方式所没有的。有了这种亲近感,才能建立起良好的客户关系。

(五)从熟人开始

刚开始的时候可以找一些自己认识而又符合目标客户特征的熟人来进行访谈。然后让他们介绍几个朋友,再由朋友介绍朋友,这样就能访谈到更多的人。获得保留受访者联系信息的许可,以获得更多的将来可以进行问答或者测试的原型。

(六)找个搭档

在访谈的时候,如果有第三人在场的话,不仅可以确保我们不会漏掉什么信息,而且还可以让我们记住自己的调研目标。

(七)轻松的环境

访谈最好每次只有一个用户。找个休闲一点的地方,尽量让受访者选择自己觉得舒服的地方来做访谈。

(八)时间要足够

访谈一般在20~30分钟,节奏不紧不慢。要在访谈之前就和受访者交代清楚可能需要多少时间,而且一定要尊重受访者的时间安排。

（九）访谈中不做记录

访谈中做记录可能会让受访者感到不舒服，进而就会影响到访谈结果的可信度。当然如果确认受访者不会被记录行为影响的话，那么就一人引导访谈，一人现场做记录。（接下来的用户访谈练习时一人引导访谈，一人现场做记录。）

（十）访谈后立即记录

在访谈结束后趁热打铁，花几分钟把访谈的结果写下来，然后再汇报。

（十一）何时结束用户访谈研究阶段

当从访谈中无法获取新知识的时候，就大功告成了。也就是说，如果我们只需问几个关键问题就能预测客户接下来会说什么，那么客户访谈就算完成了。

二、实做：用户访谈训练

第一，各组准备验证创业机会的访谈计划，计时 15 分钟，见表 5.1。

表 5.1　用户访谈计划模板

小组解决的问题			
用户访谈大纲		用户需求（可供测试的机会）	
1		基础需求	
2			
3			
4			
5		期待需求	
6			
7			
8			
9		亮点需求	
10			
用户目标			

续表

用户观点	多余需求	
用户行为		

第二，确定好桌长、计时员、两名"小蜜蜂"（在桌子间走动，与其他组的伙伴进行交流的学员）角色。

第三，"小蜜蜂"旅行采"蜜"，异花授粉。"小蜜蜂"顺时针飞到下一组，桌长要欢迎新伙伴并带领大家自我介绍。"小蜜蜂"做客户访谈，计时 10 分钟，然后飞到下一组，计时 10 分钟。

第四，根据可用时间交换角色。派出另外 2 名"小蜜蜂"，逆时针飞到下一组，桌长要欢迎新伙伴并带领大家自我介绍。"小蜜蜂"做客户访谈，计时 10 分钟，然后飞到下一组，计时 10 分钟。

第五，集体分享。在练习结束时，请小组来报告本组的访谈成果，促进小组间进行一次全体分析和交流。

第六，请各组整理电子版访谈文档，上传至云端。

任务三
田野调查

任务说明

以田野调查的方法定性地收集用户信息。

一、讲授：田野调查

（一）田野调查法

田野调查法又叫现场调查法，是指创业者在现实生活中观察目标客户，得到他们真实行为的好的见解，了解他们关注的工作和他们是如何完成工作的，记录那些困扰他们的痛点和他们希望取得的收益。

田野调查法的优势是数据提供无偏见的视野，并且帮助创业者发现真实行为。

与用户访谈一样，田野调查每次只调查一个用户，但是数据来自用户自己的环境——无论在办公室，还是在家里，甚至还可以是在某个实际地点，如一家零售商店，创业者可以观察用户在真实世界中的购物行为。

田野调查有两种基本方法：预约和现场挑选。和用户访谈一样，预约就是提前和用户约定好，他们同意创业者在旁边进行观察，并按照每天的工作方式来演示他们的日常任务。在观察的过程中，创业者可以提出问题，以便更好地理解他们正在做的事情和相关的原因。这通常会花费 2～3 小时，甚至更长的时间。现场挑选会有一点困难，与提前找到被访者相反，创业者要去用户聚集的某个地方，在他们不知情的情况下进行观察。在观察一段时间以后，接近某个我们想了解更多的个别用户，询问他是否愿意接受访谈，来回答你刚才所看到的关于某些现象的疑问。根据创业者想要了解的具体情况，可以让用户在其注视下继续完成日常的任务，也可以将其变成一对一的访谈。现场挑选的优点是创业者能更确信自己看到的是正常行为，因为与预约不同的是用户不知道他们被观察着。不利因素是不确定有多少用户会愿意接受访谈，或者他们有多少时间来接受访谈。

田野调查的结果最好能与访谈结果联合起来，从而得到一幅完整的画面，这会更有价值。他们做了什么和为什么这么做都是创业者需要了解的。

当进行实地观察时，最重要的一点是我们要观察自然状态下的行为。为了完成这个目标，尽可能少谈话，特别是在刚开始的时候。在表明我们进行观察的原因之后，鼓励用户尽量按照他们平时那样去做，然后闭上嘴。用户可能需要一段时间来适应你的注视，或者一直都无法适应。如果不得不打断一下，最好问一些如"您在做什么"之类的简单问题，而不是提出关于"为什么这样做"这样需要考虑一下才能回答的问题，因为用户在反思自己动作的同时，会远离他们的正常行为。

(二)关于田野调查的建议

第一，观察并做记录。抑制住基于经验的解释，保持客观，像一位人类学者一样工作，并且用全新的眼光和开放的心态去观察。

第二，同时注意那些你看见的和你没看见的。

第三，不仅捕捉那些你能观察的，而且捕捉那些没说出来的，如感觉和情绪。

第四，客户换位思考是很关键的思维方式，可以实施有效的当前环境调查。

第五，在田野调查的访谈部分，同样需要准备一张用于提问的问题清单，并确保清单上的问题与现场观察到的现象有关。鼓励用户进行自我反思。和用户访谈一样，田野调查的访谈部分也最好有一个搭档帮助记录和辅助观察。可以带上相机或摄像机。

第六，田野调查的输出与客户访谈类似，创业者将得到一个关于用户的目标、行为和观点的总体列表作为用户画像的选项，还会得到许多值得去验证的想法和机会。

(三)田野调查的例子

1. B2C(Business to Customer)：和客户的家人待在一起

在你的目标客户家里待几天，和他的家人生活在一起。参与每天的日常生活，了解驱动这个人的因素。

2. B2C：观察消费行为

到一个你的目标客户购物的商店，观察人群 10 小时，你能不能发现其消费模式。

3. B2C：做一天客户的影子

变成你的目标客户的影子，跟着他一天。记录下你观察到的客户在工作或生活中正尽力完成的所有事项，妨碍客户完成这些事项或客户在完成这些事项过程中所产生的问题，以及客户想要的结果或效益，如功能效用、社会收益、积极情绪、费用节省等。

4. B2B：在一旁工作、请教

花时间一起工作或者在目标客户旁边观察。

二、实做：田野调查

在平时的生活或工作中刻意观察和探询，保持好奇心。

任务四
调查问卷设计与发布

🎯 任务说明

为本组项目设计调查问卷内容，并以在线问卷的形式发布。

一、讲授：调查问卷

相对于其他方法而言，问卷调查更容易收集到用户的目标、行为、观点和人口统计特征的量化数据，所以这个工具是定量研究的第一选择。现在有很多实施在线问卷调查的网站，使得问卷调查变得快捷、便宜。

（一）确定调查对象

尽可能覆盖目标群体中各种类型的用户，如性别、年龄段、行业、收入等，要保证各种类型用户的样本比例接近全体的比例。每种细分用户群至少100份。

（二）设计调查问卷

调查问卷和用户访谈的提纲是有区别的，用户访谈的提纲通常是开放式问题，适用于创业者还比较疑惑的时候去寻找产品的方向，适合与较少的访谈对象进行深入的交谈；而调查问卷通常封闭式问题比较多，适合大用户量的信息收集，但不够深入，一般只能获得某些明确问题的答案。调查问卷不是考试卷，不适合安排问答题。用户访谈与调查问卷之间也有联系，我们经常通过前者的开放式问题，为后者收集具体的封闭式问题。

尽可能保持调查问卷简短，当回答一份调查问卷达到或超过5分钟时，完成率就会下降。所以正式发放问卷之前要测试一下回答时间，以保证能在5分钟内完成。

将调查问卷想象成一次对话，每个问题要自然地与下一个问题相关联。用户在回答问卷的时候越轻松，就越容易完成整个调查，回答问题时也越诚实。下面的顺序可以作为问卷问题排列次序的参考：渠道使用情况、对同类产品的了解、现有功能和内容的使用情况或重要程度、现有功能和内容的满意程度、对于新产品概念的总体反应、新功能和内容的重要程度、心理方面的问题、人口统计特征方面的问题，要把最无聊的问题留到结尾。

从目标和行为开始，是因为研究者发现对于目标和行为的自我感知最容易对后面的回答产生影响。简单的不需要思考的问题也放在前面。在谈到与创业想法有关的问题之前，是关于使用竞争品或替代品的问题。很想知道的内容、需要思考的、较敏感的问题放在中间，把最无聊的问题（年龄、收入等）留到结尾，因为到那个时候，用户会开始厌烦调查，不想看到任何需要思考的问题。出于同样的原因，从无聊的问题开始问起也会降低完成率。

同用户访谈一样，针对行为来提问，一般来讲比直接询问"重要程度"要好，因为答案会更准确。当问到某个功能是否重要的时候，用户常常倾向于做出肯定的回答，可能仅仅是因为它听上去还不错，也可能是因为他们认为其他人会喜欢，甚至他们只想让采访者高兴。当创业者询问人们实际使用这种功能的频率时，他们会更加现实一点。

问题表述应无引导性。例如，不要问"你喜欢某个产品吗"，这时用户可能会考虑到提问者的情感而回答"是"，正确的问法是"你是否会把某个产品推荐给你的亲友？请从 1 到 5 分打分"。

在调查问卷中使用清晰、常用的表达方式，避免使用术语和缩写。清晰度在这里比简洁性更为重要，当然两者能兼顾是最好的。

对于所有问题，要避免用是非问句(答案是"是"或"否"的问题)。对于大多数问题，尽量用 5 点量表(1～5 个等级)。当使用量表时，要注意保持一致性。1 分总是表示少(数量、频率、重要性等)，5 分总是表示多。

重要的问题可以交叉验证。从多个角度询问，反复确认用户的回答。对于涉及敏感话题的问题要特别注意，可以考虑转移主体。

有研究表明，对于陈述性选项被调查者趋向于选第一个或最后一个答案，特别是第一个答案；而对一组数字，如价格和打分，则趋向于取中间位置。为了减少顺序偏差，可以准备几种问卷，每种问卷选项排列的顺序都不同。

对于问卷多做几次内部测试。先进行小范围的试答，根据反馈修改后，再大面积投放。创业者可以把目标群体的特征也定义成一系列问题，放入问卷中，回收问卷后，就可以通过这些问题评估作答者是否能代表目标群体了。如果发现了偏差，我们也可以从回收的问卷中再筛选出一个接近目标群体的子集来分析。

二、实做：输出对产品概念或原型的调研设计

(一)调研设计模板

调研设计模板见表 5.2。

表 5.2 调研设计模板

调研背景与意义	调研内容(产品概念或原型)
调研对象(大学生、某小区居民、特定年龄段的人群等)	抽样方式(随机抽样、分层抽样、整体调查、其他_____)

调研方式(问卷调研、访谈、观察、其他_____)	调研途径(网页、通信软件、纸质、预约、现场、其他_____)
其他_____:	

(二)填写调研设计模板

第一，填写调研设计的各个要素。

第二，设计小组的调研问卷。

第三，使用在线问卷小程序发布。

第四，上传各组的调研设计、调研问卷和调研结果至云端。

项目六

产品原型设计

成果期望

输出：产品原型设计。

所需物料

海报纸、便签、彩笔。

项目流程

任务一
精益创业

任务说明

学习精益创业的思想。

案 例

由 Webvan 的破产说起

Webvan 创办于 1996 年，是一家概念非常超前的生鲜果蔬公司，拥有庞大的互联网日用品商店，为顾客提供当日送达的快递服务。Webvan 线上交易线下运输（最早的 O2O），有自己的仓储、分销系统，配送的是新鲜的杂货。在 20 多年前，这是难以想象的。

这家公司 1996 年 12 月成立，成立两个月之后，由经验丰富的风险投资公司跟进，包括基准资本、红杉资本、软银资本、高盛和雅虎等，共筹集超过 8 亿美元。1999 年 5 月，Webvan 位于旧金山的仓储系统建成，它可以覆盖整个旧金山 61 英里（1 英里约等于 1.6093 千米）半径的范围，仓储系统的建设包含了非常复杂的算法，即使放在现在，某些方面也很先进。这个仓储系统投入了 4000 万美元。

当时，公司预期的订单数是每天 8000 笔，实际每天只有 2000 笔，但并没有做策略调整，同年又签订了 10 亿美元的合同，打算在 3 年内再建造 15 个物流中心。10 亿美元的合同签约后一个月，Webvan 在 8 月份首次公开募股，在最高点时，市值达到了 80 亿美元。

Webvan 疯狂扩张，认为有产品就会有顾客，设计的超大物流中心的利用率不到 30%，于是营销部门大把花钱投放广告，刺激市场和消费。销售部门频繁更换高管，换一个高管换一套销售策略，营销部门的士气越来越低。同时公司各职能部门的开销、日常维护开支也在逐步消耗公司的现金流。到 2000 年年底，公司账户赤字超过 6 亿美元。2001 年 7 月，Webvan 宣告破产。

Webvan 的专注点只是产品，而忽略了顾客、市场、营销，甚至财务。从 Webvan 这个例子可以看到，美国硅谷从 20 世纪 70 年代一直到 2000 年，走的都是"火箭式发射"的创业逻辑。

"火箭式发射"创业逻辑的起点是以创业者自我为中心。"火箭式发射"创业的创新往往开始于天才人物的天才构思，他们认为创业环境是高度可控的，创业的各种参数是高度确定的，未来是可以高度准确地预测和分析的。另外，用户需求基本上是已知的，解决方案也是非常确定的。这就等于起点固定，终点固定，赛道也固定，创业团队要做的就是不断计划、执行和优化。但是Webvan的失败，以及互联网泡沫的破灭，让硅谷开始反思"火箭式发射"的创业逻辑。这个反思就是把创业者从一个高度可控的环境中，推到一个高度不可控的环境中，这就是硅谷掀起的"精益创业"运动。

"精益创业"模式和"火箭式发射"模式最大的区别是精益创业不是"以创业者自我为中心"开始创业，而是真正聚焦于"以用户为起点"的创业模式，然后通过和用户互动完成创业的过程。在"精益创业"方式下，用户的痛点和解决方案可以计划，可以预测。而在"火箭式发射"方式下，无论多么仔细的计划和预测，用户的痛点都是不可知的，也不知道真实有效的解决方案是什么。

一、讲授：精益创业

精益创业的名称来源于精益生产。后者是由丰田公司的大野耐一和新乡重夫发展出来的。精益思想的关键是"根据客户需求，重新定义价值"。

(一)精益创业的核心思想

精益创业的核心思想是以最低成本开发出用以验证创业假设的产品原型，即最小化可行产品，从每次实验的结果中学习，快速迭代，在资源耗尽之前从迷雾中找到通往成功的道路。新创企业模式的核心内容是"开发—测量—认知"反馈循环，见图6.1。

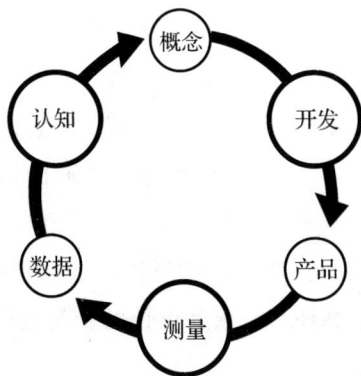

图6.1　开发—测量—认知反馈循环

首先，确定待验证的假设。这是新创企业计划中风险最大的部分。其中最重要的两个假设是"价值假设"（Value Hypothesis）和"增长假设"（Growth Hypothesis）。价值假设衡量的是当顾客使用某种产品（服务）时，它是不是真的实现了其价值。增长假设是用来测试新顾客是如何发现一种产品（服务）的，早期的使用者是否会积极自发地将产品介绍给其他潜在顾客。

当你在众多的假设中挑选时，先选最冒险的假设来测试才有意义。例如，从事广告销售的媒体业务有两个基础假设，即它能持续捕获一个既定客户细分市场的注意力吗？它能把这种注意力卖给广告商吗？在媒体业务中，特定用户细分市场的广告率（用来衡量在一定时期内目标受众当中有多大比例会看到、读到或听到所传播的广告信息）是为人熟知的，所以风险更高的假设是捕获受众注意力的能力。因此，第一个实验应该涉及内容制作，而不是广告销售。

其次，制作最小化可行产品。用最低的成本制作一个用于检验假设的产品，可以是经过开发的产品原型，也可以是一段故事描述。最小化可行产品并非用于回答产品设计或技术方面的问题，而是以验证基本的商业假设为目标。目的是让待测的用户感受到这个产品所能带来的价值，用以获取进一步优化产品的反馈。

再次，确定衡量指标，检验假设。分析哪些客观指标可以表示之前的需求确实存在于用户内心之中。召集目标用户，向他们展示最小化可行产品，测量衡量指标，用以验证之前的假设。

最后，决定坚持或者转型。根据收集到的结果，决定坚持最早的规划，还是转变方向，测试新的假设。

（二）精益创业引申的创业逻辑

创业者必须承认在创业初期只有一系列未经检验的假设，也就是一些不错的"猜测"。一定要总结其假设，而不是花几个月来做计划和研究，并写出一份完备的商业计划书。

创业者必须积极走出办公室（教室）去测试自己的假设。要邀请潜在的使用者、购买者和合作伙伴提供反馈，这些反馈应涉及各个方面的假设，包括产品功能、定价、分销渠道以及可行的客户获取战略，关键在于敏捷性和速度。新创企业要快速生产出最简化且可实行的产品，并立即获取客户的反馈，然后根据消费者的反馈对假设进行改进。创业者要不断重复这个循环，对重新设计的产品进行测试，并进一步做出迭代，或者对行不通的想法进行转型。

关于产品，创业者要采取敏捷开发的方式。敏捷开发是一种以用户为本，强调迭代，循序渐进的产品开发模式。通过迭代和渐进的方式，预先避开无关紧要的功能，杜绝了资源和时间的浪费。

二、讲授：最小化可行产品及其类型

(一)最小化可行产品

最小化可行产品的好处是能够直观地被用户感知到，有助于激发用户的反馈。通常最小化可行产品有四个特点：充分体现项目创意、能够测试和演示、功能极简、开发成本最低甚至为零。

(二)最小化可行产品类型

1. 极简式最小化可行产品

极简式最小化可行产品是最常见的类型，普遍应用于互联网与移动互联网领域，它指的是在产品开发初期，只开发最必要的功能，将产品快速推向市场，并验证客户需求。例如，微信在 2011 年 5 月 18 日的 2.0 版才上线了语言对讲功能，而现在甚至可以在微信上买到保险。

2. 预售式最小化可行产品

预售式最小化可行产品，指在销售产品前，面向客户并没有真实货源，而只有产品介绍，当用户付费时，再生产或采购产品进行发货，常用于硬件领域，目前常见的硬件众筹模式就属于预售模式的衍生类型。一些网站为创业者测试最小化可行产品提供了很好的平台。创业者可以发起众筹，然后根据人们的支持判断人们对于产品的态度。此外，众筹还可以帮助创业者接触一些对其产品十分有兴趣的早期用户，他们的口口相传以及持续的意见反馈对于产品的成功至关重要。

3. 视频式最小化可行产品

视频式最小化可行产品，指当你要花费大量时间去研发产品之前，你可以先将产品的功能拍摄成一段视频，用视频清晰地说明产品功能，将视频发布并通过视频获得用户反馈。经典的例子就是我们之前提到的 Dropbox 的 3 分钟视频。Dropbox 的介绍视频收到了良好的效果，假如 Dropbox 在介绍时只是说"无缝的文件同步软件"，绝对不可能达到同样的效果。视频让潜在用户充分了解到这款产品将如何帮到他们，最终触及消费者付费的意愿。

4. 贵宾式最小化可行产品

贵宾式最小化可行产品，指当产品大规模推广之前，只针对极少数用户服务，然后逐步扩大服务范围，常见于 O2O 类项目。

"桌上美食"(Food on Table)公司是一家互联网公司，他们制定每周菜单，并根据用户和用户家庭的喜好，开列食品杂货店清单，然后再链接到当地的店家，寻找最划算的食材。公司必须维护全国几乎每家食品杂货店的数据库，包括本周哪家店有哪些折扣。这些店必须要匹配合适的菜谱，然后相应地进行定制、标签和分类。如今桌上美食公司的服务可以支持美国几千家食品杂货店。但是在创业之初，桌上美食公司仅仅只有一位顾客，只支持一家店铺。当时公司首席执行官会从这位顾客常去的食品杂货店里查找哪些东西在打折，然后根据她的喜好精心选择菜单。每周，他们会亲自把一个准备好的小包裹交到顾客手中，里面包括了购物清单和相关菜谱，同时听取顾客的反馈意见，并相应调整。每过一周，他们都越来越了解如何让产品成功。随着公司的新顾客越来越多，他们才开始向自动化方面投入。创业过程中，桌上美食团队始终着眼于把有用的功能提升扩大，而不是想着发明一些将来才可能用得上的东西。结果，他们在开发投入中发生的浪费，远比同类企业在传统情况下的浪费少得多。在贵宾式最小化可行产品的情形中，个人化服务不是产品，而是企业增长模式的一种学习认知活动，用于检测创业公司的价值假设和增长假设。

任务二
输出：产品原型设计

🎯 **任务说明**

设计用于验证创业假设的产品原型。

一、讲授：产品原型模板

产品原型模板见表 6.1。

表 6.1　产品原型模板

产品图式（服务）图解：	产品（服务）理念：
工作原理（服务）流程（图文）：	功能模块（服务）内容：

续表

创新点：	市场前景：

二、完成产品原型模板

第一，填写产品（服务）名称。

第二，画出产品图示（服务）图解。

第三，填写产品（服务）理念。

第四，以图文方式说明产品的工作原理（服务）流程。

第五，填写产品的功能模块（服务）的内容。

第六，列出有哪些创新点。

第七，描述市场前景如何。

第八，将完成的产品原型模板上传至云端。

项目七

商业模式设计

成果期望

输出：商业模式设计。

所需物料

海报纸、便签、彩笔。

项目流程

任务一
以商业模式画布表述商业模式

任务说明

学习商业模式画布这种可视化语言，着重了解各个模块之间的联系。

一、讲授：商业模式画布

商业模式画布是销售过百万，被翻译成 30 种语言的畅销书《商业模式新生代》的核心内容。该书主要作者是斯坦福大学创业中心的亚历山大·奥斯特瓦德（Alexander Oster-walder）。语言是思维的载体，是传递信息的工具。商业模式画布就是一种理解、描述、思考、构建商业模式的可视化语言。商业模式画布的设计简单易懂，主要用来帮创业者建立、可视化、测试自身的商业模式的可行性，从而避免挥霍资金或者盲目叠加功能。小公司用它开辟新领域，很多大公司也可以通过它探索新模式，维持行业竞争力。

商业模式画布是一个框架。它将商业模式中的元素标准化成 9 个模块，并强调元素间的相互作用，见图 7.1。

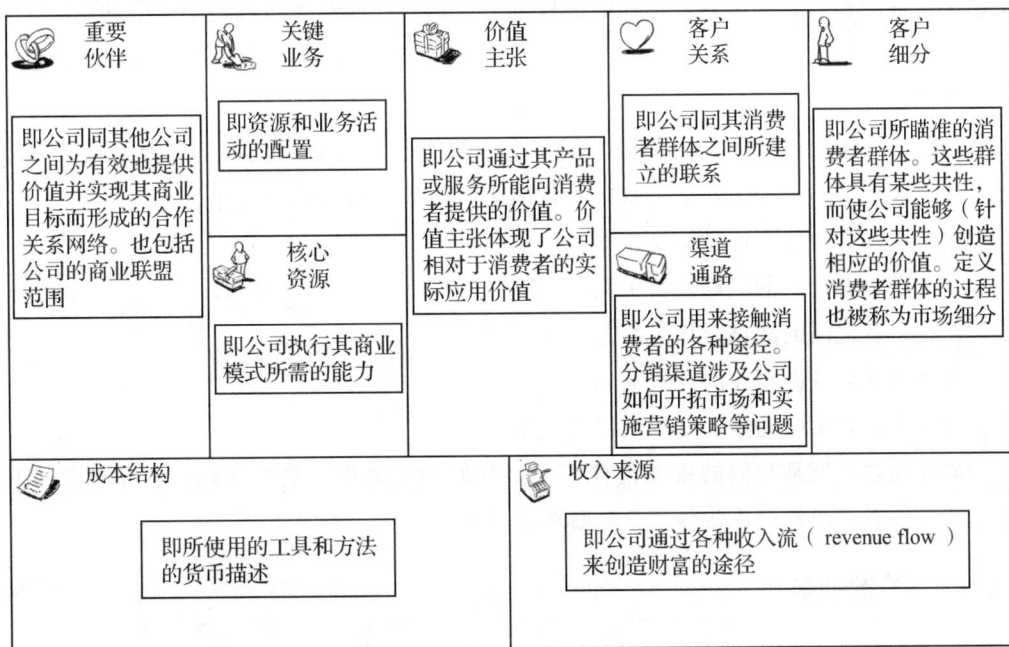

重要伙伴	关键业务	价值主张	客户关系	客户细分
即公司同其他公司之间为有效地提供价值并实现其商业目标而形成的合作关系网络。也包括公司的商业联盟范围	即资源和业务活动的配置	即公司通过其产品或服务所能向消费者提供的价值。价值主张体现了公司相对于消费者的实际应用价值	即公司同其消费者群体之间所建立的联系	即公司所瞄准的消费者群体。这些群体具有某些共性，而使公司能够（针对这些共性）创造相应的价值。定义消费者群体的过程也被称为市场细分
	核心资源		渠道通路	
	即公司执行其商业模式所需的能力		即公司用来接触消费者的各种途径。分销渠道涉及公司如何开拓市场和实施营销策略等问题	

成本结构	收入来源
即所使用的工具和方法的货币描述	即公司通过各种收入流（revenue flow）来创造财富的途径

图 7.1　商业模式画布图示

客户细分：企业或机构所服务的一个或多个客户分类群体。

价值主张：通过价值主张来解决客户难题、满足客户需求。

渠道通路：通过沟通、分销和销售渠道向客户传递价值主张。

客户关系：在每一个客户细分市场建立和维系客户关系。

收入来源：收入来源产生于成功提供给客户的价值主张。

核心资源：核心资源是提供和交付先前描述要素所必备的重要资产。

关键业务：开展一些关键业务活动，运转商业模式。

重要伙伴：有一些业务要外包，而另外一些资源需要从企业外部获得。

成本结构：商业模式中上述要素所引发的成本构成。

画布中的每一个方格都代表着成千上万种可能性和替代方案，创业者要做的就是找到最佳的那一个。

(一)重要伙伴

重要伙伴构造块描述了让商业模式有效运作所需的供应商与合作伙伴的网络。

企业基于多种原因打造合作关系，伙伴关系正日益成为许多商业模式的基石。很多公司创建联盟来优化其商业模式、降低风险或获取资源。以下是三种创建伙伴关系的动机。

第一，商业模式的优化和规模经济的运用。公司拥有所有资源或自己执行每项业务活动是不合逻辑的。伙伴关系或购买方—供应商关系是合作关系最基本的形式。合作会优化资源和业务的配置，从而降低成本，而且往往涉及外包或基础设施共享。

第二，风险和不确定性的降低。伙伴关系可以帮助减少以不确定性为特征的竞争环境的风险。

第三，特定资源和业务的获取。很多企业依靠其他企业提供特定资源或执行某些业务活动来扩展自身能力，如安卓系统智能手机制造商与谷歌的合作。

伙伴关系分为以下四种类型。

在非竞争者之间的战略联盟关系。

在竞争者之间的战略合作关系。

为开发新业务而构建的合资关系。

为确保可靠供应的购买方—供应商关系。

关键问题：谁是我们的重要伙伴？谁是我们的重要供应商？我们正在从伙伴那里获取哪些核心资源？合作伙伴都开展哪些关键业务？

(二)关键业务

关键业务构造块用来描绘为了确保其商业模式可行，企业必须做的最重要的事情。

关键问题：我们的价值主张需要什么样的关键业务？我们的渠道通路需要什么样的关键业务？我们的客户关系需要什么样的关键业务？我们的收入来源需要什么样的关键业务？

关键业务是企业得以成功运营所必须实施的最重要的动作。关键业务也是创造和提供价值主张、接触市场、维系客户关系并获取收入的基础。

关键业务可分为以下三类。

制造产品：这类业务活动涉及生产一定数量或满足一定质量的产品，与设计、制造及发送产品有关。

问题解决：这类业务指的是为个别客户的问题提供新的解决方案，需要知识管理和持续培训等业务。

平台（网络）：是以平台为核心资源的商业模式，其关键业务与平台管理、服务提供和平台推广有关。网络服务、交易平台、软件甚至品牌都可以看成平台。

（三）价值主张

价值主张构造块用来描绘为特定客户细分创造价值的系列产品和服务。

关键问题：我们该向客户传递什么样的价值？我们正在帮助我们的客户解决哪一类难题？我们正在满足哪些客户的需求？我们正在给客户细分群体提供哪些系列的产品和服务？

价值可以是定量的，如价格、服务速度；也可以是定性的，如设计、客户体验。以下是一些价值主张的要素列表。

新颖：满足客户从未感受和体验过的全新需求，以前没有类似的产品（服务）。

性能：改善产品和服务性能是一个传统意义上创造价值的普遍方法，如性能更好的 CPU、更大的磁盘空间。

定制化：定制产品和服务以满足个别客户或客户细分群体的特定需求来创造价值。

外包：可以通过帮客户把某些事情做好而简单地创造价值。

设计：产品可以因为优秀的设计脱颖而出，在时尚和消费电子产品工业，设计是价值主张中特别重要的部分。

品牌（身份）地位：客户可以通过使用和显示某一特定品牌而发现价值。例如，佩戴一块劳力士手表象征着财富，Beats 耳机象征着"潮"。

价格：以更低的价格提供同质化的价值。

成本削减：帮助客户削减成本是创造价值的重要的方法。

风险抑制：当客户购买产品和服务的时候，帮助客户抑制风险也可以创造客户价值，如二手汽车服务担保。

可达性：把产品和服务提供给以前接触不到的客户。例如，余额宝降低了大众理财的门槛。

便利性(有用处)：使事情更方便或更易于使用以创造可观的价值。苹果公司的设备和 iTunes 为用户提供了在搜索、购买、下载和收听数字音乐方面前所未有的便捷体验。

(四)客户关系

客户关系构造块用来描绘公司与特定客户细分群体建立的关系类型。

驱动客户关系的动机有获取客户、维系客户以及提升销售额(追加销售)。

关键问题：每个客户细分群体希望我们与之建立和保持何种关系？哪些关系我们已经建立了？这些关系成本如何？如何把它们与商业模式的其余部分进行整合？

客户关系可以分为以下几种类型。

个人助理：这种关系基于人与人之间的互动。在销售过程中或者售后阶段，客户可以与客户代表交流并获取帮助。

专用个人助理：这是层次最深、最亲密的关系类型，如为单一客户安排专门的客户代表。

自助服务：公司与客户之间不存在直接的关系，而是为客户提供自助服务所需要的所有条件，如 ATM。

自动化服务：自动化服务可以识别不同客户及其特点，并提供与客户相关的信息。在最佳情况下，良好的自动化服务可以模拟个人助理服务的体验。

社区：利用用户社区与客户(潜在客户)建立更为深入的联系，并促进社区成员之间的互动。用户在社区中交流知识和经验，解决彼此的问题。社区还可以帮助公司更好地理解客户需求。

共同创作：许多公司超越了和客户之间传统的客户—供应商关系，而倾向于和客户共同创造价值，如豆瓣、知乎等。

(五)客户细分

客户细分构造块用来描绘一个企业想要接触和服务的不同人群或组织。我们创建一个企业，一定要明确我们要服务谁。

关键问题：我们正在为谁创造价值？谁是我们最重要的客户？

客户细分大致可分为以下五个类型。

大众市场：价值主张、渠道通路和客户关系全都聚焦于一个大范围的客户群组，群组中的客户具有大致相同的需求和问题。

利基市场：以利基市场为目标的商业模式迎合特定的客户细分群体。价值主张、渠道通路和客户关系都针对某一利基市场的特定需求"定制"。市场利基者专门为规模较小的或大公司不感兴趣的细分市场提供产品和服务。

区隔化市场：客户细分有很多相似之处，但又有不同的需求和困扰。

多元化市场：服务于两个或两个以上有不同需求和困扰的客户细分群体。

多边平台或多边市场：服务于两个或更多的相互依存的客户细分群体。平台对网络两边的用户需求匹配得越好，价值就越大。平台提供者必须为每一边制定价格，同时要考虑这个价格对另一边的增长和支付意愿的影响。双边网络的用户通常可以分为"补贴方"和"赚钱方"，其中平台提供者给前者提供补贴，而靠后者赚钱。

(六)核心资源

核心资源构造块用来描绘让商业模式有效运转所必需的最重要因素。核心资源可以是自有的，也可以是公司租借的或从重要伙伴那里获得的。

不同的商业模式所需要的核心资源也有所不同。例如，CPU 制造商需要资本集约型的生产设施，而 CPU 设计商则需要更加关注人力资源。

关键问题：我们的价值主张需要什么样的核心资源？我们的渠道通路需要什么样的核心资源？我们的客户关系需要什么样的核心资源？我们的收入来源需要什么样的核心资源？

核心资源可分为以下四类。

实体资产：如生产设备、不动产、汽车、机器、系统、销售网点和分销网络等。

知识资产：包括品牌、专有知识、专利和版权、合作关系和客户数据库。知识资产的开发很难，但成功建立后可以带来巨大价值。

人力资源：在知识密集产业和创意产业中人力资源至关重要。

金融资产：如现金、信贷额度或用来雇用关键雇员的股票期权池等。

(七)渠道通路

渠道通路构造块描绘公司是如何沟通、接触其客户细分而传递其价值主张的。渠道通路是客户的接触点。

关键问题：通过哪些渠道可以接触我们的客户细分群体？我们现在如何接触他们？我们的渠道如何整合？哪些渠道最有效？哪些渠道成本效益最好？如何把我们的渠道与客户的例行程序进行整合？

渠道具有以下五个不同的阶段(五个功能)。

认知：提升客户对公司产品(服务)的认知。

评估：帮助客户评估公司价值主张。

购买：协助客户购买特定产品和服务。

传递：向客户传递价值主张。

售后：提供售后支持。

渠道类型有直接渠道，如销售队伍、在线销售，还有非直销渠道，如自有店铺、合作伙伴店铺、批发商。

（八）收入来源

收入来源构造块用来描绘公司从每个客户群体中获取的现金收入。

关键问题：什么样的价值能让客户愿意付费？他们现在付费买什么？他们是如何支付费用的？他们更愿意如何支付费用？每个收入来源占总收入的比例是多少？

一个商业模式可以包含两种不同类型的收入来源：通过客户一次性支付获得的交易收入；经常性收入来自客户为获得价值主张与售后服务而持续支付的费用。

以下是一些可以获取收入的方式。

资产销售：销售实体产品。

使用收费：通过特定的服务收费。客户使用的服务越多，付费越多，如电信运营商按照客户通话的时长计费、旅馆按照客户入住天数计费、快递公司按照运送距离计费。

订阅收费：这种收入来自销售重复使用的服务，如网游月卡。

租赁收费：这种收入来自针对某个特定资产在固定时间内的暂时性排他使用权收费，如租婚纱、租房。

授权收费：这种收入来自将受保护的知识产权授权给客户使用，并换取授权费用，如授予他人版权、专利并收取授权费。

经纪收费：通过成功匹配卖家和买家来赚取佣金，如房地产经济人和股票经济人。

广告收费：这种收入来源于为特定的产品、服务或品牌提供广告宣传服务。一般而言，广告收入是媒体行业的主要收入来源。

（九）成本结构

成本结构构造块用来描绘运营一个商业模式所引发的所有成本。创建价值和提供价值、维系客户关系以及产生收入都会引发成本。这些成本在确定关键资源、关键业务与重要伙伴后可以相对容易地计算出来。

关键问题：什么是我们商业模式中最重要的固有成本？哪些核心资源花费最多？哪些关键业务花费最多？在商业模式的成本结构设计方面，有以下两种极端的类型。

受成本驱动的商业模式：侧重于在每个地方尽可能地降低成本，如美国西南航空、英国易捷航空等廉价航空公司（不提供非必要服务）。

受价值驱动的商业模式：不太关注商业模式设计对成本的影响，而是专注于创造价值，如高度个性化服务、豪华酒店等都属于这一类。

成本结构有以下四个特点。

固定成本：不受产品（服务）的产出业务量变动影响而保持成本不变，如饮料机。

变动成本：伴随商品（服务）产出业务量而按比例变化的成本，如纸杯和吸管。

规模经济：企业享有产量扩充所带来的成本优势，如肯德基大宗采购百事可乐，从更低的购买费用中受益。

范围经济：企业由于享有较大经营范围而具有的成本优势。同样的营销活动或渠道通路可支持多种产品，如肯德基在多种媒体上频繁地做广告。

案　例

2001 年，苹果公司（以下简称苹果）发布了其标志性的便携式媒体播放器 iPod。这款播放器需要与 iTunes 软件结合，这样用户可以将音乐和其他内容从 iPod 同步到电脑中。同时，iTunes 软件还提供了与苹果在线商店的无缝连接，用户可以从这个商店里购买和下载所需要的内容。

这种设备、软件和在线商店的完美结合，很快颠覆了音乐产业，并给苹果带来了市场的主导地位。苹果公司是如何实现这种优势的呢？因为它完美地构建了一个更优秀的商业模式。一方面，苹果通过其特殊设计的 iPod 设备、iTunes 软件和 iTunes 在线商店的结合，为用户提供了连贯的音乐体验。苹果的价值主张就是让用户轻松地搜索、购买和享受数字音乐。另一方面，为了使这种价值主张成为可能，苹果公司不得不与所有大型唱片公司谈判，来建立世界上最大的在线音乐库。

关键点在哪里？苹果通过销售 iPod 赚取了大量与音乐相关的收入，同时利用 iPod 设备与在线商店的整合，有效地把竞争对手挡在了门外。

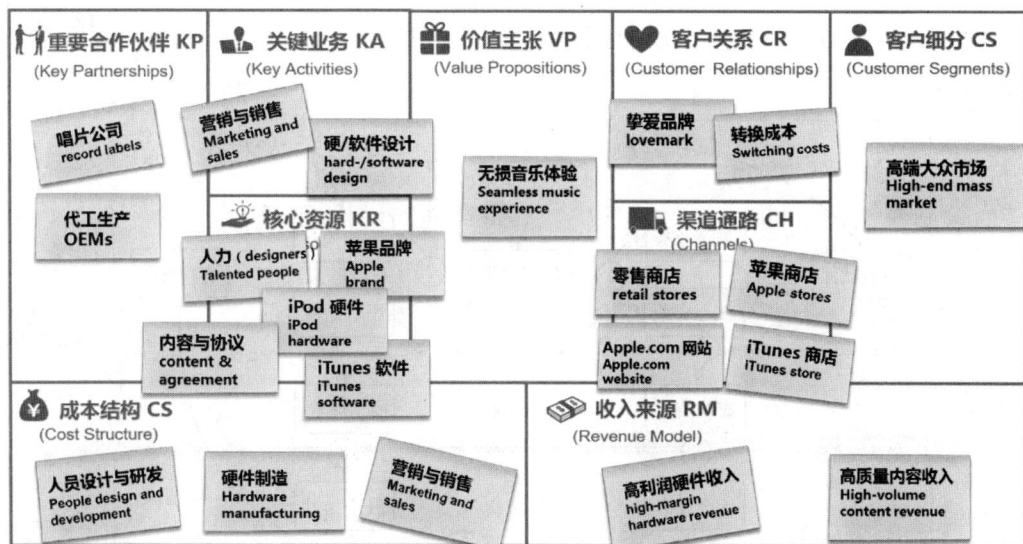

图 7.2　苹果 iPod/iTunes 商业模式

二、讲述商业模式

(一)市场驱动型的商业模式设计

以客户诉求为出发点，提炼客户诉求形成自己的价值主张，对现有的市场资源进行整合，形成创业产品，以满足客户的需求，见图7.3。

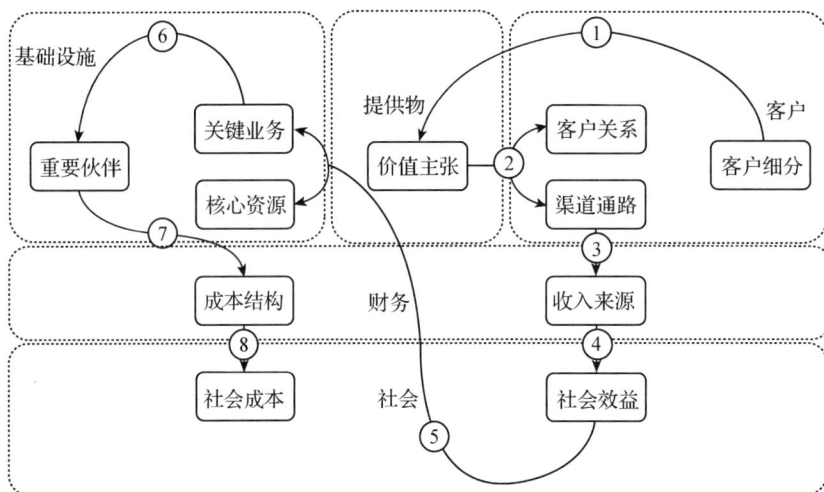

图7.3 市场驱动型商业模式

(二)技术驱动型的商业模式设计

以技术为核心，在市场上找到与之相匹配的应用场景，形成销售(应用)的"爆点"，见图7.4。

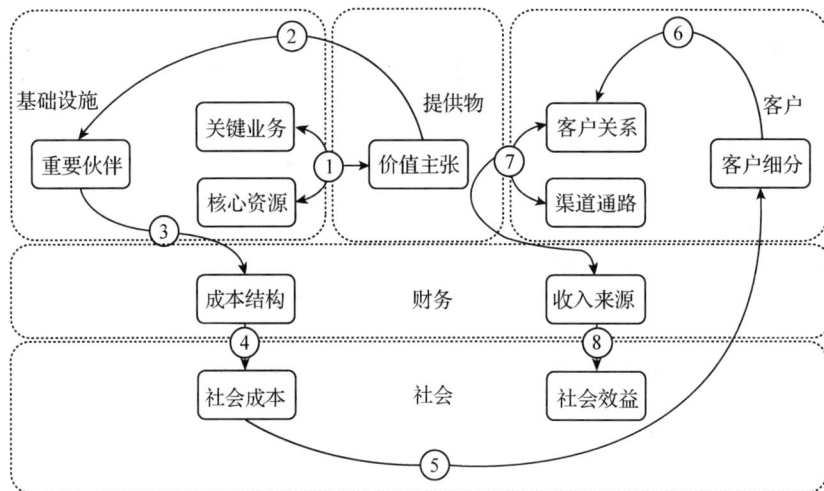

图7.4 技术驱动型商业模式

案例 1

技术驱动型的商业模式设计

第二届中国"互联网＋"大学生创新创业大赛金奖第 21 位：华中科技大学"慧淬：钢轨的延寿专家"。

轨道交通运输事业快速发展，养护技术却日渐成为阻碍铁路运输效能的重要因素，全国每年由于钢轨磨损而导致的直接经济损失超过 100 亿元。

为了提高钢轨的耐磨性，国内外做了大量相关研究，仍没有找到好的解决方案。

华中科技大学武汉光电国家实验室曾晓雁教授团队想到，是否能通过激光淬火的方法使钢轨的硬度和耐磨性大幅度提高呢？在曾晓雁教授的指导下，2005 年，专门为钢轨延寿的慧淬学生团队诞生了，该团队汇聚了材料、机械、电子、计算机和自动化等跨学科、跨专业的十多名研究生与工程技术人员。

十年磨一剑，从最初试验激光全面积淬火到尝试激光选区淬火，再到后来在国际上首次提出了高重频飞行激光扫描淬火技术，团队在大量实验探索的基础上，联合武汉铁路局工程技术人员进行长时间试验，在重重失败中看到了曙光。

学生负责人、2015 级博士生孟丽说，今天团队自主研发的"钢轨现场激光延寿系统"，集软硬件为一体，可为钢轨延寿维护提供整体解决方案，其技术国际领先，并搭载智能化系统，可使钢轨的全寿命周期延长十倍以上。此外，为了更大程度地提高加工效率，慧淬团队还研发了各种专业的辅助系统，如可快速判别钢轨类型，尽快进入加工状态，对加工过程中的温度及质量实时监测，并对不同类型钢轨的加工工艺及质量参数进行记录，从而逐步形成工业规范及标准。

2015 年上半年，钢轨延寿技术及其工业应用示范获得了国家科技部的重点研发计划支持。截至目前该项技术已获得九项国内外发明专利，并已成功在朔黄铁路货运重载线与武汉铁路局客运线路完成试点工程。武汉铁路局已和该团队签订长期合作协议。

案例 2

市场驱动型的商业模式设计

第二届中国"互联网＋"大学生创新创业大赛季军，北京大学"ofo 共享单车"。

"只是在人海中看了你一眼，那抹亮黄色就留在脑海，匆匆向你跑去，怕被他人抢了先。"在大学生买单车屡买屡丢、外出乘车不便无可奈何的今天，ofo 共享单车让我们眼前一亮。人们对便利的共享单车越来越熟悉也越来越认可，"小黄车"也成了人们对共享单车的亲切称呼。

ofo 共享单车，创立于 2014 年，是国内首家共享单车公司，首创无桩单车出行模式，致力于解决大学校园的出行问题。ofo 以"ofo 共享单车"为核心产品，基于移动 App 和职能硬件开发，是当时中国规模最大的校园交通代步解决方案，为广大高校师生提供便携经济、绿色低碳、更高效率的校园共享单车服务。同时也协助高效回收改造废旧自行车，解决"僵尸车"问题。

2016 年 10 月，第二届中国"互联网十"大学生创新创业全国总决赛上，ofo 共享单车从全国 2110 所大学、118804 个创业项目、545808 名大学生中脱颖而出，最终获得金奖，并受到了刘延东的接见。

ofo 创始人兼 CEO 戴威 2009 年进入北京大学光华管理学院金融系读本科，加入北京大学的第一个社团就是北京大学自行车协会，参加了自行车的拉练，从此就热爱上了骑行这项运动。在之后的生活中，他进行过若干次长途的骑行，超过两千公里的骑行也有过两次。后来，他成为一名重度骑行爱好者。攻读经济学硕士后，他和朋友开始酝酿一份"自行车的事业"，很快，ofo 骑游诞生——一个深度定制化骑行旅游项目。

现在，ofo 团队无疑是最受关注的创业队伍之一。最初，他们还是以"北大学生创业团队"的身份出现的。曾经，ofo 团队账面上只剩下 400 元，徘徊在失败的边缘，但 ofo 团队咬紧牙关坚持，最终还是挺了过去。

ofo 联合创始人张巳丁说："创业不看出身，我们不会强调自己的'大学生'身份。人们觉得大学生没有什么工作经验，心态并不成熟，很容易放弃。但是，大学生也有自己的优势。我们年轻、有行动力、有想法，也愿探索。"

如今，ofo 共享单车早已走出校园，成为大街小巷中不可或缺的一部分，而在 ofo 运营中，共享单车被私占、被损坏的问题尚未得到解决。不同阶段的困难，总以不同的面目出现。戴威认为，只要思想不滑坡，办法总比困难多。他相信，终有一天，ofo 会和谷歌一样，影响世界。

任务二
设计商业模式

🎯 任务说明

各组完成项目的商业模式设计。

一、讲授：商业模式模板

商业模式模板见图 7.5。

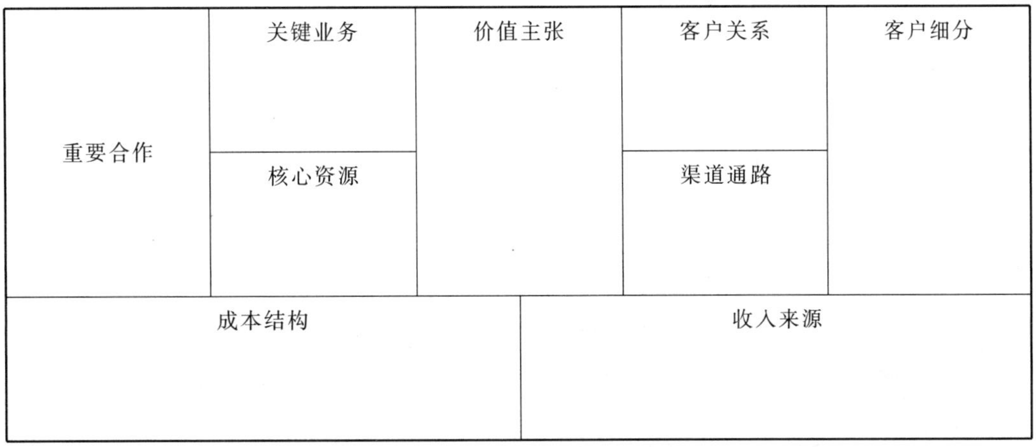

重要合作	关键业务	价值主张	客户关系	客户细分
	核心资源		渠道通路	
成本结构			收入来源	

图 7.5　商业模式模板

二、填充商业模式模板

请各组同学填充商业模式画布九个构造块的内容，并对本团队创业项目的商业模式进行设计。

项目八

写作商业计划书

成果期望

输出：商业计划书和阅读型商业计划 PPT。

所需物料

海报纸、便签、彩笔。

项目流程

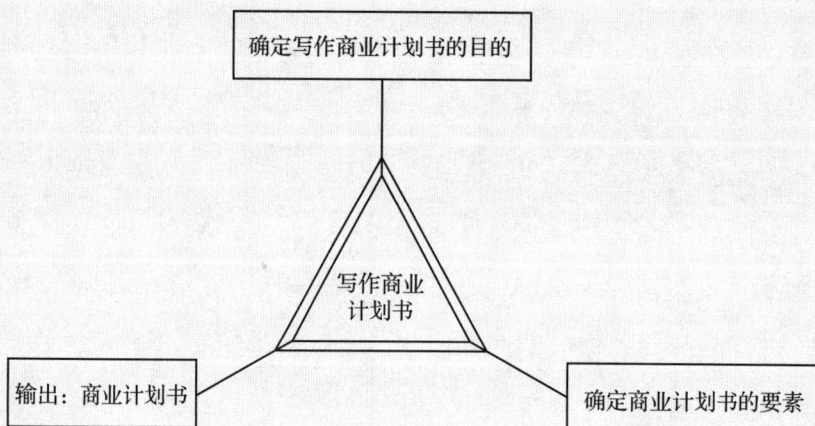

任务一
确定写作商业计划书的目的

任务说明

了解为什么要写商业计划书；商业计划与商业模式之间的联系；了解写商业计划的时机有哪些。

一、讲授：为什么要编制商业计划书

第一，用于融资，目的是说服投资人以获得投资。内容包括以下几方面。

①介绍企业的商业模式。

②澄清企业的投资价值。

③说明企业的发展规划。

④资金需求和资金缺口。

⑤融资资金用途及回报。

第二，用于经营，目的是指导创业团队运营企业。内容包括以下几方面。

①进行企业的发展规划。

②经营战略和关键人物。

③整体视角的资源部署。

④协调职能之间的配合。

⑤指导企业经营的开展。

第三，用于策划，目的是完善创意。内容包括以下几方面。

①展开所确定的商业模式。

②全面思考经营各方面。

③如何来开展各方面业务。

④各个方面是否协调。

⑤是否遗漏重要事项。

二、商业计划与商业模式之间的联系

商业模式是在市场竞争环境中明确如何使用各类资源、开展活动实现价值创造和增值的商业逻辑，即创造价值实现挣钱的途径与方法，核心问题是投入在哪里和产出在哪里。

商业计划的功能是明确创业的可行性，并以此作为与投资人沟通的工具。商业计划中要系统地回答与创业项目相关的各类基本问题。随着商业计划的实施，创业理想一步一步地成为现实。

商业计划是实现商业模式的行动计划，商业模式是商业计划的核心。

没有书面的商业计划也可进行创新创业，但具有商业计划的企业成功概率更大。

三、什么时候写商业计划

（一）仅有商业创意

只在头脑中有一个设想，尚无实际的创业动作时写商业计划。20世纪90年代末，美国硅谷涌动着汹涌澎湃的创业狂潮。凭借刚刚兴起的互联网技术，硅谷成为创业者的天堂。只要懂技术、有创业激情，在咖啡馆里与投资人谈上1小时，在餐巾纸上写下商业计划书，第二天资金就能到位。但是，在2000年3月到2002年10月，网络经济泡沫的破裂抹去了技术公司约5万亿美元的市值，从此仅有商业创意的创业者很难获得投资人的青睐。

（二）已组建团队

有些创业团队已完成产品规划（纸上谈兵，设想的细化），但无产品研发成果时写商业计划。这时候，投资人的投资是用来开展前期研发、将规划落地的，投资风险非常大，可能成功也可能失败。

（三）已有产品雏形

有创业团队，也有产品雏形时，由于具有可见到的产品雏形，为判断商业价值提供了依据，所以投资风险就小很多。投资人的投资是为了完成产品研发。

（四）已有研发产品

有创业团队，且已经有完善的产品研发，接下来就是要将产品放到客户市场上去做经营，用投资人的投资建立业务经营的运营体系，进行产品销售（服务提供），并通过市场检验来完善所研发的产品。

（五）已有销售收入

有创业团队且有产品销售收入时，由于已经有产品收入，已经有客户使用产品，投资风险又降低很多了，投资人的投资可用来做产品推广，以扩大市场占有率。

(六)已做到项目盈利

创业项目经营一段时间并实现盈利时，项目已经步入盈利阶段，投资风险已经很小。由于资金和品牌的限制，企业发展步伐受到制约，所以投资人的投资可用来扩大规模或研发新产品。

对照《教育部关于举办第三届中国"互联网＋"大学生创新创业大赛的通知》中对创意组的表述——"参赛项目具有较好的创意和较为成型的产品原型或服务模式"，可知创业营创意组的同学普遍在"已组建团队"和"已有产品雏形"阶段写商业计划书。创意组商业计划的重点在于商业创意，商业创意需要以原型产品(服务)来展示，这个用来展示商业创意的原型产品(服务)越完善，就越可能取得好的参赛成绩。

任务二
确定商业计划书的要素

任务说明

明确商业计划书的基本要求；明确商业计划书的核心内容；明确商业计划书的撰写原则；明确商业计划书的撰写技巧。

一、商业计划书的基本要求

(一)商业计划书的编写规范

一份有效的商业计划书，应该尽可能简短明了。商业计划书一般不要超过50页，而且要越短越好，商业计划书的主要目的是以清楚的方式解答新技术或产品开发的相关问题。阅读商业计划书的人经验丰富，很清楚如何识别商业计划书所涉及的核心问题。

商业计划书看上去应该像一份规范的商业文件，而不应使用太过艳丽的图例或过分夸张的文字描述。商业计划书是创业者留给风险投资家、银行家以及其他有可能给予新企业支持的人的第一印象，应该以十分认真、负责任的态度来编写，同时要睿智地展示新企业的价值和优势。

(二)商业计划书的基本要素

商业计划书的主要内容随撰写人或行业不同而有很大差异。尽管如此，人们普遍认为，商业计划书必须含有一些基本要素，以便于投资人及其他相关人员了解新企业的关键问题。

新产品(服务)的基本价值是什么，也就是说，为什么这是一个有价值的创业机会？(What?)

新产品(服务)要卖给谁？(Why now?)

如何开发、生产、销售新产品(服务)？应对现存和未来竞争的总体计划是什么？(How?)

创业者是谁？他们拥有开发创意并经营新企业所需的知识、经验和技能吗？(Who? Why you?)

如果商业计划书是用来筹资的，那么需要筹集多少资金，需要何种融资方式，资金如何使用？创业者和其他人如何实现投资收益？(How much?)

这些问题都是投资人最感兴趣的核心问题，也是创业者在创业过程中必须直面的问题。一份精心准备的商业计划书要回答以上所有问题，而且要以有序、简明、具有说服力的方式回答这些问题。要知道，风险投资家每年要看成百上千份商业计划书，但绝大多数商业计划书在几分钟内就被那些风险投资家给拒绝了。创业者要尽力做好这些最基础、最重要的事情，以确保商业计划书成为能得到风险投资家更多的眷顾。

二、商业计划书的核心内容

在编写商业计划书时应如何组织与上文提到的关键问题相关的所有信息呢？对此，目前还没有一个通用的内容结构。可以说，商业计划书各主要部分的顺序安排及其具体内容，应该由创意的性质以及创业者想在计划中尽力传达的信息决定。本文提供一个被许多商业计划书采用的基本框架，供学习者参考。

(一)执行摘要

执行摘要应对新企业的总体情况做出简短、清楚、具有说服力的概括。执行摘要是一种简短而热情洋溢的陈述，人们把它的作用比拟为"电梯演讲"，即要求在很短时间内激起别人的兴趣，并使他们的兴趣足够浓厚以至想知道更多的信息。也就是说，执行摘要应该对上述所有列出的关键问题给予简短回答，即说明本企业解决了什么问题，或者机会的优势在哪里，以及为什么可能会成功。篇幅一般控制在1～2页。

这一部分内容的撰写要求创业者深思熟虑，每句话甚至每个词都要传达丰富的信息，使读者对新企业有一个清晰的了解，还要传递创业者的激情。同时，要做到叙述简洁，避免长篇大论。优秀的执行摘要能在第一时间吸引别人的眼球，而粗糙的执行摘要一般不能简洁地说明企业的价值。

通常，应先完成商业计划书的其他部分，最后写执行摘要。

(二)新创意及产品的形成背景和企业目标

新创意及产品的形成背景和企业目标描述的是创意以及企业的当前状态。这部分内容应解释新产品提供了什么，即它为什么是独特和有价值的，是否具有产生利润的潜力。这就需要讨论企业所在行业的环境条件，因为这些环境条件显示出创意的价值。例如，如果创业者的创意是研发家用地毯的低碳新材料，那么就应该具体说明它的独特性，使得投资者相信投资这种产品会带来潜在的收益。

此外，还应该介绍公司的基本情况，即公司的法律形式、当前的所有权结构、公司目前的财务状况等。毕竟，没有人愿意向一个存在所有权纠纷或企业管理费用过高的新企业投资。

(三)市场和顾客分析

市场和顾客分析主要描述谁打算使用或购买新的产品(服务)，顾客为什么想使用或购买它。主要内容包括以下几方面。

第一，解释企业解决了什么问题，或者实现哪些未被满足的需求。例如，设计一种供老年人使用的简单手机，有较大的按键，而且有直拨键可拨给接线员。当然，清晰和简洁并不是不好，但根据经验，投资者更偏好具体化。

第二，说明存在适宜的目标市场。这不同于行业介绍，而是本企业选择的目标市场。例如，上面的例子只描述了手机的市场规模，这是不充分的，还应该说明老人对手机的特有需求以及社会老龄化情况等方面。

第三，说明现实顾客很可能花钱购买这种产品(服务)。

第四，设定基本的销售预期。多数情况下，商业计划书应该说明潜在的销售收入，这取决于详细的财务预算、竞争分析，以及获取潜在顾客的相关信息。

商业计划书的这部分内容应该表明，创业者已经为其产品(服务)认真地调查过潜在的市场，并且有证据显示，当这种产品上市时，会有消费者或其他企业购买它。当然，市场预期总是不确定的，甚至没有人确切地知道，消费者如何对新产品做出反应。但创业者至少应该尽最大努力查明人们为什么想购买或使用他们的产品。如果商业计划书只是假定新产品(服务)非常好，人们会排着长队竞相购买它，那么，对经验丰富的投资者来说，这却是一个响亮的警报，他们会很快失去兴趣。

(四)竞争者、竞争环境和竞争优势分析

竞争者、竞争环境和竞争优势分析摘述了有关现有竞争与如何应对的信息以及其他相关事项(这部分内容可以单独描述,也可以包含在市场营销之中)。一般来说,这部分内容应该提供如下内容。

第一,通过识别当前的竞争者、潜在进入者和评价竞争强度,来构建竞争优势。

第二,通过解释新产品(服务)的竞争与当前市场动态的匹配性,来展示管理团队的能力与知识。在这一过程中,存在两方面挑战。一是计划书必须说明在新企业在潜在顾客并未真实买单的情况下,如何有效竞争。二是在现有企业用现有产品构筑竞争屏障的情况下,如何参与竞争。

第三,说明此类机会足以创造近期或长期优势的核心特征。

基于上部分的市场分析,这一部分需要说明本企业与现有解决方案存在哪些差异。如果本行业存在大量竞争者,那么可以运用简单的列表比较产品(服务)之间的不同。但是,分析必须是客观的,包括准确评价企业的技术、运营能力与不足。对关键的竞争者和竞争技术进行简要的描述更能说明问题。

(五)开发、生产和选址

开发、生产和选址部分应该包括产品(服务)所处的开发阶段,如何开始实际生产并提供产品(服务),以及有关新企业坐落于何地的信息。如果企业运营的有关信息对理解企业做什么以及它为什么有巨大的经济潜力来说是重要因素的话,那么它也可能被包含在本部分当中。

在任何有效的商业计划书中,创业者必须认真解决产品开发和生产的问题。新企业的产品(服务)处于该过程的哪个阶段:仍处于待开发阶段,还是已被充分开发,正准备生产?如果正准备生产,那么预期成本以及制造产品(提供服务)的时间表是什么?

有时新产品的开发过程可能需要数月的时间和可观的费用。对于这些问题,初创企业进展得越深入,对潜在投资者越有吸引力。这不仅仅是因为公司的发展已经跨越了最初的开办阶段,还因为这表明公司的运营有效率并且合理。企业的每个环节都处于合理状态,才可以确保新企业快速向前发展。当然,只有时间才能具体回答这些问题。不管怎样,投资者一般都会在公司的商业计划书中寻找有关这些问题的信息,如果此类信息没有被包括在商业计划书中,或因范围太宽泛而没有信息价值,那么投资者将失去投资该企业的热情。

另外,如果企业的选址对于企业的生产和竞争有重要的影响,那么就应该提供相关信息。例如,对于餐饮等服务行业企业来说,选址就很重要。

(六)管理团队

管理团队部分描述新企业管理团队的经验、技能和知识，有关当前所有权的信息也要包括在内。

研究指出，许多投资人一般要先阅读计划书的这一部分。甚至有投资人说，宁愿投资具有二流创意的一流团队，也不愿投资具有一流创意的二流团队。尽管这有点夸张，风险投资家和其他投资人实际要关注许多不同问题，但以上陈述在很大程度上是真实的。实质上，主要意思就是新企业中能干的、有经验的、上进心强的高级管理人员对于企业的成功极其重要。

具体来说，本部分应该包括以下几方面内容。

第一，确定高层管理者和核心顾问，应该包括相关人员的简要经历及其证明。很多情况下，要以附录的形式提供1～2页的个人简历。

第二，识别管理团队能力的不足，应该包括企业是否以增加雇员的方式来弥补这些不足的有关信息。

第三，确定董事会成员(如果有的话)，并提供相关个人背景。

第四，确定积极支持企业发展的顾问。

尤其需要指出的是，对于大多数技术型创业来说，这一部分是对现实状况的直接描述。其管理团队一般由创业者、一两个顾问构成，有时候还包括第一批员工。这样做没有实质性的错误，但需要注意的是技术型新企业的优秀管理团队的特征：具备先前(最好是成功)创业经验、专职工作、具有处理特定行业市场和顾客事务的经验。

(七)财务计划和预期

财务计划和预期部分提供有关公司当前财务状况的信息，并预期未来需求、收入和其他财务指标，包括需要资金的数量、什么时候需要、如何使用以及现金流、盈亏平衡分析等。

本部分应该为潜在投资者提供一份清晰的规划蓝图，即新企业将如何使用其已经拥有的、持续经营所得的以及投资者所提供的资源向财务目标迈进。具体内容包括以下几方面。

首先，应该提供新企业拥有的资产和负债等方面的评估。这些信息概括在预编资产负债表中，以表明未来不同时期的公司财务状况；在最初三年内，这些信息应以半年为周期进行预期。预编资产负债表可以显示权益负债率、营运资金、存货周期率和其他财务指标是否在可接受的限度内，可以证明对公司的初始和未来的投资是否合理。

其次，用预编收入表说明基于损益的预期运营成果。这张预编收入表要记录销售额、销货成本、费用、利润或亏损，并应该认真考虑销售预测、生产成本、广告成本、分销和储存成本与管理费用。简而言之，创业者应该提供运营结果的合理规划。

再次，现金流量表也应该按未来一定年限来准备，表明预期现金流入、流出的数量和时间安排。通过突出某一时期的预期销售额和成本费用，这种现金流预测强调了进一步融资的需求和时机以及对营运资金的需求。

最后，盈亏平衡分析说明了为补偿所有成本所需的销售水平，应该包括随生产量发生变化的成本（制造、劳动力、原材料、销售额）以及不随生产量变化的成本（利息，工资、租金等）。

多数情况下，开发以上财务数据报表能帮助管理者思考影响销售和成本的关键要素。需要指出的是，对多数处于初期发展阶段的企业来说，详细的资金预算也许比形式上的财务计划更有价值，因为它显示了业务发展的现金需要（对处于研发阶段的业务来说现金需要取决于关键事件），而不是预测业务的营利性（这也许是极度乐观的）。由于现金流分析更多反映的是现金周期的波动（取决于销售及其运营），而不是开发周期的波动（取决于研发及其运营），因此现金流分析对于处于初期发展阶段的企业并不是很适用。另外，现金流分析还可能造成对现金需要的保守估计，因为创业者一般都会低估成本而高估收入。

对种子期高科技新企业来说更是如此。当一家拥有技术许可和一些初始创意的新企业寻求资金支持时，多数投资人不需要其未来3年营业收入的财务计划。此时最重要的财务要素有两个。一是做出未来（通常8个月至16个月）实现两三项关键指标的预算。二是如果业务成功，做出长期潜在的收入。这些数据反映了种子期投资人所关注的核心问题，也就是保证企业存活下来直至创造价值需要多少钱，以及因承担风险将获得多大的利益回报。

（八）风险因素

风险因素部分讨论新企业将面临的各种风险，以及管理团队防范风险所采取的措施和步骤。商业计划书除了预测新企业良好发展的一面，还要充分考虑发展的不利因素，或是新产品开发中容易出现错误的地方。实质上，当危机真正出现时，承认危机是面对问题并勇敢解决问题的第一步。可能的风险有以下几种。

第一，不愿向新企业"俯首称臣"的竞争对手所进行的削价。

第二，使新企业产品/服务的吸引力降低或销量减少的不能预见的产业动向。

第三，由于各种原因没有完成销售计划，因而减少了现金流量。

第四，超过预期的设计、制造或运输成本。

第五，产品开发或生产进度安排没能按期完成。

第六，由于高层管理团队缺乏经验而引起的问题，如缺乏与供应商或顾客进行合同谈判以争取有利条款的能力。

第七，在获取零件或原材料方面，比预期的前置时间长。

第八，在获得额外且必需的融资方面遇到困难。

第九，不可预测的政治、经济、社会、技术趋势或发展。

(九)收获与退出

如果公司获得成功，投资者将如何取得收益，如公司在何时以何种方式上市。

任何新企业发展到一定阶段，都存在创业者与投资人的退出及投资回报问题。这部分需要描述创业者如何被取代，以及投资者退出战略，即他们如何收获新企业带来的利益。例如，出售业务、与其他企业合并、IPO(Initial Public Offerings，首次公开募股，简称IPO)或者其他重新募集资金的方式，使其所有者和投资人有机会将先前的投资变现。

(十)时间表和里程碑

时间表和里程碑部分包括新企业的每个阶段将在何时完成的信息，如开始生产、初次销售、突破盈亏平衡点等。本部分可以是独立的，在适当的情况下，也可以包含在其他部分中。

正文的最后部分应该说明主要活动何时实施、关键里程何时达到。对投资者而言，这部分表明创业者的确仔细关注了企业的运营，并且已经为企业的未来发展制订了清晰的计划，具体内容如下。

第一，新企业的正式组建(如果这还没有发生)。

第二，完成产品(服务)设计。

第三，完成产品原型。

第四，雇用最初的员工(销售人员或其他)。

第五，在贸易展览会上做产品展示。

第六，与分销商和供应商达成协议。

第七，进入实际生产。

第八，收到首个订单。

第九，初次销售与交付。

第十，盈利。

当然，这只是新企业可以包括在商业计划书内的众多里程碑的一小部分。重要的是，要选择那些从企业资源及所在产业角度看都有意义的里程碑。

(十一)附录

附录部分应提供详细的财务信息以及高层管理团队成员的个人简历。

商业计划书正文应该相对简短，足以说明所有重要信息即可，因此许多项目最好包含在单独的附录部分。典型项目有详细的财务规划以及创建者与高层管理团队其他成员的完整简历等。

三、商业计划书的撰写原则

一份优秀的商业计划书的确需要花费创业者很多时间和精力。但是，由于它是潜在投资人接触新企业项目的第一步，因此值得努力去做好。

每一份计划书都是唯一的，关键在于把"故事"讲明白，即简洁有效地描述新产品的创新性和价值以及创业团队的商业热情。

撰写商业计划书的一个重要目的就是募集风险投资，风险投资家评价商业计划的原则是创业者需要重点了解的一个问题。

(一)商业计划书必须一开始就吸引人

风险投资家和其他潜在资金提供者富有远见，而且经验丰富。他们往往会迅速做出投资决策，而且很少出现逆转情况。这就意味着，如果创业者想成功，那么商业计划书必须一开始就吸引人，并且能一直吸引他们。

执行摘要是商业计划书的第一部分，从某种程度上说，也是最重要的部分。商业计划书要想吸引人，摘要内容必须能够睿智地说明企业的价值，即独特资源将创造竞争优势等问题。具体来说，这一部分要做到既能够传达创业者高涨的创业热情，又能充分展示新企业创意的价值以及创业团队的素养。

(二)管理团队和市场机会的价值是两个关键要素

调查表明，投资人相信管理团队以及市场机会是两个关键的投资标准。这并不是说产品特征、财务预期等不重要，而是在评估商业计划书的过程中，投资人注重对各项要素间复杂的关系进行考察。有时候，由于管理团队或市场机会存在明显问题，甚至会在对产品和技术本身评价之前，而停止某项投资交易。

也就是说，新机会创意的质量、创业者及其素养才是至关重要的。如果创意不合理或没有什么经济上的潜力，那么不管商业计划书表面看来写得多么精彩、多么有说服力，有经验的投资者都会立刻识别出来。所以，在决定投入大量时间和精力去准备一份令人印象深刻的商业计划书之前，创业者首先要获得有关新企业创意的反馈。如果创意本身价值不大，那么创业者应立即停止，因为继续下去肯定是在浪费时间。同样重要的是，创意及其开发必须与创业者或团队的追求和能力相匹配。

(三)商业计划书要体现真实性

商业计划书本质上是创业者将创业意愿及创意转化为盈利事业的一种规划。不可否认，人们本来就不可能完全预知未来，而且快速变化、不确定性很强的新技术和市场更容易受到信息获取的限制。但是，即使创业活动面临很大不确定性，创业者也应该努力确保计划书信息的相对真实性。

真实性指市场预测必须建立在对目标市场的现有信息进行分析的基础上。当然，现实情况是许多早期发展起来的技术型企业最终定位了完全不同的市场。但是，我们需要把当前能够获得的真实信息记录下来，同时时刻保持对环境变化的警觉。如果目标市场非常不确定，创业者应该直接说明这一不确定性。这就是睿智的投资家总是更愿意投资可靠的、具有竞争力的团体的理由，因为他们能够及时识别正确市场中的正确产品，不管计划书中事先是如何写的。具体来说，商业计划的真实性表现在以下四个方面。

1. 顾客分析的真实性

创业者应尽力根据潜在的顾客反馈的信息来撰写计划书。一家新企业还没有确定目标顾客，这很正常。而如果企业从未尝试获取潜在顾客的反馈信息，那么这是不应该的。人们往往把这一过程与"市场研究"混淆。市场研究指对市场规模大小的分析，而顾客研究则是对顾客的真正需求是什么以及特定的产品(服务)能否满足对这些需求的分析。

我们之前学习的用户研究方法、制作用户画像等工作的相关数据可以呈现在计划书的这一部分。

2. 市场分析的真实性

对一项新奇的、具有市场变革意义的新技术进行市场分析存在很大难度。创业者往往相信未证明的市场，投资人却确信创业者对事情的预测过度乐观。持有怀疑态度的投资人从来都不会相信创业者对市场的预测，无论提供多少研究的细节。真实性的市场分析应恰当描述市场规模，以帮助投资人进行相关决策。

3. 竞争者分析的真实性

竞争者分析一般会面临这样的困境。一是现有竞争者不可能与新技术进行竞争。二是由于保密或规避竞争的原因，真正的竞争者不可能很容易地被识别出来。可是，优秀的商业计划应既要识别明显的竞争者，又要识别潜在的竞争者。这样做的好处在于提醒创业者不应该开发存在过度竞争的机会或市场，同时使投资者相信创业者为评估竞争环境做出了相应努力。

快速识别竞争者的过程分三步。第一，利用搜索引擎搜索特定产品（服务）关键词；第二，利用国家专利数据库搜索相关专利；第三，与著名的行业顾问进行探讨。

4. 收入计划的真实性

在商业计划书中经常会发现这样的描述：根据××，××市场规模是××元；如果我们能够捕捉到5％的市场，那么我们的年收入是××亿元。

这种分析一方面忽视了把技术投放市场的定价因素，同时还回避了顾客购买决策是如何做出的、为什么5％的顾客会转向接受新技术等重要问题。试问，如果创业技术比其他现有技术有更多优势，那么企业为什么不努力拥有50％或者75％的市场份额呢？

一种有效评估需求的方法叫"自下而上"的方法。这种方法首先识别具体的可能接受新技术的顾客，叫作"早期接受者"。一些情况下，用这种方法可以给出基于当前市场评估的价格范围和顾客目标数量。可见，顾客研究是合理信息的起点。建立在潜在顾客信息基础上的收入计划要好于基于市场分析的计划。了解顾客如何购买产品是进行合理收入规划的第一步。

四、商业计划书的撰写技巧

根据以上撰写原则，为了使商业计划书脱颖而出，并最终获得风险投资者的青睐，创业者应认真做到以下三点。第一，确保新企业创业的价值性，并拥有高素质的管理团队。第二，认真负责、睿智地按适当的商务格式进行计划书的准备和编排。第三，撰写简洁且论之有据的执行摘要，既要充分描述创业热情，又不失规划的真实性。

除了遵循一定的撰写原则外，还要掌握一些撰写的技巧，具体表现在以下三个方面。

（一）结构体例方面

一般来说，商业计划书的结构和体例相对固定。尽管对此没有硬性规定，但创业者不要单纯为了创新而偏离一般的结构和格式。同时，又不能直接套用一些商业计划书软件包所提供的样板文件，即便这样的确能够使计划书显得专业化。计划书必须基于特定市场调研数据和事实来撰写，以充分表明新企业的可预测性以及创业者的激情。

计划书的印制也需要努力做到更好，看上去比较讲究，同时又不要给人浮华、浪费的印象。计划书可以采用透明的封面和封底做包装，不要过度使用文字处理工具，如粗体字、斜体字、字体大小和颜色等，否则会使计划书显得不够专业。而一些体例上的细节却可以显示你的细心。例如，如果企业有设计精美的徽标，应该把它放在计划书的封面和每一页的页眉上，一些图表颜色与徽标的匹配设计，也会充分显示你的用心，同时容易吸引眼球，给投资人留下深刻的印象。

按照上文提到的计划书一般格式逐项检查商业计划书，不能有任何遗漏和错误。比如，有些商业计划书竟然在封面上漏掉了联系方式，或是缺封面页，或是有明显的排印错误。这样的小疏漏会使投资人认为创业者是粗心的、不负责任的、准备不充分的，进而影响其投资决策。

还需要注意的是，市场驱动型的商业模式一般先展示趋势研究和用户研究的成果，技术驱动的商业模式一般先展示专利技术、专家团队等。

(二)内容设计与组织方面

根据之前"商业计划书的撰写原则"中提到的真实性的撰写原则，计划书内容的应建立在市场调研或其他间接来源的真实数据的基础上。因而，在撰写正文的过程中，可以先撰写顾客和市场分析这一部分，再结合企业发展目标辨析产品开发以及财务等信息。在实践中，创业者经常在财务部分花费大部分时间，描述详细的财务计划，恰恰忽略了市场调研，这是不可取的。

计划书的内容撰写体现为一种过程，随着撰写工作的深入，创业者能够获取的新市场、潜在顾客等相关信息越来越多、越来越具体，这时候计划书也要做出相应调整。甚至在掌握越来越多的相关信息后，创业者个人目标的追求也会随之改变，这些都会影响企业所有权方式、销售预期、盈利预期以及融资方式等方面的决策。所以，计划书的内容设计是动态的过程，随时都需要进行调整。因此，在这一过程中，需要以坦诚的态度、开放的心态，不断修改、完善计划书。

获取与计划书相关的信息的方式有很多，但针对新奇的市场和技术，没有现成的行业信息时，就需要花费精力和时间进行市场调研。

另外，在内容设计与信息组织过程中需要多考虑投资人的看法与感受，毕竟计划书在反映实际情况的同时还需要说服别人。尤其是高科技企业制订财务计划时要表达一种"有益于投资人"的良好态度，即表明企业理论上具有创造 10 倍甚至 30 倍回报的潜力。例如，内部投资报酬率分析表明，国外风险投资一般寻求的是 4~6 年内成长为年收入为 5000 万美元企业的投资机会。许多商业计划书一般都标明第五年的营业收入将达到 5000 万~1 亿美元，这也就不奇怪了。

戴维·罗斯和纽约天使联盟天使投资的最终结果及所做出的估测，如表 8.1 所示。

表 8.1　常见的天使退出情形及各自发生概率

最终结果	百分比(%)
倒闭	50.0
出售给大企业	20.0

最终结果	百分比(%)
人才并购	15.0
变成"行尸走肉"式的公司	7.0
与竞争对手实现软着陆	3.0
被后续投资人买断	2.0
被享受创业的创业者买断	1.0
成为收购集团的一部分	1.0
消失	0.9
公开上市(IPO)	0.1

投资人的一般投资预期：假设平均持有时间为 6 年，目标 IRR(投资期间每一年的收益率)是 25%，6 年后所有投入资金应该获得 3.8 倍回报。

实际情况是，纽约天使联盟统计数据：投资 10 家公司，6 年后：

5 家公司 0 倍回报：[1/10×5×0]＝0(整体天使投资的 0)

2 家公司 1 倍回报：[1/10×2×1]＝0.2(整体天使投资的 0.2)

2 家公司 3 倍回报：[1/10×2×3]＝0.6(整体天使投资的 0.6)

3.8－(0＋0.2＋0.6)＝3.0

这就意味着，最后一家公司需要实现 10 家公司全部初始投资额 3 倍的回报。因为这家公司本身只获得了全部初始投资额十分之一的投资，通过计算发现，为了获得整体投资组合 25% 的目标内部收益率，这家唯一的公司需要实现 30 倍的投资回报率。但投资人无法提前得知哪家公司能够成为"这家"公司。那么原则就是投资组合中的这 10 家初创公司中的任何一家，都必须在理论上至少有可能带来 30 倍的回报。

(三)细节处理方面

计划书内容需要尽全力规避不该有的错误，无论商业计划书的其他部分有多好，都必须绝对避免这些使计划书注定被拒绝的错误。哪怕创业者只犯了一个错误，都会降低从老练的投资者那里获得帮助的可能性。表 8.2 列举了商业计划书不应该出现的错误。

表 8.2　商业计划书中的典型错误及其分析

错误	分析
摘要太长而且松散，未能说准要点	简明扼要又全面
没有清楚回答人们为什么想购买这种产品	只说产品有价值，却忽视了潜在顾客的调研

错误	分析
没有对管理团队资格给予清晰的陈述	管理团队的个人简历需用附录具体说明，否则投资人会认为管理团队没有经验
过于乐观的财务预期	盲目乐观会失去可信度，需根据实际调研做出合理预期
界定的市场规模过于宽泛	企业的市场规模应是目标市场，而不是产业市场
隐藏、回避不足与风险	投资人会认为计划不够深入
没有清晰回答产品所处的阶段	说明产品开发工作要么没有真正开展，要么不具有合理性
认为没有竞争者	说明缺乏深入、认真的市场测研
任何形式上的错误	排版、语句错误以及资产负债表的不平衡等

任务三
输出：商业计划书

🎯 任务说明

使用商业计划书模板，各组完成商业计划书。

一、商业计划书模板

<u>　　　　　　　　　　　　　　　</u>项目商业计划书

负责人：<u>　　　　　　　　　　</u>

日期：2017 年 11 月 21 日

目录

一、项目概述

二、项目创意

三、盈利模式

四、融资方案

五、市场方案

六、创业团队

七、竞争分析

八、营销策略

九、可行性分析

十、项目附件

二、实做：各组完成商业计划书

第一，完成商业计划书后上传至云端。

第二，制作阅读型商业计划PPT上传至云端。（可选）

项目九

项目路演

成果期望

1. 输出：项目路演 PPT。
2. 输出：一分钟项目展示视频。
3. 输出：项目路演准备方案。

所需物料

海报纸、便签、彩笔。

项目流程

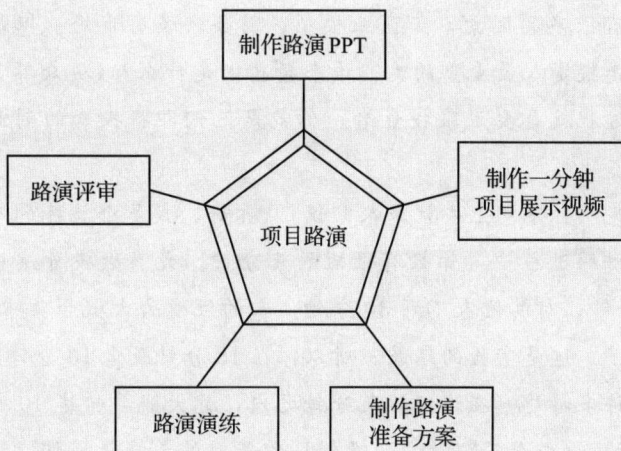

任务一
制作路演 PPT

🎯 任务说明

认识路演形式，呈现路演 PPT 的要点；路演 PPT 的主要内容；路演 PPT 的排版格式。

阅读：戴维·罗斯（David S. Rose）TED 演讲《怎么说服风险投资者》文字版。

戴维·罗斯是全球最活跃的天使投资人之一，名副其实的"天使教父"。他被《福布斯》（Forbes）评为"纽约超级天使"，被《商业周刊》评为"全球最成功企业家"，被《红鲱鱼》评为"硅巷元老"。他在 TED 大会做的关于如何获得天使投资的演讲被无数创业者视作融资指南。他在 20 多年的天使投资生涯中创立和投资过 90 多家高科技公司，其中许多获得了极大的成功。他是国际初创公司融资服务平台 GUST 的创始人及 CEO，他还是纽约天使联盟的创始人及荣誉主席。他还创办了美国奇点大学"金融、创业及经济学"项目。奇点大学由谷歌和美国国家航空航天局联合创立，旨在推动科技迅猛发展，并培养未来科技界领军人才。

早上好，我叫戴维·罗斯。我以前是个连续创业者，后来变成了连续投资者。我用 PPT 做演讲、集资，我利用 PPT 从风险投资者那儿，集过千万美金。当我变成了一个投资人之后，我自己监督了对多个公司的千万美金的投资。他们也是用 PPT 演讲来说服我给他们投资的。我想，这些可以让我自信地说："我对集资还是有一点了解的"。

你第一个要明白的问题就是当你去给投资人展示你的商业计划的时候，他们最想要的是什么。当然有很多的因素，如商业模型、财务，还有市场。但是，在所有你要做的事中，哪一样是投资人最看重的呢？谁来猜猜，是什么？（观众答"人！"）没错，其实整个集资演讲的过程就是要说服投资者，你就是他们即将投资的创业者，会帮助他们赚到更多的利益。

你怎么能做到呢？你不能上去就跟人家说："你好，我是个特棒的人，在我这儿投资吧。"在你集资演讲的过程中，你只有很短的几分钟。大多数投资演讲的时间，对创投天使大概是 15 分钟，对其他人不到 30 分钟。人的注意力大概会集中 18 分钟，然后集中力就开始下降了。这是实验的结果。所以，在 18 分钟或者 10 分钟，甚至在 5 分钟之内，你必须传达许多特质。在这短短几分钟之内，你大概要传达 10 个特质。那么哪一条信息是最重要的？（观众答"诚信！"）没错！你是对的，就是诚信。这是最重要的一点。我更愿意投资给——或者说在一个诚信的人身上下注。而不是一个让我怀疑他的动机，或者有小动作的人。所以最重要的就是诚信。

那么除了诚信，第二重要的是什么？（观众答"自信！"）很接近了！是激情。创业者的定义就是要抛弃其他东西，开始一个新的世界，而且会把自己的心血倾注到这个新世界中的人。所以你一定要传递激情。如果你对你自己的公司都没有激情，那么其他人怎么会对它有热情？如果你对自己的公司都没有激情，那么别人怎么会给你的公司投资？所以，诚信和激情是最重要的两点。

之后你还需要做许多其他事情，去完善和充实你要传递给投资人的整体形象和经验。你要能告诉他们，"我之前干过这个"。这代表了你曾经试过创业、创造价值，并且从头坚持到尾。这就是为什么投资人喜欢投资给连续创业者。因为即使你第一次没有成功，你也已经从失败中学到了经验，这些经验在你第二次创业时会很有用。

同时，除了开过公司的经验外，其他的经验也有帮助，如学校中的社团组织或者非营利机构。但是他们想看到一些组织经验。下一个就是知识。如果你要画出人类基因的图谱，那么你最好要知道基因是什么东西。我的意思是，你要有专业知识。我不想看到有人说，"嘿，我有个特别好的主意，但是我对它一点也不了解，我不知道我的竞争者，我不了解市场是什么样的"。你要了解你的市场，你要了解你的领域。

你要有运营一个公司的所有能力。这些能力包括了技术能力——如果是科技公司的话，还有市场营销、管理，等等。那么还需要其他什么呢？领导力。你要能说服投资人，你或者你的团队拥有了所有这些技能。你要有感染力，还有管理的方式能让人们跟随你的领导，鼓舞、激励他们成为你团队的一部分。但做好了这些后，投资者还想知道什么呢？他要知道你能坚持你的承诺，你会从开始坚持到最后。你会让投资者的钱周转，你会用它们挣更多的钱。投资者不想投资在一位一碰到危机就逃跑的人身上。因为没有什么事情是一直顺利的。从来没有一个被投资的公司是一帆风顺的。所以投资者想要承诺坚持到最后。

你还要有视野。你要能看到你公司前面的方向。我不想看到一个"我也是"的产品，而是可以改变世界的产品。当然，这要建立在现实的基础上。你要明白，尽管改变世界是很美好的事，但那并不常常发生。在你改变世界之前，总会有各种难题。而你要能解决这些难题。你要有理性的计划。

最后，你要能听别人的指导。投资者要知道你有聆听别人的能力。他们都有很多经验——这些投资人都有很多经验，他们想要知道：你想听、想学这些经验。

那么，你怎么能够在10分钟里传递这10件事，又不至于说太多话呢？你不能说，"嘿，我很诚实，给我投资吧！"你要在整个演说过程中不露声色地来传达这些信息。要把你的演说当成一个时间轴。它从你进门的那一刻开始。他们在这一刻之前对你一无所知。你要带动他们的情绪——所有的演说，所有的销售演讲，都要带动人们的情绪。

你走进门。你要做的第一件事情就是要让你的演讲快速升温。你大概有 10 秒到 30 秒的时间来吸引投资人的注意力。以我为例："我投资过。我用集资演说得到上千万的投资，我也投资过上千万的资金。"就像这样，让你有个成功的开始。这可以是一个出其不意的情况，或者是一个故事，一个经历。不管是什么，你从一开始就要抓住他们的情绪，让注意力集中到你身上。你要把情绪调动得更高涨，直到最后。最后，你要拉他们进来，不能让他们在安坐一旁。你要把他们的情绪调动到他们想马上给你写张支票，在你离开之前把钱给你的程度。

怎么做到这一点？首先，要有合理的发展。任何时候你后退，或者是跳过什么步骤——就像你走到一个楼梯，发现有些台阶不见了，或者是台阶的高度不一样，你要停下来，搞明白这是怎么回事，你需要一个合理的递进。从告诉他们你的市场开始。你为什么要创业。你要告诉他们你会怎么做，你要做什么。从头到尾都要很流畅。

你要让我知道这些是可信的。你要把你所要做的和外界联系起来。例如，如果你提到我听说过的公司，或者是你的公司的基本要点的话，我就想更多地了解他们，如销售情况、一些奖项。或者，有别人做过相似的事情，或者是你的测试版反响很好。无论什么，我需要证明。证明不只是你告诉投资者你能成功，而是其他人或者是其他事证明你说得有道理。再有，因为投资者在考虑你是否有前景，你需要有可信的前景。这包括两个部分。一是要有前景，二是要可信。前景是如果你告诉投资者你要在 5 年挣 100 万，这不是真的前景。你说你能一年挣 10 亿，这让投资者无法相信，所以它需要有两个部分。

另外，有许多东西会给你"泼冷水"，影响你的情绪。你要能从这些东西中恢复过来。例如，"我们没有竞争对手，从来没有人做过类似东西"。当你告诉投资者这句话的一刹那，投资者对你说的所有话就开始有疑问了。投资者的任何疑问，都会让这个演讲不流畅。你要像教小学生一样，让一切都可以很容易地被理解，但是又没有居高临下的态度。这很难做好。但是如果你做到了，你就会很成功。任何前后不搭的观念都会造成负面影响。如果你告诉投资者 X、Y、Z 的销售额是 1000 万，下一页或者 5 页后变成了 500 万。也许一个是总销售额，一个是纯利润，但是我想知道这些数据是前后合理的。最后，任何错误，如一个错字、一个低级错误、一条放错位置的线，都让投资者觉得你连演讲都做不好，怎么能打理好一个公司呢？所以这些全都很有关系。

那么，最好的学习方法就是看看成功的人，看看别人是怎么做的。乔布斯就是演讲者的极致。个子不高，便装，在一个空旷的舞台上。你会集中在哪里？集中在他身上！这就是乔布斯。

所以，你知道，我们钟爱的长长的要点、列表等很糟糕。要简短一些。但是其实，更好的是没有要点。给投资者标题就好了。但是，乔布斯用多少要点或者标题？基本没有。那么你该怎么办？最棒的办法是用图片。一张简单的图片。你看一眼图片，看完后，整理思绪，转回来注意到投资者。

让我们来总结一下你演讲中的要点。首先，你一开场时，不要使用过长的标题，也不要说一堆废话，如"我给谁演讲""在哪一天"等。投资者不需要这些。他只需要你公司的标志就够了。他看一眼标志，把它记在脑子里，然后他就转向你，注意力集中在你身上。你要用15秒到30秒的介绍来抓住投资者的注意力。然后，你就要简短地介绍公司概况了。用不了5分钟，只要两句话，就好像拼图游戏盒子上的整体图一样，让投资者立刻知道你公司的背景，也让他对你将要演讲的内容有所准备，让他可以把之后的信息和你已经告诉他的联系起来。

然后，你要向投资者介绍你的管理团队。如果你有过经验和做过类似的事情，这会给你们加分。然后投资者会想了解市场。为什么市场的长期前景值得投资。他想了解你的产品，那非常重要。但是这不是一个产品推销演讲，他也不想对你的产品有从里到外的深入理解，他只想知道它到底是什么。如果是一个网站，展示给他你的网站截图，但是不要做现场演示。你可以做录制好的演示，只要让他了解人们为什么会买它就好。

然后，投资者想知道你怎么用它赚钱。卖掉X个商品，你可以赚到Y，你要提供Z服务。投资者要了解你的商业模型，在单件产品的层面上，或者在你销售的实际产品的基础上。投资者想知道你把东西卖给谁，你的客户群是谁。他也想知道你有没有任何可以对你有特别帮助的关系。例如，你有没有分发渠道，或者是生产合作伙伴。这些告诉投资者，你的公司不仅仅是一个小小的公司。

同时，所有人都有竞争者。竞争者甚至也包括旧的做事方法。投资者要准确地知道你的竞争者是谁，那会帮助投资者判断你的运作模式是不是与你的市场相符。投资者还想知道你的竞争优势是什么。

如果我知道了你的竞争者如何运作，你怎么阻止你的竞争者来分食你的"午餐"。然后这一切都联系到财务纵览。你必须要有财务情况，否则你根本无法集资。投资者想知道你过去一两年甚至三年的情况。三年，投资者也想知道三到五年之后。五年可能太多，四年比较合理。投资者想知道，你在产品层面的商业模型如何转化成一个公司模型。你能卖掉多少商品，你能从每个商品中挣到多少。投资者想知道盈利驱动力是什么。例如，我们今年有1000个客户，明年有10000个，我们的收入会如何增长，等等。这些让投资者了解到投资之后几年的蓝图。投资者想知道他的投入怎么能帮助你实现这些目标，例如，你要开个工厂，你要把它们花费在市场和销售上，或者你要去塔希提岛(Tahiti)。

然后就到了开口要钱的时候了。就是你想从我这里融资多少。如果你要融资500万，那么公司的估价是多少？截至目前都有谁投资了？投资者希望你自己投了。因为他是跟着你的。如果你自己都不投，投资者会不会投？所以他希望知道你的朋友、家人或者天使投资等其他的投资人是否投过了，你目前的资产结构是什么样的。最后，你做完了这一切，告诉了投资者所有的事情，你就要回到总结，一切都是向上的、积极的。你说的一切都让他感到一拍即合，一切都很合理。

然后你再重新展示你的标志，仅仅是你的商标。在这个投资演讲过程中，你怎么能记住这个顺序呢？投资者是背对着屏幕的，他那里有台笔记本，你看着投资者，他看着电脑。他看的是幻灯片的特殊版本，它让投资者能看到之前和之后的幻灯片。PPT 都有这个功能，出厂的时候就有。如果你用苹果电脑的 Keynote 软件，它的演示功能还要更好。还有一个软件叫 Ovation。

现在我总结为以下几点。第一，使用演讲模式，或者 Ovation、Presenter Tools——它们使你清楚地知道你在做什么。它帮助你调整自己的速度，给你提供时间，所以我们会在正点结束。第二，使用遥控器。第三，讲义不是你的演讲。如果你听从了我的意见，你会有个很成功的演讲，有力地传递你是谁，同时还会调动人的情感。它和讲义不一样。你需要有一个详细的讲义，因为你不在的时候，人们可以看讲义来了解你的公司。第四，不要阅读你的演讲。最重要的演讲技巧：永远也不要盯着屏幕。因为你在和你的听众建立一种联系，你要保持这种一对一的联系。屏幕应该在你身后出现，补充你的演讲，而不是替代你。这就是怎么做集资演讲。

一、讲授：认识创业项目路演

路演指在公共场所进行演说、演示产品、推介理念，及向他人推广自己的公司、团体、产品、想法的一种方式。

初创企业路演的目标是将初创企业股权卖给投资人，签订股权投资协议。

项目路演是一场商业表演，创业者讲故事给投资人听，描述未来情景，引起投资人的兴趣，引发投资人的共鸣，获得与投资人继续深入接触的机会。项目路演的目的是销售公司的股权，创业者想让投资人相信这些股权未来会带来可观的回报。项目路演要让投资人相信，这个团队是脚踏实地、认真做事情的团队，这个创业项目选定的领域和价值主张是可信的。

一个好的创业路演通常具有以下优点。

(一)开篇主题清晰

项目路演 PPT 的第一页，一定要清晰地表达出项目的主题与项目的特色，让人过目不忘，印象深刻。好的开始是成功的一半，这句话也适合项目路演。

(二)模式定位精准

在 5~10 分钟内,要将一个主题讲解清楚,一定要精准定位。好的商业模式,一定是可以在 1 分钟内说清的模式,一定是发现了一个没有被满足的细分需求的模式,一定是清晰目标客户是谁的模式,一定是有满足目标客户需求的模式,一定是一个可以获取良好社会价值与商业价值的模式。

好的商业模式包括以下几点。我发现了一个没有被满足的需求;我做了一个什么产品解决了这个问题;解决的问题带来了什么价值;为什么只有我们能做成;如果你支持我,未来我会给你带来什么回报。

(三)逻辑清晰合理

好的创业项目的商业逻辑一定是闭环的。对于 5~10 分钟的路演项目,逻辑不能混乱,逻辑不能复杂,逻辑不能嵌套。

(四)内容充实丰富

在符合前三者的情况下,路演文件的内容要丰富。需要注意的是,丰富的内容不是现场都要讲的,但是评委会在听的过程中获取更多的视觉信息。PPT 的视觉内容可以进一步加深评委对项目的了解与认知。

(五)形式专业规范

要充分运用好视频、PPT、现场产品演示等不同呈现形式的优势,要让每个呈现形式都精益求精;同时做好不同呈现形式的合理组合,以达到最好的效果。

(六)结尾用心有力

一个好的呈现,人们在记住高潮的同时,一定会记住结尾。所以,一个体现项目目标、愿景、情怀的结尾,会产生"余音绕梁"的效果。

二、讲授:路演 PPT 要呈现的内容

呈现路演 PPT 要遵循 3C 原则:清晰(Clear),简洁(Concise),能激发兴趣(Compelling)。

呈现路演 PPT 的逻辑框架如下。

第一,讲清楚自己要做什么——创始人名称、身份,项目名称,解决的是什么问题(直奔痛点,客户有哪些痛点),目标客户是哪些。(What?)

讲清楚自己准备干一件什么事。要做的事应该是一两句话就能说清楚的。这里的核心是要突出专注，表明自己就想做一件事，而且就想解决这件事中的某一个关键问题。项目不要追求大而全。

第二，讲清楚行业背景、市场现状——市场规模、未来发展趋势的判断，为什么现在解决。（Why now？）

要说明自己在正确的时间做正确的事，而且市场空间大。市场大，不代表有需求。要描述在目前的市场背景下，自己的项目抓住了用户的痛点，或者自己的项目可以为用户带来更高性价比的产品（服务）。尽量列出与竞争对手的对比分析，表明当前的商业机会。

第三，讲清楚如何做以及现状——商业模式实现的具体方案。（How？）

如何解决这个问题。

推出什么产品（服务）［产品形态，可有产品（服务）的图片说明］，如何使用产品（服务）来解决这些问题；有什么样的应用效果。

运营计划、产品（服务）开发计划、营销策略。

描述这个项目是如何实施的，以及最终达成的效果。

第四，讲清楚团队分工——团队成员简介（与项目有关的经历）、业务分工；天使投资人、外部顾问等。（Who？）

团队要有合理的分工，还需要介绍团队主要成员的背景和特长，强调个人的能力适合该岗位，团队组合适合创业项目。

第五，讲清楚团队的优势——为什么能解决这个问题（差异化优势，创新点，竞争态势，资源能力），目前做了哪些事情、有哪些成果，如市场研究、产品规划等。（Why you？）

第六，讲清楚财务预测和投资计划——如何来赚钱（收入来源），为什么能赚钱，融资用途，融资之后在半年或一年之后能实现什么样的业务目标。（How much？）

讲清楚目前的财务情况，以及今后一段时间财务预测。

最好能够展示出项目的高增长性。

第七，结束页——公司 LOGO＋愿景＋目标，联系方式（手机、二维码、公司地址、网络地址），结束语（期待与什么人一起干什么事）。

最后一页不要用来"感谢"，而要升华整个项目的主题。

三、讲授：路演 PPT 的排版建议

第一，字体够大，最后一排也能看清楚，标题、正文用字体、字号区分开。

第二，字数够少，避免大段文字堆砌，每页不超过 6 行文字，重点文字突出。

第三，主题明确，每张 PPT 体现一个主题，文字描述、案例、数据、图片等支持主题，与主题保持一致。

第四，内容简洁，重点要突出，主次要分明，每页传达 3～5 条信息就好，不超过 6 条。

第五，效果直观，多用图形，少用文字；使用有质量的照片、图胜于表格，表格胜于文字。

第六，层次清楚，符合听众的思维逻辑与习惯；排版清晰明了。

第七，颜色对比，反差越大越好，每张 PPT 不超过 3 种颜色。

四、讲授：经典排版四原则

(一)亲密原则

亲密原则指设计者根据需要把某些相关元素放在一起，目的是使结构更加清晰。

亲密意味着存在关联。读者会自然而然地认为那些距离较近的内容属于一个整体，同样也会认为那些距离较远的内容之间没有什么联系。要有意识地注意你是怎样阅读的，你的视线怎样移动：从哪里开始，沿着怎样的路线，到哪里结束，读完之后接下来看哪里。整个过程应当是一个合理的过程，有确定的开始，有确定的结束。所以，亲密性的目的是实现条理性和组织性，使页面更容易阅读，更容易被记住。

可以微微眯起眼睛，根据你的眼睛停顿的次数来数一数页面上有多少个元素，斟酌这些元素是否可以归在一组建立更近的亲密性，使之成为一个视觉单元。如果亲密性设计做得足够好，那么页面上也就有了足够的"留白"。亲密性页面做得不好，往往会让读者有"喘不过气"的感觉，见图 9.1。

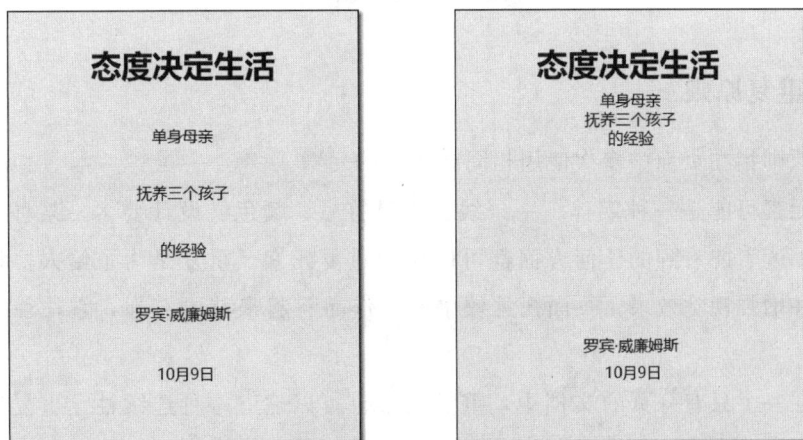

图 9.1　亲密原则图示

(二)对齐原则

我们的眼睛喜欢看到有序的事物,这会给人一种平静、安全的感觉,此外也有助于表达信息。

对齐原则指任何元素都不能在页面上随意摆放,每一项都应当与页面上的某个内容存在某种视觉联系。

对齐的根本目的是使页面统一而且有条理。各元素就好像被无形的线条贯穿在一起。版面设计最大的忌讳就是出现孤立的、没有关联的元素。

避免使用多种文本对齐的方式,尽量避免居中对齐,因为左对齐或右对齐会让使文本联系在一起的那条看不见的线更明确,使文本看起来更清晰,效果更分明。如果刻意想要一种正式、稳重的感觉(当然也比较乏味),那么可以用居中对齐。

页面上只使用一种文本对齐:所有文本左对齐,或右对齐,或者全部居中,见图9.2。

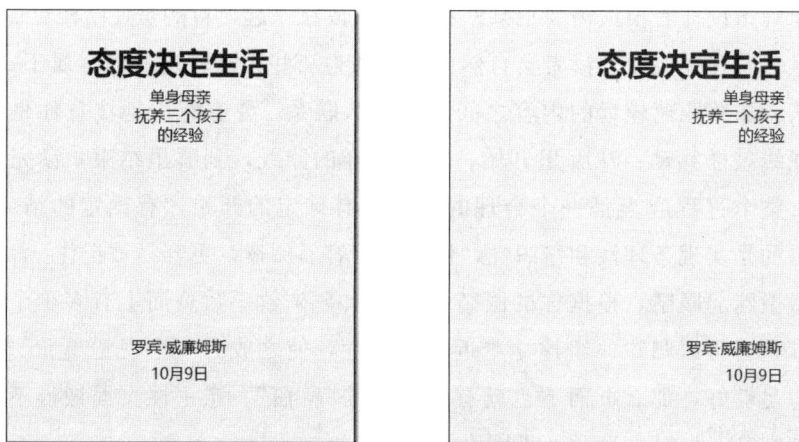

图 9.2　对齐原则图示

(三)重复原则

重复原则指在页面中多次使用相同或相近的元素。

重复元素可能是一种字体、一条线、项目符号、颜色、设计要素、某种格式、空间关系等。读者能看到的任何方面都可以作为重复元素。重复是为了给人协调和统一的感觉,并增强视觉效果。页面视觉效果好,作品看起来就更有趣,它往往也更易于阅读。

即使在一个只有一页的文档中,重复元素也可以建立一种连续性。重复还会为你的作品带来一种专业性和权威性,因为重复显然是一种经过深思熟虑的设计决策。

要避免过多地重复一个元素,太多的重复将混淆重点,或者说,太多的重复违背了"对比原则",见图9.3。

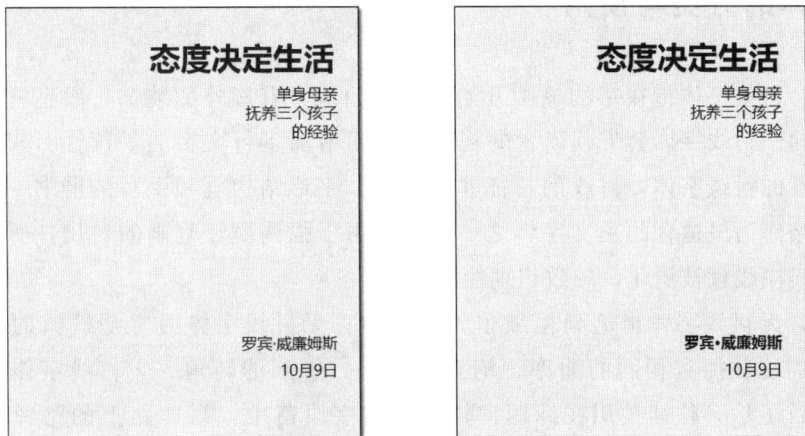

图 9.3　重复原则图示

(四)对比原则

对比原则指突出事物的不同之处。对比能吸引眼球,在增强页面效果的同时,有助于信息的组织。

如果两个项目不完全相同,就应当使之截然不同。如果两个元素存在某种不同,但差别不是很大,那么这样的效果并不是对比,而是冲突。例如,不要将棕色和黑色进行对比,不要将0.5的线宽和1.0的线宽进行对比。

几乎所有的设计元素都能成为对比的对象。例如,大字体与小字体的对比,雅黑字体(无衬线字体)和宋体(衬线字体)的对比,冷色与暖色的对比,字体加粗或倾斜或加下划线的对比,间隔很宽的文本段和紧凑在一起的文本行的对比,等等。见图9.4。

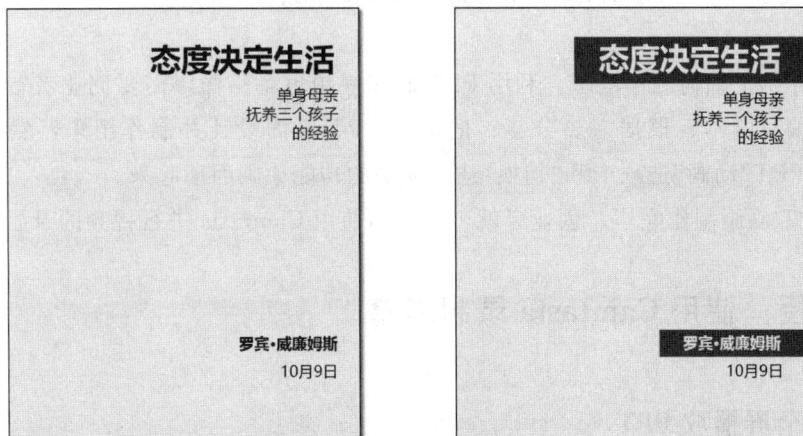

图 9.4　对比原则图示

五、字体的分类与使用

第一，衬线字体指在字的笔画开始、结束的地方有额外的装饰，而且笔画的粗细会有所不同。衬线字体会带领读者的视线，从而增加多行文字的易读性。宋体，就是一种最标准的衬线字体，衬线的特征非常明显。字形结构也和手写的楷书一致。因此宋体一直被作为最适合的正文字体之一。不过由于强调横竖笔画的对比，所以在远处观看的时候横线就被弱化，导致识别性的下降。

第二，无衬线字体指笔画粗细单一的字体。无衬线字体通常是机械的和统一线条的，它们往往拥有相同的曲率、笔直的线条、锐利的转角。无衬线字体显示少量文字时一目了然，往往被用在标题、较短的文字段落中。高速路上的路牌就是典型的例子。

任务二
制作一分钟项目展示视频

🎯 任务说明

介绍如何使用录屏软件 Camtasia 9 配合 PPT 制作展示视频，学生也可使用其他方式制作自己项目的展示视频。

一、讲授：制作用来录制视频的 PPT 文件

前文介绍了如何制作漫画。利用 PPT 制作视频也是一样，需要创业者首先确定视频内容、编写剧本、根据需要分镜、把每张 PPT 页面设计并制作出来，然后发挥创意，利用 PPT"动画"选项卡和"切换"选项卡中的功能让画面动起来。

当 PPT 动画制作完毕，创业者就可以开始使用 Camtasia 进行视频的录制了。

二、讲授：使用 Camtasia 录制屏幕

(一)全屏播放 PPT

切换至 PPT，按下 F5 播放 PPT。

(二)录制屏幕

切换至 Camtasia,单击工具面板顶部的"记录"(Record)按钮,准备开始录制屏幕,如图 9.5所示。

图 9.5　"准备录制"的操作图示

(三)设置录制选项

第一,选择录制全屏,或选择一个自定义的屏幕局部区域进行录制。

第二,选择录制屏幕时的其他输入设备。选项包括电脑摄像头、麦克风音频和系统音频。点击向下箭头或每个箭头旁边的双箭头选择一个特定的麦克风或摄像头。

第三,点击"rec"按钮开始进行屏幕录制,见图 9.6。

图 9.6　"设置录制选项"的操作图示

(四)录制 PPT 动画

Camtasia 在倒计时 3 秒之后开始屏幕录制,此时创业者可以手动操作 PPT 播放,同时可以输入系统音频,如背景音乐,还可以使用麦克风输入语音的同步解说。当然,创业者也可以在后期制作时插入另外录制好的音频文件来达到同样的效果。

(五)结束屏幕录制

当创业者完成录制后,点击任务栏中的 Camtasia 的图标,然后点击"停止"(Pause)按钮。如果需要重新录制,请选择"删除"(Delete)以重新启动,如图 9.7 所示。

更加快捷的操作是按下"F10"键停止录制,或按下"F9"键暂停或恢复录制。

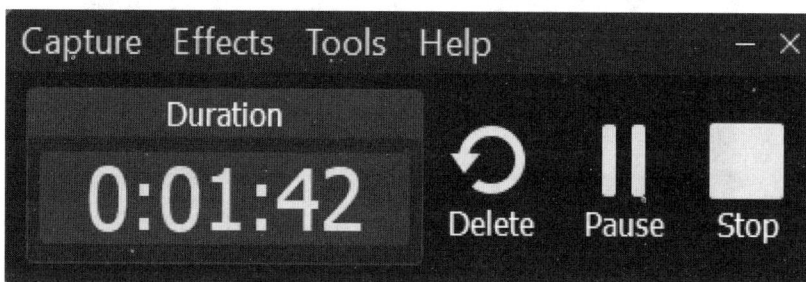

图 9.7 "结束录制"的操作图示

(六)剪掉错误的片段

第一,通常创业者在录屏的开头和结尾会录制一些额外的内容。要删除额外的内容,请拖动剪辑的开头和结尾。如果剪掉了太多,那么创业者可以拖回剪辑来恢复,如图 9.8 所示。

注意:在时间轴上进行的任何编辑都不会影响到录制的原始内容。

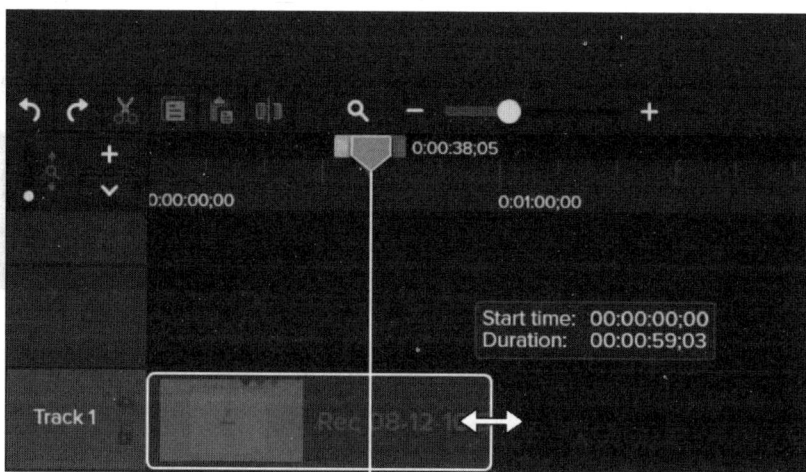

图 9.8 "拖动剪辑"的操作图示

第二,拖动手柄上的播放键来选择要删除的区域,然后单击剪切按钮删除这一部分。之后一条缝合线就会出现,向创业者展示视频切割的位置,如图 9.9 所示。

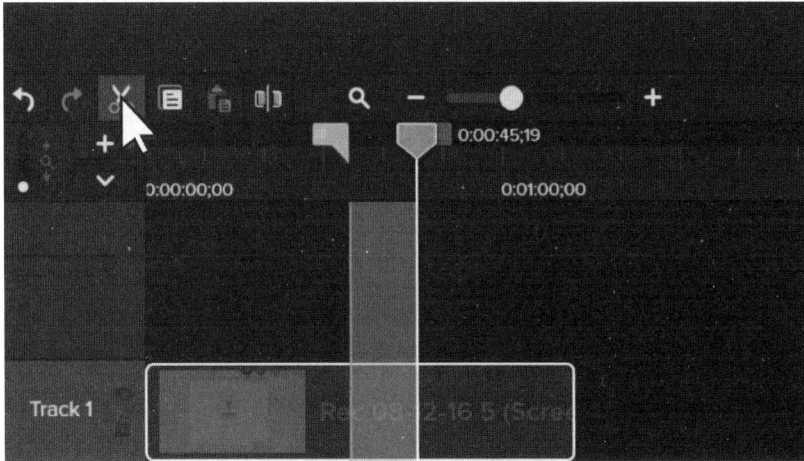

图 9.9　"删除"的操作图示

(七)添加标题、注释、效果和其他

为视频添加一个高水平的标识，包括醒目的标题、注解、效果等。单击并将它们从工具面板拖动到时间线或画布上，如图 9.10 所示。

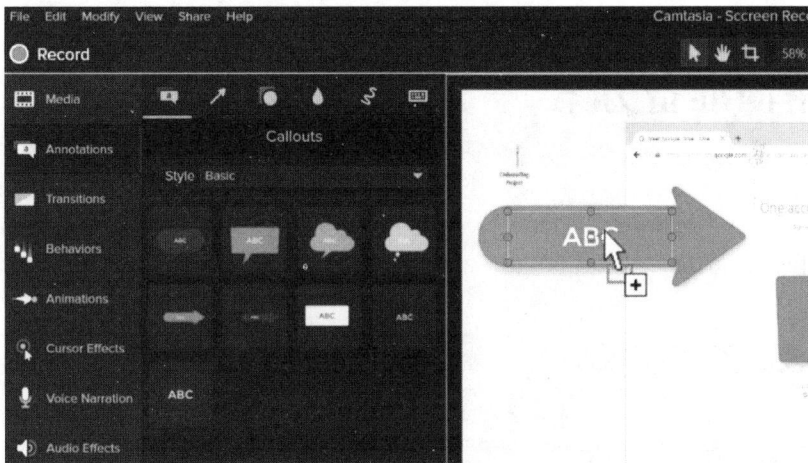

图 9.10　"添加标识"的操作图示

(八)导出视频与分享视频

当创业者准备导出或共享你的视频时，单击编辑器右上角的共享按钮，然后选择一个"目的地"。为了得到参赛需要的最终视频展示文件，选择导出至"本地文件"，见图 9.11。

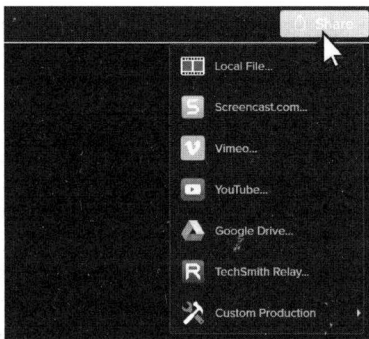

图9.11 "导出视频文件"的操作图示

三、实做：制作项目的一分钟展示视频

只要能达到预期的最佳效果，不限软件和工具。注意视频时长不要超过大赛规定的一分钟。

任务三
制作路演准备方案

任务说明

输出团队的路演准备方案。

一、讲授：路演模板

路演模板见表9.1。

表 9.1 路演模板

时间安排	整体时间_____分钟			"装备"准备			
时间段	核心内容	表达方式	备注	服装	发饰	道具	其他
				内容自查表			备注

续表

			1. 阐述用户痛点	
			2. 行业背景、市场现状	
			3. 如何做，以及现状	
			4. 团队分工	
			5. 团队优势	
			6. 财务预测和融资计划	

二、实做：输出路演准备方案

第一，填充路演模板。

①检查团队的路演 PPT 完成内容自查表。

②完成路演时间安排计划。

③列出路演"装备"准备清单。

第二，路演准备方案整体完成后上传至云端。

任务四
路演演练

🎯 **任务说明**

学习如何做路演演讲；了解路演答辩策略；做好面对路演结果的心理准备；进行路演实战。

一、讲授：如何讲路演 PPT

要把握好不受打扰的 5～10 分钟的路演。路演是否能够成功，70%取决于此，而这又是创业者能够拥有主动权的环节。注意不要超时，不要带提词卡，不要做成演讲比赛，不要过度紧张，要看评委的眼睛，不要将后背留给评委，具体细节如下。

(一)良好的精气神，展示你的热情

路演前保证充足的休息，才能呈现饱满的精神状态。另外，在重要路演场合，适

当的化妆也可以提升镜头前的精神状态。

（二）充满自信心

如果演讲人不够自信，那怎么能要求投资人投资呢？投资人往往不了解技术细节，不太了解产品，他们下结论很大程度上取决于你是否对自己的产品有自信，要不断催眠自己一定能成功，将信心传递给投资人。

（三）与听众有"情感链接"

可以是场景描述，也可以是互动，最重要的是要投入其中，将听众带入创业者营造的情境里。如果怕冷场或者可能的技术故障，创业者可以预想几个可能的尴尬场景，抛出预想的段子，化解尴尬，缓和气氛。

（四）面对投资人"说"，而不是"念"

永远不要盯着屏幕，屏幕应该只是演讲人身后的提纲。演讲时语言要有起伏、有情感、有停顿，如果担心"背不出"，那么创业者可以准备一些小的笔记在手上。

（五）注意语速

大部分人都不是天生的演讲家，但是控制语速能让你的讲解更清晰。讲的慢一些不容易犯错。如果创业者感觉自己的语速很慢，那么通常对听众来说语速恰到好处。

（六）用故事叙述

把复杂的问题简单化，不要把问题说得太抽象，要用翔实的数据、具体的事例和故事进行讲述，展示清晰的故事叙述能力。

（七）清晰的演讲逻辑

项目演示的逻辑、结构不清晰、重点不突出，都难以打动投资人。创业者可以在脑海中规划自己的演讲地图，找到关键点。把演讲结构弄清楚，思路和脉络自然就清晰了。这样既可以克服忘词的恐惧，也利于听众理解。

（八）反复演练你的演讲，控制时间

激情、气场、语速、语调、手势等基础演讲技巧要多练习，把演讲内容烂熟于心。在自己的团队面前进行试讲，让团队帮自己计时，反馈演讲效果并及时改进。

(九)想办法让投资人记住你

投资人听了太多的展示演讲，无法一一记住。创业者可以用一句足够吸引人的口号、句子或观点，并在展示过程中多次提及，让投资人牢记，给他们留下印象，创业者就成功了一半。

(十)重视最后的提问环节

路演结束时，如果有点评环节，那么创业者要认真倾听投资人提出的项目改进意见(要避免与投资人抗辩)，尽量给对方留下良好的印象。创业者在回答投资人问题时，应避免犹豫、迟疑等现象发生。要提前准备好评委可能提出的各种问题，如如何打开产品市场、市场定位、其他竞争者之间的区别、团队的稳定如何保证、融资的目的、企业的上下游关系如何等。当然，重要的问题应在路演讲述中重点描述。回答问题要简捷，要通过回答问题解决评委的困惑，让评委相信。考虑到评委的互相影响，尽可能不要出现被评委的提问难倒的情况，尤其是被多数评委质疑，那么这个路演失败的概率很大。

阅读：路演答辩策略

准备充分的演讲者不会背诵成百上千个可能问题的答案，相反，他们会为各类问题准备答案。这种方法叫作"桶装法"。在任何一种可能遇到尖锐提问的场合，如演讲、产品发布会、电话销售、听证会、答记者问等，都可以用这种方法进行准备。

第一，准备一些可能被问及的最常见的问题。

第二，把这些问题放进一个"桶"里，即归类。

第三，为一个类型的问题准备一个最精彩的回答。

第四，仔细听问题，抓住关键词，确定应该从哪个"桶"里找答案。

第五，直视提问者(评审)的眼睛，自信地回答。

二、讲授：路演呈现的可能结果

(一)评价不好，无后续行动

评价为什么不好，投资人通常会给出原因，要认真听取投资人给出的意见和问题，有不明白的可向其澄清。此时，创业者应感谢投资人给予的机会，承认是自己的项目存在不足，后续将进行改进，并希望以后能有合作的机会。

(二)评价很好，无后续行动

评价很好，但是无后续进一步接触的信号，表明自己的项目可能不是对方的投资领域，也就是说，他们不是自己的客户。此时，创业者应感谢投资人给予的机会，感谢投资人给予的评价和鼓励，并希望以后能有合作机会。

(三)评价很好，有后续行动

评价很好，有后续进一步交流的意向，可主动询问后续沟通的时间安排，并做好相应准备。此时，创业者应感谢投资人给予的机会，感谢投资人给予的评价和鼓励，表示非常珍惜这次合作机会。

无论投资人的意见和看法如何，创业者应体现出诚恳、认真的态度和专业的个人素质。投资圈子不大，投资人会持续跟踪所接触过的项目，今天的评价不好或没动作不等于以后他们对此没兴趣。对于学生参加大赛，一个项目今年作为创意组参赛，很可能第二年有了新进展，又作为成长组参赛；或者这个团队今年带着一个项目参赛。明年又带着另一个项目参赛。如果创业者第一年给评审留下了非常好的印象，那么今后再参赛就会有额外的优势。

三、实做：路演演练

使用团队的路演 PPT 草稿或默认路演 PPT 框架，使用话筒和 PPT 翻阅器进行路演演练。

任务五
路演评审

🎯 任务说明

学习中国"互联网＋"大学生创新创业大赛创意组评审要点；评审各组项目的路演表现，取优秀项目选送校赛；收取各组创业计划书、路演 PPT 和一分钟视频存档。

一、阅读：路演评分表

路演评分表见表 9.2。

表 9.2

评审要点	评审内容	分值	
创新性 （总分 40）	突出原始创意的价值，不鼓励模仿	差	4
		及格	8
		中	12
		良	16
		优	20
	强调利用互联网技术、方法和思维在销售、研发、生产、物流、信息、人力、管理等方面寻求突破和创新	差	4
		及格	8
		中	12
		良	16
		优	20
团队情况 （总分 30）	管理团队各成员的教育和工作背景、擅长领域是否与项目匹配	差	1
		及格	2
		中	3
		良	4
		优	5
	成员的分工明确、业务互补、价值观一致	差	1
		及格	2
		中	3
		良	4
		优	5
	团队是否具有实现这种突破的具体方案和可能的资源基础	差	4
		及格	8
		中	12
		良	16
		优	20

评审要点	评审内容	分值	
商业性 （总分25）	机会识别与利用可行、竞争与合作可行、技术基础可行、产品（服务）设计可行、资金及人员需求可行、现行法律法规限制可行（此部分可行性评估通过，才进行以下商业模式和调查研究的评估）	可行	×1
		不可行	×0
	商业模式设计完整并可行，盈利能力推导过程合理	差	2
		及格	4
		中	6
		良	8
		优	10
	在调查研究方面，考察行业调查研究程度，项目市场、技术等调查工作是否形成一手资料，不鼓励文献调查，强调田野调查和实际操作检验	差	3
		及格	6
		中	9
		良	12
		优	15
带动就业前景 （5分）	综合考察项目发展战略和规模扩张策略的合理性和可行性，预判项目可能带动社会就业的能力	差	1
		及格	2
		中	3
		良	4
		优	5

总计得分	一组	二组	三组	四组	五组	六组	七组	八组

二、请各组按顺序上台路演，限时

评审可分别请各组安排一名同学担任。路演小组将项目资料——路演PPT、一分钟视频——拷贝至教师电脑。

三、路　演

第一，播放一分钟视频。

第二，进行演讲。

四、评审提问

注意：评审提问环节也要限时。

五、下一个项目路演

在项目路演进行的同时，助教组计算上一组评审的平均分，作为该组最终的路演评分。

六、公布全部成绩

公布成绩的同时，助教组备份全部项目的路演文档。

参考文献

[1]埃里克·莱斯. 精益创业[M]. 吴彤, 译. 北京: 中信出版社, 2012.

[2]艾·里斯, 杰克·特劳特. 定位[M]. 谢伟山, 苑爱东, 译. 北京: 机械工业出版社, 2011.

[3]比尔·莱尔斯顿, 伊汉·威尔逊. 情景规划的18步方法[M]. 齐家才, 译. 北京: 机械工业出版社, 2009.

[4]布莱恩·科恩, 约翰·卡多尔. 天使投资人的忠告[M]. 郑磊, 张平平, 译. 北京: 机械工业出版社, 2014.

[5]布鲁斯·R. 巴林杰. 创业计划书: 从创意到方案[M]. 陈忠卫, 等, 译. 北京: 机械工业出版社, 2016.

[6]戴维·罗斯. 超级天使投资: 捕捉未来商业机会的行动指南[M]. 杜曙光, 尚孟生, 译. 北京: 中国人民大学出版社, 2015.

[7]共青团中央, 中华全国青年联合会, 等. 大学生KAB创业基础[M]. 北京: 高等教育出版社, 2015.

[8]杰弗里·摩尔. 跨越鸿沟[M]. 赵娅, 译. 北京: 机械工业出版社, 2013.

[9]杰奎琳·贝克利, 杜尔塞·帕雷德斯, 等. 产品经理创新手册: 从消费者洞察到产品研发[M]. 吴彤, 王竹, 译. 北京: 人民邮电出版社, 2017.

[10]卡尔T. 乌利齐, 史蒂文D. 埃平格. 产品设计与开发[M]. 杨青, 吕佳芮, 等, 译. 北京: 机械工业出版社, 2018.

[11]卡迈恩·加洛. 乔布斯的魔力演讲[M]. 葛志福, 译. 北京: 中信出版社, 2011.

[12]麦茨·林德格伦, 汉斯·班德霍尔德. 情景规划[M]. 郭小英, 郭金林, 译. 北京: 经济管理出版社, 2011.

[13]穆德, 亚尔. 赢在用户: Web人物角色创建和应用实践指南[M]. 范晓燕, 译. 北京: 机械工业出版社, 2007.

[14]史蒂文·海恩斯. 产品经理装备书[M]. 余锋, 等, 译. 北京: 机械工业出版社, 2017.

[15]苏杰. 人人都是产品经理: 写给产品新人[M]. 北京: 电子工业出版社, 2017.

[16]苏杰. 人人都是产品经理2.0: 写给泛产品经理[M]. 北京: 电子工业出版社, 2017.

[17]王明伟．商业预测：构建企业的未来竞争力[M]．北京：机械工业出版社，2017．

[18]项目管理协会．项目管理知识体系指南（PMBOK®指南）[M]．卢有杰，王勇，译．北京：电子工业出版社，2005．

[19]亚历山大·奥斯特瓦德，伊夫·皮尼厄，等．价值主张设计[M]．余锋，曾建新，等，译．北京：机械工业出版社，2016．

[20]亚历山大·奥斯特瓦德，伊夫·皮尼厄．商业模式新生代[M]．王帅，毛心宇，等，译．北京：机械工业出版社，2011．

[21]野中郁次郎，竹内弘高．创造知识的企业：日美企业持续创新的动力[M]．李萌，高飞，译．北京：知识产权出版社，2006．

[22]竹内弘高，野中郁次郎．知识创造的螺旋：知识管理理论与案例研究[M]．李萌，译．北京：知识产权出版社，2006．

[23]宋博，陈晨．情景规划方法的理论探源、行动框架及其应用意义——探索超越"工具理性"的战略规划决策平台[J]．城市规划学刊，2013(5)．

[24]中华人民共和国教育部．教育部关于举办第四届中国"互联网＋"大学生创新创业大赛的通知[EB/OL]．(2018-03-09)[2018-06-03]．http：//www．moe．gov．cn/src-site/A08/s5672/201803/t20180309_329447．html．

[25]ASH MAURYA．精益创业实战[M]．张玳，译．北京：人民邮电出版社，2011．

[26]KEVIN CHENG．以图代言：用漫画讲述产品故事[M]．江业华，译．武汉：华中科技大学出版社，2015．

[27]MARTY CAGAN．启示录：打造用户喜爱的产品[M]．七印部落，译．武汉：华中科技大学出版社，2011．

[28]NATHAN FURR，PAUL AHLSTROM．有的放矢：NISI 创业指南[M]．七印部落，译．武汉：华中科技大学出版社，2014．

[29]ROBIN WILLIAMS．写给大家看的设计书[M]．苏金国，刘亮，译．北京：人民邮电出版社，2009．

[30]STEVE MULDER，ZIV YAAR．赢在用户：Web 人物角色创建和应用实践指南[M]．范晓燕，译．北京：机械工业出版社，2007．

附录：第三届中国"互联网+"大学生创新创业大赛部分项目案例

资料来源："光明校园传媒"微信公众号：icampusdream

光明校园传媒是由光明日报立项，教育部批准设立的第一家校园专属媒体。

1. 尚观科技：打造畜牧业智能化管理系统

在第三届中国"互联网+"大学生创新创业大赛上，来自宁波大学的"尚观科技：打造畜牧业智能化管理系统"荣获金奖，该项目指导老师俞金波、沈妍伶和张海华获得"优秀创新创业导师奖"。该项目介绍如下。

如何给牛羊一张身份证？这是此次宁波大学获金奖的"尚观科技：打造畜牧业智能化管理系统"项目回答的问题。

宁波尚观信息科技有限公司是一家从事畜牧业物联网应用开发的科技型公司，以优质的畜牧业智能化管理系统作为主要产品。尚观科技的牲畜电子耳标一反传统的外挂式耳标，开发了众多"互联网+"应用，使得尚观信息的产品在短短一年多的时间里迅速占领西北尤其是新疆地区的大部分玻璃芯片市场。

宁波大学机械学院 2010 级工业工程管理专业学生徐鹏华，放弃月薪过万的岗位，以全系第一的成绩休学创业。他成立的公司先后开发出了北斗"海上伴侣"系统、应急救援指挥系统、畜牧业 RFID 管理系统等多个信息化系统，为多家国内知名政企机构提供服务。

2016 年初，徐鹏华扬鞭再出发，成立了科技公司——尚观科技。公司以科技为第一导向，建立了完善的管理制度，制定了切实可行的"三年规划，五年目标"，由此成功获得了华强集团的全额投资，吹响了向高科技领域进军的号角。同年，休学两年创业的他返校继续就读，完成了大学学业。

这套专门针对畜牧业的物联网管理系统模式在新疆已初步获得了应用，目前累计为 30 万头牛羊提供管理服务。乌鲁木齐圆博和畜牧总经理王磊在新疆人保耳标项目中说道："生物级 RFID 电子耳标对于畜牧业保险管理来说可谓划时代的产品，全面提高了芯片使用的可靠性，实现了身份 ID 的唯一化。为畜牧业保险防骗保、智慧保险做出了突出的贡献。"

尝到了科技的甜果，徐鹏华开始坚信科技是第一生产力，也是公司生命力的保障。因此，他的公司对于科技的投入不遗余力，将业务收入的80％都投入科研工作中。他从北京挖来高级科技人才，甚至邀请英国剑桥大学硕、博士作为公司的技术顾问。"只有科研基础扎实，将来才能盖出创业的高楼大厦"，徐鹏华说。

他表示，公司还将加强销售能力，采用联合营销等各种新方法将系统方案销往全国乃至世界各地："目前，公司的业务已经成功进军哈萨克斯坦市场，我们希望能不断扩大覆盖区域，争取在2～3年的时间内成为国内顶级的畜牧业综合化管理系统提供商。"

事实上，宁波大学一直致力于支持学子创业。早在2008年年底，该校"平台·模块·窗口"式大学生自主创业教导模式创新实验区项目就获得了教育部、财政部批准，成为全国30所人才培养模式创新实验区之一。

未来，无数的梦想还在路上……

2. 匠心云涂——先进涂层技术领导者

西安交通大学"匠心云涂"项目荣获第三届中国"互联网＋"大学生创新创业大赛金奖、最具商业价值奖。在2017年11月刚刚落幕的2017创启未来国际青年科技创业大赛上，"匠心云涂"一举获得大赛团队组一等奖。"匠心云涂"项目介绍如下。

"匠心云涂"主要从事先进涂层领域气相沉积技术的研究应用。依托于西安交通大学的材料科学与工程学院专家团队和金属材料强度国家重点实验室的研发平台，团队成员在技术领域不断创新突破，先后取得多种薄膜与涂层的制备工艺、产品测试方法、新生材料等相关技术专利67项。长期以来，技术储备与研发优势为公司在产品的研发上不断积淀储能。目前以模具涂层、精密零部件涂层、电镀替代涂层、刀具涂层等为代表的高性能气相沉积产品已经覆盖多个领域和行业。同时匹配技术解决方案，公司也在布局着涂层设备的开发。

"匠心云涂"涂层加工技术，在模具涂层方面，可减少脆性层，提高模具脱模性和抗腐蚀性，使模具寿命增加2～4倍以上；在关键零部件涂层方面，可沉积超厚光滑的涂层，提升工件综合性能；在电镀替代涂层方面，可优化各薄膜厚度和沉积参数，提高传导和耐压性，有利于制备高性能低成本高功率器件；在刀具涂层方面，可优化刀刃钝化工艺以及涂层光滑技术，提高刀具涂层的寿命和工件加工表面质量。

国内涂层技术发展缓慢，信息化程度较低，导致涂层产品质量参差不齐。在对市场做了综合调研后，"匠心云涂"团队毅然决定建立自己的互联网信息平台，针对先进涂层技术领域，通过网站和微信双平台，向用户提供涂层技术需求集散服务、技术咨询与开发服务、订单管理系统等服务。平台上线后，公司积累了大量用户，在品牌扩散、订单量提升上都有了很好的成效。

"匠心云涂"团队目前与国内多个地区建立了长期的产品加工与服务支持的合作伙伴关系，掌握了丰富的客户资源，其中包括华为、中兴、西飞、富士康等大型客户，同时与中山大学、中科院材料所等多家科研机构有着项目合作。关于市场的开发与拓展，团队始终在持续探索与前进中。

创始人钱旦，是"85 后"的材料学博士生，不仅在材料学领域有自己的学术成就，同时参与多次创业，是一位具备创业综合素质的"材料人"。正如"匠心云涂"的企业使命一样，钱旦博士对公司未来的发展也始终追求创新探索，以工匠精神，不忘初心地营造品质化发展。未来，如何持续创新，完善供应体系管理，提高企业核心竞争力，推动品牌形象深远传播，将是"匠心云涂"面临的最大考验。

3. 蚊所未吻青蒿驱蚊产品

近年来，江西省推行高校科研成果市场化取得了良好成绩。在第三届中国"互联网＋"大学生创新创业大赛中，"蚊所未吻青蒿驱蚊产品"荣获金奖。蚊所未吻青蒿驱蚊产品项目简介如下。

这个产品是全球首款以青蒿为主要成分的驱蚊液，相对于传统的驱蚊产品，此产品采用纯天然的、无毒无副作用的青蒿提取液，无避蚊胺、驱蚊酯等成分，对人身体健康无害，驱蚊保护时间长达 6.7 h，驱蚊率高达 99.8％。

创始人利冬元，是江西科技师范大学 2014 级化工学院应用化学专业的一名学生，也是目前荣膺第三届中国"互联网＋"大学生创新创业大赛全国总决赛金奖的蚊所未吻青蒿产品团队的负责人。

在机缘巧合以及几位导师的帮助之下，几个学生一起成立了项目小组，并致力于该项目的研究。团队成员都来自不同的学院和专业，团队中化学、生物、财经等多方面的专业人员相互合作，研发、转化、生产、推广、销售、运营等环节紧密配合。同时，导师也是各个学院的精英教授，其中包括肖强、陈廷轩、郭志鸿、肖伟洪等。在这条布满荆棘的奋斗道路上，他们对该团队不懈地支持与悉心地指导，终于迎来了胜利的曙光！

这个项目最初也来源于这样富有创造力的灵感。利冬元说，江西民间有焚烧青蒿、用青蒿做香囊驱蚊的习俗，而她本人也生长在农村，农村蚊子特别多，一到夏天，就被成群的蚊子"骚扰"，儿时母亲常常将装了青蒿的香囊放置枕边，用以驱蚊，这样她总能一觉睡到天亮，蚊子不敢近身，儿时的这一段记忆深深地刻印在了她的心中。后来上了大学，身边的人总是为驱蚊烦恼，虽然市场上也有很多驱蚊产品，但都是经过工业加工的，化学物质多，对人体伤害也大，于是她想起了儿时的青蒿驱蚊，一颗创新的种子也在那一刻悄悄萌芽……

在接受采访时，利冬元特别强调，驱使团队决定正式开展项目并投入实践的最重要的一个因素还是国家和学校的支持，学校对创新创业项目的大力倡导和优沃的政策让他们争取到了申请国家级创新创业训练项目的机会，国家政策的良好风向鼓励了他们致力于创新，再加上老师们的悉心指导，他们连续数月对野生青蒿的分布和质量进行了调查。在2014年到2016年的持续研发过程中，他们曾经历了174次的失败，但应接不暇的失败并没有打倒他们，而是让他们越挫越勇，一点一点地不断进步和改良，最终迈出成功的脚步。

在未来的规划上，他们希望在今后，能够顺利完成每年制定的目标，快速建立起他们自己的品牌，完成他们"世界上每个孩子被蚊子咬的时候，他们的父母都能方便快速地买到我们的产品"的初衷与梦想。同时，也将青蒿这种增收产品推广出去，以产业带动农业，帮助更多的人！同时，她也希望学弟学妹一定要坚定自己的梦想，尽管追逐的过程会很累很苦，但是换个角度想想，你会体味到其中的趣味，不管最后结果如何，这个过程都将会是人生中最精彩和最炫目的经历！

4. 杭州利珀科技有限公司

在第三届中国"互联网＋"大学生创新创业大赛上，杭州利珀科技有限公司勇夺大赛金奖，而利珀科技的兄弟企业杭州光珀智能科技有限公司更是问鼎大赛总冠军。利珀和光珀所在的浙江大学战队也获得3金1银2铜的好成绩，集体总分和金奖总数均位列全国第一。

杭州利珀科技有限公司是一家致力于机器视觉人工智能技术探索的高科技公司，是工业视觉检测领域最先进的解决方案供应商。利珀科技拥有充足的深度学习硬件资源，海量精准标记的图像数据，掌握多项核心技术并布局长远，励志提供最智能的视觉开发平台，教机器人看懂制造。

艰苦奋斗，追求卓越。公司自2012年成立以来，获得了无数荣誉。

2013年，杭州利珀科技有限公司被评为杭州市"青蓝企业"。

2014年被评为"中国创新创业大赛"先进制造业浙江省十强，同年，被评为"雏鹰企业"。

2015年，杭州利珀科技有限公司成为浙江大学技术转移中心第一个企业工作站。

2016年被评为浙江省成长性科技型企业百强，同年，陆续被评为杭州市高新技术企业、国家高新技术企业。

在2016年以前，你买一包康师傅桶装牛肉面，打开后，三个调味包也许会少一包。因为生产线速度很快，靠人工用肉眼来检测调味包有没有缺损，从疲劳度和精准度来说，差错无法避免。2016年开始，康师傅采用利珀科技的"桶面物料视觉在线检测系统"。这一系统可以每分钟检测超过 500 桶，实现零漏检，速度和精度都完全秒杀人工。同时还附赠其他功能，如检测有无面渣、脏污等缺陷。

创始人王旭龙琦介绍，对传统企业来说，机器视觉的好处首先是降低了人工成本。比如康师傅，装上这一系统后，每条生产线可节约 16 名工人。而康师傅主要的桶面生产基地共有 11 个，生产线多达 100 多条。这也是 2008 年以后，机器视觉在中国越来越"火"的原因，因为人力成本对制造业的压力越来越大，而机器视觉可以代替人眼来做测量和判断。

不过，利珀科技的制高点在于，除了降低人力成本，还能教机器人看懂生产。农夫山泉也是利珀科技的客户。当时，11 家公司一起"秀肌肉"——竞标农夫山泉的检测项目，其中不乏上市公司，但只有利珀科技达标。王旭龙琦分析，公司的检测精度达到 99.99％，检测速度每分钟 900～1000 个，这两项指标远优于其他公司。而且利珀科技引入人工智能，检测系统可以通过图像大数据不断进行优化，变得更"聪明"，更符合企业的生产需要。

利珀科技能在第三届中国"互联网＋"大学生创新创业大赛上从众多竞争对手中脱颖而出获得金奖，离不开所有人的努力，也离不开合作企业对利珀的帮助，更离不开社会各界对利珀的支持。"让身边的人更好"，利珀从未忘记过自己的理念，一路走来，利珀脚踏实地，积极变革创新，努力研发生产出更好的人工智能设备，帮助企业实现"机器换人"，提高企业生产力。"让机器人看懂制造"是利珀的目标和决心，而本次获金奖也让利珀离自己的目标更近了一步。

未来，利珀科技将继续在机器视觉领域贡献自己的技术力量，与兄弟企业光珀智能一起用机器视觉改变世界。

5. 拉酷：提供一种感知输入的新方式

在第三届中国"互联网＋"大学生创新创业大赛上，清华大学拉酷团队脱颖而出，喜获全国金奖，同时清华大学获评"深化创新创业教育改革示范高校"。

拉酷团队，2015 年 1 月加入清华 x-lab。Nums 是拉酷科技推出的智能键盘系列产品，曾荣获德国红点奖的至高殊荣"红点至尊奖"。Nums 成品是一张厚度仅有 0.2 mm 的膜，覆盖在电脑的触摸板上，与软件配合使用，使笔记本电脑的触摸板拥有更加丰富和便捷的功能。

Nums 超薄智能键盘既是解决实际问题的中国创造，又是高利润的软硬结合的互联网入口。

2013—2015 年，基本每年的笔记本电脑出货量都在 1.7 亿台，2016 年单月出货量也在千万台以上，这些笔记本拥有者也是拉酷的潜在用户。在 2015 年初，拉酷获得了

140 万元的种子轮投资，2016 年 11 月获得了 500 万元的天使轮投资。

目前拉酷已完成来自启迪、泰有等知名机构及清华校友陈大同博士在内的多位知名投资人、纳斯达克上市公司创始人等两轮近千万人民币融资，到达 Pre-A。Nums 在研发过程中，被全球用户争相留言求购，并于 2016 年底登陆众筹，首日即突破十万销量。2016 年入驻清华"创＋"，并得到支持。

团队成员如下。

龚华超，工业设计硕士，毕业于清华大学美术学院，国际三大设计奥斯卡大满贯。

何旭东，计算机科学与技术硕士，毕业于清华大学计算机学院，原在我军某网络部队工作。

郝苏丹，具有 3 年互联网企业从零到一创业运营经验。

刘栋，市场营销专业，原奇虎 360IOT 部门市场经理，市场营销工作经验丰富。

拉酷目前的核心产品就是键盘智能膜，主要用于页游、端游。产品形态：硬件(贴膜)＋软件(应用)，使普通的笔记本触摸板拥有更丰富和便捷的功能。应用人群有以下四类。

①通用人群：解决普通笔记本的数字输入不便和常用快捷键功能(Mac 系统的截屏、MS 系统的搜索、购物、上网等)。

②财务人群：数字输入和炒股快捷键、统计键等。

③游戏人群：常见游戏的快捷建、运营功能等。

④其他人群：设计师(Photoshop 快捷键、常见的网页设计软件功能键等)等。

"90 后"设计师龚华超在硕士毕业前就收获了世界三大设计奖项：德国红点至尊奖、德国 iF 设计大奖、美国 IDEA 奖。龚华超在总结自己能够获奖的原因时，说道："因为热爱设计和创新，我总是去发掘那些人们已经不得不去适应的不方便，那些人们觉得'就只好这样了'的隐蔽'毛刺'。"

"创业是一种生活方式，不是一种谋生方式"是龚华超创业的一大感悟。他始终认为，不能为创业而创业。创业者不要先想如何赚钱，而应该真诚地去解决一个问题，给社会带来价值。

拉酷的愿景是"中国创造，世界未来"。拉酷希望打造"简约实用"的中国原创产品，为用户创造价值，进而影响世界，从设计思维的角度出发，连接更深层次的文化诉求，解决实际问题，带来社会、商业的双赢局面。

6. 杜仲精粉茶及相关产品产业化开发

在第三届中国"互联网＋"大学生创新创业大赛全国总决赛上，来自西北农林科技大学的"杜仲精粉茶及系列产品产业化开发"项目获得金奖。

陕西仲欣生态农业有限公司是一家专注生物资源开发利用和技术推广的科技型企业。公司依托西北农林科技大学中日杜仲研究所、农业部农村可再生能源开发利用西部科学观测试验站等平台，注重技术研发，生产的杜仲精粉茶系列产品已具备产业化开发的条件。

项目创始人朱铭强，西北农林科技大学博士，先后师从西北农林科技大学苏印泉教授、尉芹教授和北京林业大学孙润仓教授，从事基于生物炼制的杜仲资源开发方面的研究工作。

朱铭强 2013 年成立公司，开始进行杜仲优良品种栽培和推广。一路走来，他的团队已吸纳了 9 名博士和 6 名硕士，并将产品远销海外。和传统中药材种植不同，他的团队引导农民将杜仲种植由过去的乔林改成叶林，并形成杜仲精粉、多糖、木醋液、杜仲胶生产的全产业链。他希望能够和团队成员一起，开发出杜仲更多的效用。

朱铭强讲述自己的创业故事："杜仲是一种全身都是宝的植物。它的树叶和树皮可以开发为保健品，为广大群众的健康保驾护航。木材可以加工成为木醋液产品——一种药肥两用的产品，还可以做成活性炭净化空气、美化环境。这个产业很有前景。"朱铭强的团队和企业目前拥有 50 多项国家专利。在他的带领下，新疆、陕西、宁夏等地有 200 多农户开始了新的杜仲种植，最多的一户年收入 200 多万元。

公司未来将要达到杜仲产品种类丰富化、产品质量稳定化、产品功能明确化以及产品使用大众化的目标。通过自己与团队的合作和奋斗为杜仲事业的发展进一步开发新的产品，为社会创造更多的劳动岗位，为社会创造更多的经济价值。"无暇诠释，悄然潜行，低调奋斗，成就伟业！只为实现杜仲梦，强国梦，成为杜仲人！"朱铭强以此勉励自己。

7. M-Cloud：智慧存储云

"M-Cloud 智慧存储云"由华中科技大学存储研究团队研发。"华中存储"作为国内该方向的顶级科研队伍，为解决行业痛点，经 8 年科研和 4 年行业应用，形成 M-Cloud 智慧存储云。

比起其他声势浩大、背景雄厚的参赛团队，这支队伍显得单薄而特别。没有声名显赫的创业导师，没有五花八门的宣传形式，其项目负责人肖芳博士冷静而专注，一副略显斯文的眼镜背后目光如炬，他用低沉而清晰的声音向大家介绍着他们的代表作品 M-Cloud。他的背后是隶属于国际著名科研队伍"华中存储"的研究团队，是一群靠科研兴趣和时代使命驱动而攻坚克难的可爱的人。这是周可教授带领的好几代博士十余年的求索之路。

用肖芳自己的话说："台上一分钟，台下十年功。总有人要站出来代表团队发声，我只是站在了大家的肩膀上，为科研成果的转化尽我所能而已。"最终，这个低调勤恳的团队在比赛中尽显实力，收获了成绩，也取得了多个投资意向。

M-Cloud 有两大核心技术。

①混合云存储系统结构。使用"用户存储—P2P 存储—中心存储"三层结构存储数据，同时使用"分布式资源调度 NP 难算法""重复数据删除"等技术对平台的带宽和存储等资源进行高效调度，解决了数据低成本统一存储问题。

②数据图谱化存储技术。针对数据价值密度低的问题，将数据图谱化存储，通过 KMeans 算法、协同过滤算法等，发现数据之间的关系，从数据中提取出知识，使企业获得数据的人工智能。目前，M-Cloud 是全球唯一一个成功将图谱技术应用于存储的产品。

在研发过程中，M-Cloud 获得授权发明专利 26 项，获得了 2014 年湖北省科技进步一等奖和 2015 年中国电子学会科技进步一等奖，其中，沈绪榜院士和王巍院士在鉴定材料中都认为 M-Cloud "在资源调度和数据组织方面，国际领先"。

行业大数据智能，M-Cloud 大有可为。对于已有云平台的企业，他们可以提供人工智能服务，如在武汉市公安局的应用；也可以提供数字技术服务，如与腾讯、迅雷的合作；也可提供数据处理组件，如在中兴通讯的应用；对于没有云平台的企业，可以提供一整套的智慧解决方案，如在深圳报业的应用。

M-Cloud 团队计划融资 2000 万元用于 M-Cloud 的市场化和产品化，出让 20％ 股份，主要用于 M-Cloud 技术平台建设和组建商务与技术团队。创业团队目前已注册成立了公司，并获得投资意向。

周可教授这样解释他们的团队特质："我们有强大的草根精神，作为一棵小草而不是大树，只要长出地面看到阳光，取得一点点的进步，我们就非常快乐。科研本身的确过于严肃，但苦中作乐的态度能让我们永远行走在路上。"因此，"乐观和坚强"是他们眼里属于 M-Cloud 的团队精神。

周可教授以"顶天立地"四个字高度概括了团队未来的发展方向。他们不仅要在学术上达到国际领先，也要强调科技成果的产业转化，反馈给社会真正有价值的科研产品，培养无数的优秀人才，也就是"顶天"学术创新、"立地"实际应用。

创新创业是人类文明进步的不熄引擎，如今时代迅猛发展，面对一批批和他们一样心怀理想的创业团队，刘渝这样提醒后来人："秉忠贞之志，守谦退之节。不忘初衷，乐在其中！"这又何尝不是 M-Cloud 团队的精神密码呢？

8. 尚赛：全球 OLED 核心材料供应商

由华中科技大学的穆广园、熊然、陈兰、胡天觊、李子璇、段天宇、庄少卿七位学生组成，卫平为参赛指导老师，王磊为博士生导师的尚赛团队在第三届中国"互联网＋"大学生创新创业大赛中凭借新型 OLED 材料的开发获得金奖。

武汉尚赛光电科技有限公司是一家研发实力雄厚、产品国际竞争力强的新兴 OLED 企业，主要生产荧光材料、磷光主体材料、电子和空穴传输材料等新型 OLED 材料，同时从事 OLED 中间体材料的研发、纯化、性能评定和销售。

创始人兼首席执行官(CEO)穆广园的介绍如下："85 后"理工男，华中科技大学光电实验室博士毕业；曾获长飞奖学金、优秀研究生干部奖和科研成果奖等；武汉市青桐计划创业先锋。

截至目前，公司已提交各类专利 50 余项，完成两轮融资，正处于规模化生产阶段，已成为华星光电、天马微电子等国内面板公司及三星、LG 等日韩企业的紧密合作供应商。同时，公司借助武汉光电工业技术研究院的孵化平台，积极与产业最前沿的高校及公司建立密切的联系更新产业的信息，并不断将自己的产品送至企业进行试用，均取得良好的市场评价，为公司进入主流 OLED 面板企业奠定了坚实基础。

9. Niceky 自抗凝性高通量血液透析器

在第三届中国"互联网＋"大学生创新创业大赛总决赛中，四川大学"Niceky 自抗凝性高通量血液透析器"项目凭借一系列优势斩获金奖。

项目团队成员来自四川大学各专业，横跨本硕博，学科交叉、优势互补，CEO 秦政——来自四川大学临床医学八年制博士，参与了 Niceky 产品的研发与设计。本项目的核心是通过对于血液透析过程中的核心耗材——血液透析膜的创新设计。通过引入羧基等肝素功能基团，合成类肝素共聚物，使产品拥有了核心优势——自抗凝性，这种自抗凝性免去了传统血液透析过程中注射肝素这一环节，也就避免了一系列并发症的发生，并且产品透析效果更好、价格更低。

Niceky 项目全球首创的技术避免了体外注射肝素，降低了患者的治疗风险。产品的各种临床数据，与现今市场上技术最优、市场份额超过 50％的费森尤思和尼普洛相比，在各项指标上都占据优势。这意味着，Niceky 的透析效果是全面超过国际领先产品的。

自成立以来，Niceky 团队始终致力于技术研发、产品升级和专利申请，为广大终末期肾病患者带来更多生的希望。

为帮助 Niceky 项目顺利完成商业化，加快产研结合，团队多次前往四川大学华西医院肾脏内科实地调研。同时，基于当前血液透析器行业激烈的竞争环境以及当前中国庞大的肾病患者的强烈刚需，团队不断对产品的定价、项目的商业运营模式等进行调整，不断完善商业策划方案，期望在保证公司可持续发展的同时为肾病患者带来最大的效用。最终，团队将产品定价为 150 元/支，远低于现在市场上普遍使用的同类产品，这不仅大大节约了患者的治疗费用，更让更多的终末期肾病患者拥有延续生命的权利。

项目运营方面，公司采用 OEM 生产（定点生产，俗称代工生产）模式，与代工厂商进行合作，前期代工生产，后期自产，通过直销和代理商销售给二甲及以上医院与专业的血透中心。到 2020 年通过打造代理商渠道，拓宽销售渠道至西南地区，将占领全国地区 30％的市场份额，并逐步进军国际市场，用最好的透析为生命护航！

10. 魅影太阳能无人机通用平台

在第三届中国"互联网＋"大学生创新创业大赛总决赛上，来自西北工业大学的"魅影太阳能无人机通用平台"项目荣获金奖。2017 年 7 月，该校"魅影团队"自主研发的太阳能 Wi-Fi 无人机研究取得重大突破，在陕北高原持续飞行 16.15 h！这再次刷新国内太阳能无人机最长续航时间。

2016 年，在第十八届中国科协年会全国科技工作者创新创业大赛上，团队研制的"太阳能 Wi-Fi 无人机"一举夺得金奖，引起社会各界关注。建立低成本的"空中基站"取代高成本的地面基站，使随时随地无线连接成为可能。

周洲教授领衔的"特种无人机研究团队"（"魅影团队"），长期致力于特种无人机的基础性、前沿性、探索性技术研究。团队成立 15 年来，承担和参与了国家 20 多个项目，先后获得 27 项专利，获得国家科技进步一等奖 1 项、国防科技进步一等奖 2 项。

这架无人机的亮点是将太阳能、无人机、无线路由器三个点相结合，采用太阳能为自供给能源，太阳能无人机为持久留空平台，与 Wi-Fi 技术相结合，构建空中基站，通过单机或者多机基站进行区域覆盖，形成灵活的移动互联网空中宽带通信基础设施。

研发团队成员介绍，这架太阳能无人机实现了三个"全国第一"。

第一架全翼式布局太阳能无人机。机型采用全翼式布局，省去机身和机尾以减少阻力；相比旋翼式飞机耗能更少，取得空气动力和能源铺设效率同时最优的设计技术。

第一架薄膜无人机。CIGS 薄膜覆盖机翼表面，不同于太阳能电池板常用的晶硅材质，薄膜柔性佳、铺设效率高，光伏能源复合结构的面密度小于 $1.7~\mathrm{kg/m^2}$。

第一架完成单机、双机 Wi-Fi 覆盖/中继实验验证的无人机。

研制人员说，"三个第一"不是简单的功能叠加，而是集中了西北工业大学飞行器设计专业的精华，无论超轻面密度结构设计、能源铺设效率还是气动设计，均属国内领先。一位研制人员说："身长 7 m 的飞机，重量只有 15 kg，两个成年人就能轻松抬起。"

此外，除了表面的太阳能电池板，太阳能 Wi-Fi 无人机内置一块高比能电池，冬季的航时达 13 h，夏季长达 23 h；全翼式机型使其能够承受 5 级风，飞行速度达 40 km/h；飞行范围在方圆 20 km。

一旦投用，能取代地面基站，让 Wi-Fi 信号畅通无碍。

遇到自然灾害时，如果因地面基站损坏使通信中断，将给搜救工作造成很大困难。而"魅影团队"自主研发的太阳能 Wi-Fi 无人机一旦投入使用，能取代地面基站成为天空的信使，让 Wi-Fi 信号在沙漠也能畅通无碍。

它最实用的功能是解决偏远地区上网的难题，通过系统灵活布设、实现区域覆盖，避免了修建地基站的困难，还可用于应急救灾。利用其长航时优势，可充当空中信息平台，快速定位生命痕迹，并构建民间普通用户信息连接渠道；在野外救援中，还能解决被困人员与外界联系的困难。

团队先后在新疆、西藏，克服种种环境困难进行飞行试验，终于完成单机、双机 Wi-Fi 覆盖/中继实验验证，取得成功。

周洲教授的设想是，"未来让无人机逐步从 1.0 时代进入 4.0 时代，让太阳能飞机、让 Wi-Fi 无处不在""在国家'一带一路'倡议下，太阳能 Wi-Fi 无人机发展四部曲有着深远意义"。周洲教授表示，"太阳能 Wi-Fi 无人机"从通讯层面为"一带一路"打开通道，不仅能解决地面设施及相关运营支撑系统建设难度大的问题，也能解决偏远地区、广域海上和灾区等应急场所快速搭建信息桥梁的难题，在实际生活中更能造福每一个人。她表示，团队下一步的计划是主打"通信＋无人机"，以应用为牵引制造无人机，实现产业化。

11. DeepNet 肺结节人工智能

在第三届中国"互联网＋"大学生创新创业大赛全国总决赛中，四川大学"DeepNet 肺结节人工智能"项目团队荣获金奖。

DeepNet 肺结节人工智能项目指导教师、四川大学华西临床医学院、华西医院院长李为民在接受专访时表示，"DeepNet"项目将大大提高肺结节的识别效率，准确度达 95%以上。如果在基层医院推广，将大幅度减少诊断费用，可助推分级诊疗制度的实施。

借助"互联网＋"及人工智能技术解决临床医疗问题，四川大学华西临床医学院与华西医院正在迈出第一步。众所周知，肺癌的发病率及死亡率居恶性肿瘤之首，而肺癌的早期影像学则表现为肺结节。肺结节的早期发现和准确判断是降低肺癌死亡率，提高患者生活质量最关键的环节。

"我国现有的肺结节患者高达 1.3 亿人。"创始人李为民告诉记者，目前国内肺结节的诊断依赖胸部 CT 扫描。影像科医师通过对 CT 图像的分析，得出诊断结果。目前人工阅片准确度约为 50％～70％，且通常需要 5～7 天才能出报告。而 DeepNet 项目通过人工智能读片，自动检测、锁定、判断结节性质，15 分钟内便可出报告，准确度高达 95％。

李为民表示，DeepNet 项目从 2015 年下半年开始启动，经过一年半的基础研究，目前已经得到了基本的研究数据。接下来团队将继续努力将基础研究转化为项目成果。

"人工智能与医疗相结合，在国内外的顶级医疗团队都有研究，但目前国际上都没有投放市场。"李为民说，目前团队技术已在国际上处于领先水平。

DeepNet 缘何得到如此高的精确度？据了解，该项目由四川大学和耶鲁大学联合研发，整合了四川大学华西医院以及 600 多家联盟医院的海量优质 CT 数据，系统采用智能识别分析，实现影像的快速检测。这一研究成果不仅能提高医院的工作效率，填补影像医师缺口，也能提升区域医疗检验水平同质化，最终助推分级诊疗的实现。

对患者而言，利用该人工智能软件对肺结节高效精准诊断，将大大减少就医次数和附加成本。以传统诊疗为例，患者在发现肺结节后，进一步确定结节性质时，常需要进行增强 CT 或 PET/CT。一次 PET/CT 的费用在 6000 元左右。而通过 DeepNet，患者只需接受普通 CT 扫描，再经过人工智能分析，就能得出诊疗结果，费用仅在几百元。李为民告诉记者，智能化医疗模式的推广将全面提高基层医院的诊断治疗效率，切实推动医疗改革。

李为民介绍，"DeepNet 肺结节人工智能"项目团队取得如此殊荣，原因之一是项目的先进性和实用性，可落地并转换成为现实。同时，多学科交叉的教师团队指导以及多学科学生团队成员的参与，也是团队斩获金奖的重要原因。

在推进学院"双创"建设方面，四川大学华西临床医学院还专门设立"双创"基金，每年投入 1000 万元用于学生的研究支持，并投入 1 亿元建立前沿医学智能"双创"中心，组建多学科交叉的导师团队指导大学生参加"双创"活动。同时，建立大学生"双创"激励机制，在研究生免推以及毕业生留校方面给予优惠政策。

12. 习悦——智瞰万物

珠海习悦信息技术有限公司凭借项目"基于深度学习的计算机视觉云服务"脱颖而出，在第三届中国"互联网＋"大学生创新创业大赛中一举夺金。其中，手势识别、行为识别、人脸识别等计算机视觉领域技术的关键性技术指标获得专家评委的高度评价，由国家"千人计划"学者等组成的技术研发团队的实力获得充分肯定。同时已经落地的大量应用案例以及众多的知名合作企业，也让评委看到巨大的市场潜力。

珠海习悦信息技术有限公司成立于 2013 年，长期致力于人工智能领域、计算机视觉产品与服务的研发。论技术实力，习悦拥有企业自主研发实验室，深耕计算机视觉、大数据领域，牢牢把握了深层神经网络技术的核心命脉，获得多项国家知识产权；论研发团队，习悦拥有一批由国家千人计划学者、行业专家领衔，汇聚海内外名校精英的核心团队；此外，习悦与 Intel、Nvidia、西门子、中国南航等建立了长期合作，并成为 Nvidia Global Inception Partner、Intel 中国人工智能开发者十大合作伙伴。

经过多年的摸索锤炼，习悦形成了成熟的计算机视觉产品体系：计算机视觉公有云服务、私有云服务与本地终端服务。

公有云服务——习悦开发者平台，面向个人开发者和企业级云服务商，上线不久便获得数百万次调用量。

私有云服务——针对交通、教育、安防等细分领域定制研发。"Deep Traffic Brain"智慧交通解决方案已广泛应用于中国客流量最大的火车站、中国第一大陆路口岸、中国三大航空机场等；芝麻前台智能安防方案厘定自主接待、访客互动、迎宾引导等多种功能，改写安防新形态；教育领域私有云方案集智慧分析、联动预警、自动取证为一体，定义了校园安全新高度。

终端应用——面向智能家居、消费级电子等前瞻性应用。珠海习悦信息技术有限公司推出了基于单目摄像头，低功耗实时手势识别交互 SDK，引领新型人机交互的变革热潮。

创始人习悦坚持以深度学习为核心技术引擎，应用领域涵盖智能家居、智慧交通、门禁安防、机器人、物联网等多个领域。针对智慧交通应用需要，采用机器视觉、云计算、视频图像大数据处理等智能化工具和技术，实时分析海量的交通视频数据，实现信息化、智慧化交通执法。很多时候，一个小小的举动就能改变世界。在习悦的眼里，成功无小事，每个细节，都追求极致。四年来，习悦潜心钻研，不懈探索，从最初的圆桌团队发展到现在的精英集群，从 AI 初创企业到跻身人工智能行业第一梯队，习悦一直在成长，但习悦的愿景从未改变。

13. 树米科技——开启后 SIM 卡时代智能生活

来自华中科技大学大学的团队"树米科技"，自主开发了 2G/4G 物联网通讯模组，并提供一系列虚拟 SIM 解决方案。树米科技负责人为华中科技大学社会学院在读博士刘恩培，在校期间创办北京树米网络科技有限公司。

树米自我定义为"一家专注为智能硬件提供'72 变'的公司"。简而言之：只需一键，即可切换各国身份，无须换卡；只需一键，即可将智能硬件变身为可通讯的节点，无须插卡。

成本、技术、安全是影响物联网应用的重要因素。然而，在物联网设备传统应用场景中，传统的连接手段，包括蓝牙、Wi-Fi、ZigBee，存在安全性差、成本高等缺陷，无法同时满足大规模、多领域、个性化的应用场景的要求。其中非直连问题造成的安全隐患已经造成了黑客绑架勒索大量赎金等严重的社会后果。上述传统的连接手段无法承接新时期大规模高效安全连接的需求。在智能硬件的联通领域，持续、稳定、安全的互联互通成了发展的关键问题。

树米科技为全球的电信运营商和企业网客户提供一站式智能物联网解决方案，包括虚拟 SIM 物联网软件连接方案、树米 ESIM 灵活可定制全球通讯模组以及物联网大数据托管与建模平台精细化运营三大系列产品，同时满足低成本、稳定、直连的三大技术优势。利用树米的技术，可有效降低企业硬件制造和维护成本，提升联网的安全性，实现"通电即上网"，可有效提升物联网连接率、大数据管理与应用效率。

所谓虚拟 SIM，即现在最流行的 ESIM 技术。说起 SIM 卡，相信大家一点也不会陌生。日常我们使用手机，SIM 卡是手机的"标配"，没有了它就不能接入网络运营商进行通信服务。其实这张手机卡已经变过好多代了：Standard SIM（原卡）、Mini SIM（标准卡）、Micro SIM（小卡）、Nano SIM（超小卡）四个阶段。

ESIM 卡，实际上是将传统 SIM 卡直接嵌入设备芯片，而不是作为独立的可移除零部件加入设备中。相较于实体 SIM 卡可以减少高达 90％ 的空间。这一做法将允许用户更加灵活地选择运营商套餐，或者在无须解锁设备、购买新设备的前提下随时更换运营商。从 SIM 到 ESIM，改变的不只是技术，更是整个产业链条。

树米已于 2016 年 12 月加入小米生态链，是小米生态链中唯一指定通讯模组提供商，小米手机虚拟 SIM 卡唯一合作伙伴，是国内三大运营商物联网战略合作伙伴，对接四大海外运营商（AT&T、美洲电信、德国电信、西班牙电信），已为上百家智能终端企业提供了服务。

树米科技致力于为智能硬件的互联互通提供服务。公司未来规划首先是在国内完成小米生态链物联网设备全部通讯接入需求，进而覆盖更多智能硬件生产品牌。同时，在国外依托四大海外运营商，强势布局物联网，打开海外市场。

14. 精诊科技——基于深度学习的肝脏术前规划系统

精诊科技团队由来自清华大学、北京大学等具有医学背景与人工智能背景的学生跨界组成。团队聚焦肝脏切除术领域，针对必要的术前规划环节中存在的三维建模效率低、医学影像不直观等问题，自主设计深度学习系统，经过上千套肝脏 CT 数据训练，实现了全自动高精度肝脏三维切割重建，处理用时相较手动还原缩短 90％ 以上，病灶识别准确度达到临床标准。此外，系统的实时量化参数、基于虚拟现实的沉浸式体验等特点更可让医生进行精准高效的术前规划。精诊科技现在已和首都医科大学附属北京友谊医院签订合作意向开展临床应用，并将继续推进拓展合作伙伴，为更多的患者和医生提供帮助。

相关资料显示，我国肝病患者超过 2 亿，并且逐年增加，肝脏手术也随之增加，肝脏切除手术的年需求量约为 137 万台。"国家卫生和计划生育委员会（现为"中华人民共和国国家卫生健康委员会"）曾发布过一组数据，我国肝胆外科专业医生大概有 8000 人，分布在不同医院，水平不一，而且基本每位肝胆外科医生平均每年要主刀大约 181 台肝切除手术。"说起当初为什么要针对肝脏手术做术前规划系统，团队负责人王博谈道："肝脏是我们人体重要的供血器官，内部动脉血管错综复杂，肝内肿瘤多包络在这些重要血管内，所以临床医学要求，在肝脏手术之前必须进行术前规划，以使手术路径避开这些重要血管。课题组成员在医院调研的时候亲眼看到，有个车祸肝破裂的患者晚开刀十几分钟人就没了，有个肝硬化的患者切肝准一点兴许就能救回来。所以我们就觉得要通过改善术前规划系统来提升手术效率，这样不仅可以减轻医生的工作负荷，也能让更多患者得到及时、有效的治疗。"

"传统术前规划产品存在一些问题，比如医学影像依赖手动分割，耗时长，效率也低。而且二维影像和电脑中三维重建图像的平面视角存在局限性，会影响医生对各组织相对位置的判断。术前规划缺乏对病灶的量化分析，人工测算起来耗时耗精力。"魏榕，2016 年从西安电子科技大学毕业，现为北京大学前沿交叉学院磁共振成像研究中心在读博士生。她介绍道："国外现在有一些辅助术前规划产品，但是在模型处理等方面还存有弊端。国内目前主要集中在图像的识别处理方面，虚拟可视技术领域的研发才刚开始。所以，我们这套系统算得上是走在前面了。"

这套术前规划系统的全自动三维还原肝脏功能与 AlphaGo 一样，都是采用深度学习算法实现的，通过大量的数据进行训练，最终超过手动还原水平。"又准又快易操作"，是这套系统相比其他术前辅助规划系统的突出优势。医生可以在虚拟现实环境中对肝脏、病灶及内部复杂的解剖结构做出个体化、全量化的分析，3～4 分钟即可完成自动分割肝脏 CT 图像并重建。整个过程并不需要多么复杂的大型器械，只需要医生戴上一副 VR 眼镜，便可快速使用该系统功能。

团队前期与首都医科大学附属北京友谊医院建立了深度合作关系，对 2400 套人体肝脏 CT 数据进行深度学习，在自动分割与三维量化的虚拟现实系统及其相关外围设备的基础上，融合机器学习、肝脏 CT 自动分割、三维量化、虚拟现实渲染、视频流传输等技术，设计出一套高精准、图像全自动分割、沉浸式交互、实时量化动态参数的肝脏术前规划系统。此系统已在首都医科大学附属北京友谊医院试用。此外，他们还有更高更长远的目标。团队成员、清华大学经济管理学院金融硕士徐正清说道："医疗行业比较特殊，门槛也比较高，综合考虑我们系统的研发成本、适应性和各级医院的综合实力，公司首先将产品销售定位在国内二、三甲医院的肝胆外科。随着我们与合作的医院不断深入，我们也会逐步渗透并尝试开拓医疗培训教学的市场。"

15. 终极发动机

首次，在世界范围内实现柴油机与汽油机的统一；申请发明专利 135 项（含国际发明专利 6 项），获得授权 62 项；近 11 年（截至 2017 年）在中国申请的内燃机燃烧发明专利统计排名国内第一，世界第九……这些夺人眼球的数字均属于一家将于 2017 年底筹资成立的高新技术公司——大工发动机科技有限公司，该团队代表大连理工大学斩获第三届中国"互联网＋"大学生创新创业大赛金奖。

面对日益严峻的能源环境问题及越来越严格的排放法规，传统发动机技术在现有燃烧模式下，可优化的空间有限。终极发动机项目团队负责人、大连理工大学博士研究生田华对此有着清醒的认识。他认为，在未来一个相当长的时期内，内燃机作为汽车和船舶领域主流动力机械的地位不可动摇，市场前景非常广阔。面对日益严峻的能源环境问题以及越来越严格的排放法规，传统发动机在固有模式下难以产生较大的突破。因此，终极发动机应运而生。

针对这种现状，团队以技术创新响应国家"节能减排"政策的号召，依靠自身技术力量，结合传统柴油机与汽油机各自的优点，提出新型射流控制压缩着火燃烧方式，实现了柴油机与汽油机的统一，并且基于驱动-制动全工况范围内优化内燃机性能的思想，开发了多模式运行技术，实现发动机二冲程与四冲程模式的灵活切换的目的。

"致力内燃机事业的发展，争取自主产品早日占据国际领先地位，秉承工匠精神，让中国内燃机之火燎原五洲。"这是田华和他的伙伴们一直保有的信念。终极发动机是一种高效清洁的预混合压燃发动机，通过 JCCI（射流控制预混合压缩着火）燃烧方式，实现柴油机与汽油机的统一。同时，基于全工况范围内优化内燃机性能的思想，采用多模式控制策略，使发动机不同循环方式灵活切换，实现二冲程与四冲程模式的统一。

着火相位的控制一直是预混合压燃发动机研发的技术难点，经过多年的技术积累与创新，终极发动机团队研发了一系列新型高性能、低排放的发动机技术，包括 JCCI 技术、多模式运行技术和高扰动喷射技术。

JCCI 技术是项目的核心技术之一，它将柴油机与汽油机优点合二为一。团队核心成员、大连理工大学博士研究生礼博对此如数家珍：与传统柴油机相比热效率提高 9％，NOx 降低 90％，PM 排放降低 90％，CO_2 排放降低 15％；与传统汽油机相比，热效率提高 19％，NOx 降低 80％，CO_2 排放降低 30％。目前，该系统已获得授权发明专利 8 项。团队已开发出了国际上第一台柴/汽油机原理样机和预混合压燃工程样机。

项目还拥有多模式运行控制策略和高扰动喷射系统等核心技术。据田华介绍，以某 2.1L V6 的多模式发动机为例，变冲程技术实现动力性提高 90％，CO_2 排放减少

30％。且随着法规明确要求重载卡车、大型客车必须加装辅助制动技术，多模式运行及全可变气门驱动系统的开发势在必行。

团队自主研发的高扰动喷射系统技术处于成熟应用阶段。在某中速柴油机上采用高扰动喷射系统的实验结果显示，E3 循环工况的 NOx 排放降低 15％，各工况油耗率平均降低 4％。

CEO 田华，大连理工博士研究生，曾主管和参与长安、宝马、福特等国内外汽车厂商多款发动机的研发项目；CTO（首席技术官）礼博，大连理工硕博连读，曾参与国家工信部多个高技术船舶科研项目，主攻方向为柴油预混合压燃发动机模拟及试验研究；COO（首席运营官）林琳，大连理工博士研究生，曾负责和参与大橡塑项目化改革企业咨询等各类企业咨询；COO 于聪，大连理工本科生，曾获辽宁省创新创业年会优秀展示项目和我最喜爱的项目奖项……

终极发动机的核心成员均为大连理工大学的在读学生，这支本土创业团队格外"抱团"，风格稳健。是什么让他们凝结到一块儿？除了本身的兴趣，还得益于大连理工大学和创新创业学院（原创新实验学院）这个天然的平台。

面对这个大家庭，田华充满感情，他说："我们能收获一些成绩，和学院和学校给予的软硬件支持密不可分。尤其是前辈的引领和指导，没有指导教师、能源与动力学院教授隆武强和相关教授多年积累的成果，就没有'终极发动机'的厚积薄发。'让中国智造领跑世界'，是隆教授一直的梦想和追求，项目的成功运行是对他多年指导的最好回馈。"

帮助更多拥有创新精神和实践精神的年轻"创客"们解决"盲点"，团队指导教师之一、创新创业学院院长冯林教授表示，学校组织具有创业计划的学生积极参加社会实践，深入企业了解运营模式，同时建设创新创业实践平台，强化创新创业实践，注重培养学生的创造性思维和批判性思维，形成"课堂教育＋体验实习＋创业实战"的创意创新创业相融合新模式。

16. 陶金之恋——陶瓷金属钎焊技术领跑者

陶瓷与金属的高质量焊接是工业界公认的难题。如何解决传统工艺成品率不足一半、工艺繁琐、污染高的难题？在第三届中国"互联网＋"大学生创新创业大赛总决赛上，西安交通大学材料学院科研团队给出了答案，他们的参赛项目"陶金之恋——陶瓷金属钎焊技术领跑者"荣获大赛金奖。

团队核心成员由 3 名博士、1 名硕士和 2 名本科生组成。团队依托西安交通大学材料学院表面工程研究中心与焊接研究所基于陶瓷表面金属化及焊接方面的系列科研成果，结合西安交通大学电气学院可靠性与寿命评估实验室关于在线监测方面的技术积累，在电动汽车用直流接触器封焊领域、真空开关灭弧室封焊领域、功率器件热沉封装领域进行科技成果转化，突破国外技术封锁，提升国产陶瓷—金属封装类产品的焊接质量，延长产品使用寿命，提升国际竞争力。

团队以"突破传统技术壁垒，引领钎焊时代潮流"为理念，致力于开发高效、优质、绿色环保的陶瓷金属化及陶瓷-金属钎焊工艺，提出全新的物理气相沉积技术，替代传统陶瓷金属化工艺及陶瓷-金属焊接工艺，可以在不升高成本的前提下大幅提升焊接性能，并利用材料数据库与高性能计算机配合，快速、科学、高效地制定技术方案，采取重点区域布点建厂实现技术覆盖。目前，已取得了 4 项专利，正在申请 4 项专利。

项目负责人高磊雯说："我们的技术是要解决这样的难题：生产中有些零件是金属、有些零件是陶瓷，金属有韧性，陶瓷耐磨又绝缘，但是很多场合是需要两者合一，就需要一种稳固的方式把他们连接起来，胶粘或是钉子当然不行，因为两者的物理化学性质相差太大——金属 1000 ℃ 融化，可陶瓷需要 3000 ℃，金属可以切削加工，陶瓷不能。我们的技术就是通过钎料稳固的连接两者，因为陶瓷和金属差别太大，钎料在陶瓷上就会像荷叶上的露珠一样流走，金属也无法铺展，所以我们也需要先处理一下陶瓷，然后钎料才能润湿，才能很好地完成后需焊接。"

"高速物理气相沉积技术早已经有了，但是把这项技术运用到陶瓷金属钎焊工业是我们的首创。"团队成员薛伟佳说，"我们是站在巨人的肩膀上。"

崔笑千是团队中的两名本科生之一，主要负责基础实验工作，如改良参数、镀膜、找设备、搜集资料等。"开始我觉得一直做实验很枯燥，但最后有了满意的数据和成果时，心中的成就感就'爆棚'了。"崔笑千说，"我们团队现在目标很清晰，就是做陶瓷金属钎焊技术的领跑者。"

在了解了行业的市场情况后，高磊雯和几个同学结合自己的研究方向，积极投身到陶瓷金属钎焊项目中。在指导老师的带领下，他们努力将实验室的技术成果向工业生产应用转化，并于 2017 年 7 月注册成立了西安陶金邦德科技有限公司。

团队梳理了国内技术现状，经过不断尝试和努力，研发出了高速物理气相沉积技术，利用材料数据库、焊接模型和计算机群等进行选材和工艺的指导，通过在陶瓷基底上直接设计气相沉积金属化层和焊料层，完成陶瓷和金属的钎焊。

试验数据统计显示，把这种技术应用于陶瓷金属钎焊中，可将成品率提升到 90％，增加其使用寿命 4 倍，焊层厚度则降至原厚度的 1/10，节省了 70％的贵金属材料。他们的这项技术得到了国内几个知名企业的高度认可。

公司已与众多企业单位展开战略合作，提供的技术方案和效果得到了甲方的高度评价，并与昆山昊盛泰、石家庄森美等企业签订了数百万的意向订单。今后，公司将在全国展开布点建设，实现技术覆盖，提供钎焊服务！

17. 溯源：国内首创呼吸道病原拉曼检测仪

目前我国三级以上医院在呼吸系统疾病检测方面主要使用的是较为落后的传统手段，如血常规、痰培养和 X 射线造影等，其检测流程繁琐，耗时较长且损伤肌体。国际市场现存新型病原检测仪能够改善检测流程，但由于技术垄断，国内部分三级甲等医院只能依赖进口，其价格昂贵、维护费用高、操作复杂。因此，我国急需建立民族品牌，生产国产的新型呼吸道病原检测仪器，来打破进口依赖。

溯源，作为依托厦门大学科研团队孵化的国内首家呼吸道病原检测仪供应商，基于拉曼光谱的原理，推出了全新一代自主产权的病原检测仪。与传统手段相比，本产品检测无创伤、速度快；对比进口产品，在同准确率的基础上，用更低的价格，提供更优质的服务。

产品依托厦门大学化学化工学院田中群院士的研究团队，攻克了检测设备研发的技术难题。技术具有独创性，竞争力强。项目已申请国家专利 30 多项，科研成果已发表在国际顶级学术刊物上，获得了学术界的广泛认可。溯源致力于发展先进科学原理并将其用于新仪器研发与生产，提供国内首创精确高效、操作简便的呼吸道病原检测的一站式解决方案。

以下是对厦门大学化学化工学院任明星的访谈摘要。

参与本次"互联网＋"大学生创新创业大赛对于你最大的收获是什么？

"互联网＋"大赛为我们打造了一个广阔自由的创新平台，我们通过参赛不仅提高了自己的专业知识水平，各项专业技能，同时更是培养了我们在新时期"互联网＋"的发展浪潮下学习独立自主创新的能力，让我们能够将自己所学到的真正运用到实践当中，我相信这次的参赛经历对我来说是一笔非常宝贵的财富。

在你们的参赛过程中遇到了一些怎样的困难？你们是如何克服的呢？

在参赛初期我们遇到最大的挫折是数据库的构建，前期的每条数据对样本检测的准确率要求极高，需要利用现有的多种检测手段进行佐证，但是数据库建立的成本极高，我们主动找课题组老师进行沟通，同时去学院寻求经费的帮助，在老师们和学院的帮助下，让我们顺利地度过这一关，才完成数据库的构建。

在队伍磨合期间肯定少不了队员之间的沟通和交流，有时甚至会出现一些小的摩擦和矛盾，作为队长，你是怎样处理的呢？

我们的团队氛围非常好，这主要得益于我们从开始就非常注重的团队建设。创业初期我们团队成员每个人都很努力，经常忙到深夜，每天在研发室通宵加紧研发设备与数据库的建设，然后再聚在一起开会，往往要一两点才回来。回去后各自还需要修改计划书，基本上三四点才能躺下睡觉，第二天八点仍然能激情满满地投入工作。大家为了一个共同的目标努力前进，这让我很是感动。后期随着大家不断地沟通和交流，在讨论的过程中经常会出现一些小的分歧，但是团队的氛围非常好，秉承着求同存异的思想，到最后都能将意见统一。

你是如何处理好参加竞赛与科研工作之间的关系的呢？

我们院的同学们科研压力都比较重，很多同学可能都因此错过了很多很有意义的活动。这次赛事持续的时间是很长的，在备战的过程中其实遇到了很多困难，但是在项目开展的过程中，我们充分运用到了我们的专业知识。在竞赛的过程中也加深了对我本身科研课题的认识，我们学习到了很多之前没有学到的知识，可谓相得益彰。

18. 柒懿科技：生物质氢能技术研发及应用服务商

在第三届中国"互联网＋"大学生创新创业大赛总决赛上，厦门理工学院"柒懿科技：生物质氢能技术研发及应用服务商"项目以省赛金奖的成绩入围全国总决赛，最终荣获国赛金奖。

柒懿科技致力于研发 HyMeTek 生物质循环系统，以物质闭路循环和能量梯次细化利用为特征，用于畜牧业废料、秸秆以及工业废水的处理。同时还联合陈氏引擎研发商，代理绿能引擎技术，其结合 HyMeTek 系统进行使用，打造"一村一站"新型能源生态模式，以实现资源的最大化利用，助力环保事业的发展。

它利用人畜排泄物、厨余垃圾和秸秆等废物来产生"金贵"的氢气，是一个变废为宝的项目。把废料投进设备中，加入所研发的生物菌，系统自动运转，通过生物发酵就能高速产出氢气和甲烷，产氢效率如今居于世界领先地位。

翁望志说，这项技术解决了制氢成本——只要用厨余、粪便等就可以，而且制氢过程无污染，而其他的制氢技术多会对环境产生污染。

如何储存一度成为难点，但后来借助俄罗斯科学院的技术，问题也迎刃而解。

这个获奖项目还是海峡两岸高校合作的结晶。这一生物制氢技术最早是由中国台湾逢甲大学绿能中心主任林秋裕博士领军研发的，后被引入厦门理工大学的创新创业园孵化。

这个获奖项目并不是纸上谈兵。翁望志透露，项目已经落地建设沈阳市于洪区绿色能源站，在当地投入规模生产。

19. 北斗即时判：米级精度的警保联动车联网系统

北斗即时判警保联动智能系统，以中国的北斗高精度定位、大数据、云计算、车联网等新一代的科技信息技术为支撑，实现了北斗卫星与人、路、车、险、管的全信息联通，在城市智慧交通建设方面将发挥独特的作用。其北斗高精度定位网联智能车载终端，是国内首个通过公安部交通安全车载视频记录取证设备检测的产品。

有车的人最怕出现交通事故，尤其是交通事故处理颇耗时间。在第三届中国"互联网＋"大学生创新创业大赛四强争夺赛中，武汉大学学生、"北斗即时判：米级精度的警保联动车联网系统"项目负责人左文炜的开场，就击中了现场有车一族的关注点。

如何能在交通事故发生后3～8分钟，不需要交警和保险人员到场，就实现交警定责处理、保险公司快速定损？北斗"即时判"警保联动智能系统的智能后视镜，一招就能解决。

左文炜说："搭载具备车道级（亚米级）的北斗高精度网联智能后视镜、行驶记录仪终端及UBI北斗高精度网联智能车载终端，能同时连接交警云服务平台、保险云服务平台、北斗高精度车主服务云平台，从而实现交警和保险的联动线上快速处理。"

当事车主在线远程报案后，交警就可远程在线勘查定责并快速处理，同时及时将高精度定位全时空信息有关数据推送到保险公司。保险公司则可同步远程在线接收、查勘、审核相关即时事故现场的高清视频和图像等信息，实现快速定损、快速理赔，从而使得事故车辆能在3～8分钟快速撤离事故现场。"利用这一新技术，还能区分司机行为的好坏，让好司机买车险得到优惠，让有驾驶陋习的司机付出更高代价，甚至买不到车险。"即时判系统的研发与产业实体——六点整北斗科技有限公司的董事长刘成敏说。

目前，北斗即时判已实现四个方面的首创。

①全球首次将"互联网＋"北斗技术应用于商业保险改革。

②全球首个实现车道级（亚米级）定位精度的车载后视镜终端。

③全球首个集成大规模车道级高精度数字地图的车联网系统。

④全国首个获得公安部道路交通执法取证设备认证的车联网终端。

而作为武汉大学北斗研究的产业化平台，六点整北斗科技有限公司现已获相关投资机构10亿元股权投资，且将用于北斗智慧车险产业基地建设。

"北斗即时判作为汽车行业的新服务，市场前景非常广阔。"左文炜介绍，这一智能车载终端目前已在宁波、武汉、南京、无锡及济南等地得到批量成功试用。例如，该系统自2017年6月在宁波上线以来，掀起安装热潮，现已覆盖1万台以上的车辆及众多保险公司，处理事故千余起。该系统不仅被列入2017年宁波市智慧城市建设试点项目，还进入宁波市智慧城市建设三年发展规划行列，也是目前国内唯一获得公安部交通安全产品车载视频取证认证的设备。

20. StepBeats——运动创作音乐 AI 平台

StepBeats 是一款通过跑步来创作音乐的 App。你是运动员，又是音乐家。

在物质生活条件日益提高的现代社会，人们对健康领域、精神消费领域的关注度不断提升。StepBeats 能够在用户跑步的时候调用 iPhone 的传感器，实时侦测用户的跑步状态、跑步速度和各类运动特征，并通过智能算法生成音乐，跟随用户的步伐给以鼓点、Bass 音层、Pad 音层、Lead 音层的叠加和与之相呼应的可视化效果的反馈。用户可以进行音乐的录制、分享、参与比赛等活动。

StepBeats 是音乐创作模式上一次全新的尝试。它使每个人都成为音乐家，通过充满个性的跑步特征、不断变化的跑步速度和步频来创作、分享独属于自己的音乐。同时，它也给了音乐爱好者一个全新的创作途径，通过跑步来进行想法的"输入"和音乐的"生成"。

"只要你在运动，就在创作音乐。不同的运动姿势、跑得快与慢，音乐都会随之变化。"作为团队负责人，李晨啸一边解说一边演示。例如，慢跑生成的音乐叠加了钢琴等音轨，速度加快时就多了贝斯等节奏感更强的音轨……

"通过我们这款产品，每个人都可以跑出自己的生命节奏。跑步时不一样的体态会借助手机的各类传感器记录下来，并且实时生成你的音乐，之后还能分享到朋友圈。"李晨啸说，"如此一来，用户既在充满趣味性和可能性的音乐的推动下坚持锻炼，又在锻炼中创作独一无二的音乐。"不仅如此，他们也为音乐爱好者提供了一个全新的创作途径——通过跑步来进行想法的"输入"和音乐的"生成"。

因为偶然间听到了一个同学因跑步的步频与音乐的节奏不协调而产生的几句抱怨，他随即萌生了做一款通过运动来创作音乐的 App 的点子，于是"坑蒙拐骗"地找来了两个"志同道合"的队友，说干就干！

从最初的产品概念设计到最后成形 App 的展示，看起来只是"创业""金奖"寥寥几字，中间却是一路的苦干、挣扎与不懈。也曾连续几天刷夜赶进度，也曾不小心错过参加大赛的报名时间，也曾为能够争取机会连打一天电话直到衣服湿透……或许创业之旅就像是人生的浓缩，充满了大起大落，过程注定艰辛，结局听天由命。

正是因为喜欢"不务正业"的生活，追求每天不同寻常的体验，为了自己的梦想挥洒青春，才成就了一名创客。

他说，要敢于试错。不论何时我们都在选择与失去。选择了有趣，可能就会失去高学分与高绩点；选择了学习，可能就会失去许多培养兴趣与乐趣的时间；选择了创业，可能就失去了享受平静与安闲的幸福；选择了安宁，可能就失去了体验创业的激情……但不能为了怕犯错就选择停滞！

虽然中国创业团队的平均寿命只有 2.72 年，但是在浙江大学这一创业大环境的熏陶下，试一下创一下，又何尝不可。至少我们年轻，没什么可失去的啊！

对于创客（创业者），他说创业可能赚不了多少钱，可是我们要有一种执念：我们的作品是一件独一无二的艺术品，最后要做的是拼尽全力把想法变成现实。

他说自己有着一种互联网式冒进。勇敢尝试也是一种互联网思维。如果一个机会摆在你面前，你犹豫，因为你只有 40% 的把握，当你拼啊做啊，把握有 80% 了，然而，机会早已溜了。

21. "互联网＋"国风漫画创作源计划——三昧动漫

从 2015 年起，《大圣归来》《大海鱼棠》等一系列国风动漫再次进入公众视野，成为国内主流媒体关注的焦点。借着这个市场和文化的契机，路现娜和一群志同道合的朋友成立了三昧工作室，向国风动漫市场进军。在第三届中国"互联网＋"大学生创新创业大赛四强争夺赛上，路现娜带着一身疲惫与桀骜站在了舞台上，用现身说法，讲了一个关于国风动漫的故事。

创业背景：国风复兴——"大圣"的归来。

2015 年，国产动画《大圣归来》刮起了一股国产动漫旋风。以此为节点，市场上的国风动漫作品突然多了起来。

2013 年，毕业于吉林动画学院的路现娜就开始进行国风漫画的创作，不过在 2015 年之前，用她自己的话讲，都是在"走独木桥"。2015 年，《大圣归来》上映，迅速火遍全国，路现娜也找到了志同道合的伙伴，此时她的工作室才算正式组建成功。

路现娜为工作室取名"三昧"，来源于"三昧真火"，对于自己的工作室来讲，她希望它能够经受住"真火"的试炼成为一块真金。

21 世纪，可谓动漫产业最具创意的朝阳时代，弘扬文化软实力，中国国风漫画要做互联网时代下的文化旗手。

"然而，中国虽然有着世界上增长最快的动漫消费市场，市场总额已达 3000 亿元。但数据显示，日、美动漫产品市场份额超过 90%，国产动漫产值则不到 300 亿元，市场占比不足 10%。"对于喜爱动漫的路现娜来说，她是感到痛心的，"而这不足 10% 的份额里，还到处充斥着美、日风格，真正的'国风动漫'凤毛麟角。"

捕捉到动漫产业发展动向且得到国家政策支持后，路现娜开始了她的创业计划，要擎起互联网时代下国风漫画文化的大旗。

大三时期，路现娜了解到，学校打造的"创意硅谷""创业硅谷"，可为具有创业理念、创业能力和创业热情的学生以及经得起推敲打磨、具备市场转化能力的创业项目提供各项支持。于是，路现娜借助学校之力，使三昧动漫公司在 3 年时间内发展成为一流的国风漫画团队。

说是要做国风漫画，但是如何在画面中、在情节里体现出中国文化的内涵，是一个急迫且关键的问题。路现娜摸索到的答案是细节。路现娜抬起手做了一个画画的动作，并解释道："比如在一个分镜中出现了一张八仙桌，勾勒完桌子的线条之后我们可以简单地平铺颜色，读者也看得出来这是一张八仙桌，但是还不够，颜色缺乏层次会令这张八仙桌更像是一个符号而缺少真实感，我们要对它进行一些具有中国韵味的处理，比如做出毛笔干蹭的效果，就是为了让这张桌子能够更加完美地融入情节之中，不会让读者'跳戏'，"她再次强调，"不同材质的衣服都会有不同的纹理，细节决定成败，一点也不能偷懒。"

路现娜的三昧工作室创作的多是以中国神话故事为蓝本的作品，虽然主要情节大众都已耳熟能详，但她总能在细微之处发现新的故事点。

以《四圣传》为例，它的故事背景便是家喻户晓的《西游记》。《西游记》中有"混世四猴"，即灵明石猴、赤尻马猴、通臂猿猴和六耳猕猴，除了石头里蹦出的孙悟空大放异彩之外，其余三只在原著中并无过多着墨。路现娜就是以混世四猴中的通臂猿猴为主角创作了看似很"西游"实则不"西游"的《四圣传》。

在路现娜看来，中国的神话故事信息量非常丰富，可供挖掘的素材也很多。

"在一个大家都熟悉的故事中依然会有未开发的空白地带，只要用想象力去包装、去延伸、去展开，就变成了属于我们自己的新故事。"

2015年，路现娜的工作室与吉林动画学院签署了创作平台协议，在校学生从大三开始就可以进入团队实习，并接受主笔的培训，到了大四的时候这批学生就能被培养为成型的漫画助手，其中一部分创作能力比较强的学生甚至可以尝试自己主笔，这种合作培训模式极大地解决了人员补充的问题。"学校希望学生有更多的实践机会，而我们需要一个梯队，保证在做国风漫画的时候有充足的人员补充，这可以说是一种双赢"，路现娜表示。

目前，路现娜正计划着制作动态漫画，相对于动画来说，动态漫画的成本更低、剧情更丰富，形式也更加灵活多变。"动画中一个镜头有24帧，要画很久，漫画是一种梳理型、只谈主格的创作形式，可以省略很多中间过程，做动态漫画不用把动作连续起来，可能只用动画一秒钟的成本就能表现动画2分钟的内容。"

对于当下的漫画产业发展，路现娜认为全链条式的产业模式是大势所趋。小说输出剧情的速度快，漫画展现的剧情更丰满，动画则因其影音兼备的特质而显得更为生动，每种形式有着不可替代的作用，因而同一部作品完全可以以小说、漫画、动画多种形式呈现。

"先通过成本相对较低的小说和漫画积累一批粉丝，再通过市场的欢迎度来决定是否制作成动画，这样可以最大限度地减少亏本的风险。"

有人担心，传统文化与商业会冲突，但路现娜似乎并不担心。"我们的团队有着先进的、效率极高的制作模式和广泛的宣发销售渠道。"路现娜对团队的能力充满信心。如此自信，并不等于自大。在路现娜看来，读者的品位千万不要低估，更不能忽视读者的情怀。

"有此情怀的同道人越来越多，就意味着随着中国的日益强大，国人对中国文化的认同感和自信心也会越来越强。"三昧动漫的崭露头角，势必燃起国风漫画的星星之火，也终将使我国传统文化于世界舞台大放光彩。

22. 玻尔科技：国内量子点薄膜批量供应的领导者

"2017 年完成量子点工业生产线的建设；2018 年成为国内首家供货商，保守营收5120 万元；2019 年量子点材料的产能达到每年 1 吨，营收破 1.3 亿元。"这是厦门大学材料学院毕业生、玻尔科技创始人兼 CEO 陈凯武，在第三届中国"互联网＋"大学生创新创业大赛金奖争夺赛现场的一席"豪言壮语"。

一家初创的实体经济企业，何来如此强劲的市场信心和魄力？

"我国普通液晶显示器已经无法满足 70％的用户需求，采用 OLED 升级，需要彻底更换产业链，中国巨大液晶产能优势不能被发挥，技术繁杂易导致良率极低。此外，全球仅一家大屏 OLED 供应商，产能严重不足。"陈凯武心中有数。

"你们的优势在哪？作为实体经济能否为民族品牌代言？国内其他竞争对手的技术难点在哪？"

陈凯武这样说，"国内竞争对手核心材料需要进口，价格高昂，或者性能不达标，尚处于研发当中。我们的技术优势有三：材料核心指标超过国内竞争对手，有两项首创技术，薄膜生产良率控制达到 95％……"

量子点色彩增强膜基本原理是背光模组中的蓝光 LED 发出蓝光，蓝光经过量子点薄膜时，部分蓝光被量子点转换成绿光和红光，未被转换的蓝光和量子点（发光二极管）发出的绿光、红光一起组成白光，成为液晶显示屏的光源。量子点色彩增强膜可以使液晶显示屏的色域从目前的 70％NTSC 提高到 110％NTSC 以上。

玻尔科技的量子点色彩增强膜采用"三明治"结构，在量子点层的上下两个表面覆盖有水氧阻隔膜。产品应用于液晶显示屏的背光模组中，放置在导光板（或直下式中扩散板）上方，与蓝光 LED 组合能够产生拥有尖锐峰形的红绿蓝光源，能有效提升液晶显示器的色域，可广泛应用于电视、显示器、平板和手机等终端产品。

目前量子点已成功在液晶电视中实现了商业应用并成为今后液晶电视的重要技术方向，三星、海信、TCL 等彩电巨头纷纷在量子点液晶电视上布局。2015 年，量子点薄膜的市场规模为 7760 万美元，世界知名咨询公司 IHS 预测到 2020 年其市场规模可达 15 亿美元，同比增长 1833％。未来 3 年量子点薄膜的市场规模将呈现爆发式增长的状态，潜力巨大。

23. 果酱音乐

"果酱音乐"脱胎于"摇滚客"，其创始人兼 CEO 邹扬是位"88 后"工科男，2013 年毕业于北京邮电大学模式识别专业。摇滚客从媒体入手，自建编辑团队，内容以报道独立音乐人为主，与几十家渠道合作，在相关的平台上设立专栏，从而达到对作品、演出、乐手等多渠道推广。摇滚客更名果酱音乐后，褪去了"摇滚"的标签，经过华丽升级，一跃成为国内领先的音乐新媒体，打造出了国内最大的立体式音乐宣发平台。

当初的摇滚客是邹扬在做研发工程师之余创办的一个音乐媒体网站，网站内容也都由他一个人负责。正是通过摇滚客，邹扬认识了合伙人朱春龙。朱春龙在自媒体行业有五年的从业经验，帮很多艺人和唱片公司做过音乐策划。而后，原本在途牛做旅游产品研发的朱洪永也加入团队。2015 年 6 月果酱三人创始团队正式形成。

有趣的是，创始团队里三个人都不是音乐科班出身。邹扬是纯理科出身，是北京邮电大学的计算机硕士，而朱春龙本身则是学建筑设计的，朱洪永同样不是专业学音乐的。理科的学习培养了邹扬理性思考的能力，虽然他爱音乐，大学玩过六年乐队，"但创办果酱音乐是一个很理性的创业，并不是冲动的"。

邹扬介绍道，2010 年自己就在找互联网音乐创业机会。到 2013 年，国内音乐节开始兴起，邹扬在音乐产业的火热中敏锐地意识到整个音乐行业的宣发渠道和好的艺人之间有着严重的信息不对称，但当时并没有太好的机会来做这件事。到 2015 年，邹扬发现，好多没有签唱片公司的独立音乐人只靠微博、微信的运营，就把自己变成一个网红了。

"我觉得，音乐的传播路径在变了，但整个行业还是面临传播渠道和音乐人高度分散的问题。当时想去做一件事情，想做音乐行业在新媒体上的音乐传媒。我做这个事情动机其实很简单，就是想帮助那些没有上过《中国好声音》《中国好歌曲》那帮有才华的音乐人，帮他们去走出来。"邹扬说道。

对于优秀独立音乐人来说，他们能够被大众认可是最为幸福的一件事。而对于邹扬来说，为优秀音乐人提供更多曝光机会，让每一位优秀的音乐人脱颖而出是他的使命。邹扬将带领团队继续大刀阔斧地向前进，他用慢慢强大的肩膀，撑起那份越来越近的理想！

24. Lifeline 生命续航专家

我国心血管疾病患者高达 2.9 亿，每 5 秒就有两位国民死于心血管疾病，为我国居民首位死亡原因。现有治疗以人工支架、人工血管等合成材料为主，需终身服用抗凝药物，术后并发症发生率高，再堵风险仍然高达 30%，治疗费用高昂。试想一下，一位血管损伤的病人，通过置换一段 3D 生物打印血管重获健康，是不是一件幸福的事？未来，3D 生物打印技术可以延伸应用到人类身体的任何一个部位，包括心脏、肾脏等。

四川大学的"Lifeline 生命续航专家——3D 生物打印促进个性化医疗"项目，基于 3D 生物打印技术，针对不同患者、不同慢性疾病的阶段等差异，制定不同的治疗方案。Lifeline 生命续航专家团队 20 余人在"千人计划"特聘专家康裕建教授的带领下，师生共创，潜心研究，成功研发出生物活性血管。

团队获得自主发明专利 54 项，利用 3D 生物云计算平台、生物墨汁制备、3D 生物打印技术和打印后处理系统四大核心技术，成功研发全球首台 3D 生物血管打印机，依托干细胞生物墨汁技术打印出 3D 生物活性血管，攻克人工血管需终身抗凝的世纪难题，开启血管疾病治疗新纪元。

此外，项目团队还搭建了患者、医院、Lifeline 团队三位一体的服务模式，基于全球首创的 3D 生物血管打印技术，利用互联网技术和医联体资源优势，10 天即可定制出个性化的生物活性血管，而这 10 天，能够让我们在与死神的博弈中抢占先机！

2016 年 12 月 1 日，依托干细胞生物墨汁技术构建的 3D 生物打印血管成功植入 30 只恒河猴体内，实验动物术后存活率为 100%。200 多天过去后，恒河猴依旧活得好好的。

"恒河猴生物活性血管体内移植实验的成功，开创了血管疾病治疗的新纪元。"实际上，人工血管已经出现了半个多世纪，但人工血管再堵塞问题始终没有得到解决，"3D 生物打印血管彻底解决了人工血管内皮化的问题，不会发生再堵塞。"康裕建教授说道。

恒河猴实验的成功，代表在不久的将来，3D 生物打印血管将会用于人类本身。这项技术为全球心血管疾病患者带来福音，患者无须终身使用抗凝药物。

在最初宣布将 3D 生物打印与生命科学相结合时，不少人存在质疑，认为这就是一个噱头。而对待这些质疑，康裕建教授显得很坦然。"在创新的过程中，肯定会有人不理解，存在质疑再正常不过了。"康教授说，质疑不一定是坏事情，不敢接受质疑的研究反而是不可靠和不能继续发展的，敢于面对质疑才能带来科学的突破。

"当你的研究没有质疑，就代表没人关注你的技术和研究，这样真的好吗？"康裕建表示，质疑的声音反映了这项技术研究会对社会产生多大的影响，而这又是推动社会科技水平发展重要的基础。

"对我来说，质疑就是我科研的动力。"康教授坦言，他的目标就是在有生之年，让血管损伤的病患能享受到 3D 生物打印技术，让他们的生活质量更好。

25. 荔枝微课

一位来自黑龙江种植木耳的农户成了一名"教师"，而且月入过万，他究竟是怎么做到的呢？原来是借助荔枝微课这一平台，通过在平台售卖木耳种植的课程，凭借知识创造了财富。

荔枝微课，一个华南理工大学毕业生的创业项目，2016 年 6 月产品正式上线，9个月内就获得近亿元融资。目前，这一在线教育学习平台已拥有超过 1000 万的用户，注册讲师 100 万人，孵化出月入 10 万的老师 100 多位。

项目合伙人、荔枝微课项目 CEO 黄冠和 CMO（市场总监）陈劢，带领最初只有 19个人的荔枝微课闯出了自己的一片天。

"很多企业选择在微信群里授课，为员工培训。"体验并观察着这种微信群的培训方式，陈劢发现了问题所在："一是人数受限，二是内容无法积淀和传播。这就意味着这一市场潜力还很大。"

打造一个平台，使其能最便捷地实现在线教育培训，且能实现分享、评论、打赏等功能的想法在陈劢脑海中一直盘旋，而黄冠是陈劢首先想到的合伙人。

"学校的创业氛围浓厚，尤其是我们计算机学院，创业学生非常多，有关创业的讲座和课程也多种多样。"同是毕业于华南理工大学的黄冠，在校期间也是创业的活跃分子：创办电影 FM 网站、互联网公司，毕业后又创办广州森季软件有限公司。

两人之前就有过多次合作，彼此配合也比较默契，创办在线教育学习平台——荔枝微课，两人也是一拍即合。项目成立之初，在资金和办公场地限制下，黄冠带领团队在广州大学城负责产品研发，陈劢则带领团队在深圳负责产品运营策划。两个团队各司其职、精诚合作。

"一开始肯定会遇到很多困难，能坚持是最重要的。"陈劢说，"我们都不是第一次创业，读书期间就是学业和公司两头兼顾，辛苦是一定的，不过也都坚持下来了。"支撑荔枝微课一路走来的，不仅在于其对创新创业的追求，而且还在于他们在教育这一事业中感受到的幸福与满足感。

"荔枝微课不仅仅是做纯知识的内容传播，也具有社会性功能。"黄冠介绍，他们渴望能利用互联网消除知识与人之间的鸿沟——教学双方只需通过手机，就能随时随地实现教学互动，最便捷地让用户获取和分享知识。

成立仅一年，荔枝微课在自身发展的同时，也更多地关注着公益项目，相继为地震受灾人群提供心理辅导课程，为单亲妈妈抚养教育孩子提供课程，为离异家庭孩子提供教育课程，并进行公益推广。这种从事教育行业不可或缺的责任感，还将促使荔枝微课在教育公益的道路上不断探索。

26. 鲲鹏易飞无人机

第三届中国"互联网＋"大学生创新创业大赛金奖、最佳人气奖——鲲鹏易飞无人机。

提到无人机，很多人首先想到的可能就是玩具、航模或是航拍工具。体积小、飞行速度快、机动灵活、操作简单、价格相对低廉，这些优点让众多航拍或航模爱好者成为这类消费级无人机的忠实拥护者。

除了用于娱乐、拍摄的消费级无人机，还有一些无人机要完成电力线巡检、林业监测等特殊任务，这便是行业级无人机。由于要完成的任务特殊，对无人机的作业半径、作业效率等都有较高要求，而目前市场上的行业级无人机产品存在机型不理想、智能化水平不高两大痛点。

"我们主要是为客户提供定制化的行业级无人机硬件、软件、服务一揽子解决方案。针对目前市场上行业级无人机存在的痛点，我们自主研发了一款倾转机翼式垂直起降无人机，并在其上搭建了基于嵌入式GPU（图形处理器）和深度学习的机载人工智能系统。"张文博——西安电子科技大学电子工程学院2010级博士、校企联合培养博士后、昆山鲲鹏易飞无人机科技有限公司总经理——提到的正是他们团队设计研发的易飞无人机。

此款无人机最大的优势在于其结合了固定翼无人机续航时间长、作业半径大和多旋翼无人机起降灵活、可在空中悬停的优点。起飞时，机翼垂直于地面，由4个螺旋桨提供上升动力；当飞至一定高度后，两对机翼进行90°倾转，切换至固定翼巡航姿态，此时飞行速度可达140 km/h；若在作业过程中发现异常点或需要降落时，机翼反向倾转90°，重新切换至垂直飞行模式，可实现空中悬停或垂直降落。这样创新性的设计，使其只需10 km² 左右的场地即可平稳起降。

除了硬件方面"强强联合"，易飞无人机的"驾驶员"也十分聪明。该无人机在嵌入式GPU的基础上搭建了一套机载深度学习框架，配备了先进的人工智能系统，已能够实现车辆或人员目标的检测与跟踪，甚至可以及时发现人群聚集、奔跑、跌倒等异常情况。下一步根据行业用户的具体需求，可以为其定制化地开发行业级无人机软硬件整体解决方案。

负责项目机载人工智能系统研发的吴鑫说："我们这套系统可以实现一键起飞、远距离自动巡航、部分作业自主完成、一键返航降落的'傻瓜式'操作。我们的目标就是要将行业级无人机打造成一款真正的空中机器人。"

面对无人机产业领域的强大竞争，张文博显得信心十足："我们的飞控系统、机械结构、地面站系统、4G图传模块都是自主研发的，具有较高的技术壁垒，所以我们不怕友商和我们竞争。而且我们的无人机具有高度自动化的优势，对飞手和起降场地的要求都特别低。"他指着电脑上的一幅卫星地图解释道："这就是我们的地面站，有点儿像机场的塔台，通过它可以设置飞机参数，控制飞机完成起飞、巡航作业、返航降落等整个流程。而且我们使用 4G 信号来实现图像传输，能够不受距离限制地将无人机作业现场的影像数据传回来，方便地面人员进行指挥决策。"相比固定翼无人机需要手工抛飞的危险或发射架弹射的繁琐，易飞无人机能够让会按快门的你轻松成为一名合格的飞手。

"你可以把我们这款无人机当作空中机器人或者是空中智能信息处理平台"，张文博说。易飞无人机作为行业级无人机，需要完成的多是具有鲜明行业特色的特殊任务，因此，公司把安防、电力、林业等政府部门和相关企业定为目标客户，目前已与新疆怡林实业股份有限公司、江苏十方通信股份有限公司苏州分公司等建立了合作关系。

对于企业未来的发展，张文博也有很多设想："产品方面，我们未来可能会涉及无人机多传感器智能信息处理平台、无人机调度中心、大数据分析系统等。技术方面的话，可能会根据各类行业任务，配置各种传感器组合方案，并开发与之匹配的机载智能信息处理系统等。"

"让行业无人机更易飞"，这或许不仅是易飞无人机的优势，更是张文博团队在无人机领域的奋斗目标。

27. Poputar 智能吉他

在第三届中国"互联网＋"大学生创新创业大赛全国总决赛中，北京理工大学选送的"Poputar 智能吉他"项目荣获全国金奖并进入总决赛 10 强。这款智能吉他，让用户利用碎片化时间，玩着游戏就能学会吉他弹奏。

Poputar 智能吉他采用"智能硬件 ＋App"的方式，通过科技的手段和游戏化的理念重新定义音乐的学习方式，让学吉他变成一个"音乐的游戏化自学习"过程。随时随地，只要你想，你就可以开始演奏。

Poputar 智能吉他问世以来，已经荣获了 iF 设计、红点设计以及 Good Design 设计奖，2017 年 8 月 19 日更是问鼎了 IDEA 的设计金奖。这也是中国乐器公司首次登顶世界级的工业设计大赛，标志着 Poputar 的在产品设计领域已经走在世界前列。

Poputar 智能吉他的黑色哑光外形，配上琴身的原木肌理，将传统吉他琴身做薄，琴头流露出刀锋感与镂空设计。琴颈指板有 120 颗晶莹透亮的 LED 灯，连接琴体里的智能模块。琴身工业设计感十足。

学习乐器是痛苦而长久的过程，Poputar 智能吉他的理念则是让音乐零基础的初学者能够通过高效的学习方法实现自己的愿望，让大家抱起吉他，可即刻进入弹奏状态。

打开 App，通过蓝牙连接吉他，LED 灯指示左手位置，哪里亮了点哪里，App 指示的右手演奏方法，通过 LED 灯进行提醒。用户与吉他进行可视化的互动，学习吉他就变得有趣而简单。

这种设定使得 Poputar 将自学过程转变为"节奏大师"和"吉他英雄"般的游戏体验，帮助初学者能够在游戏中轻松快速地掌握吉他的弹奏技巧。人们再也不会因为左手按弦难产生挫败感，也不会因枯燥学习过程中的迷茫感而停止对音乐的学习。一切内容围绕和弦走向，在每周更新的弹唱曲库中弹会最新最热的流行歌曲，与音乐合拍，就是这么简单。

视感科技创始人张博涵，2017 年福布斯中国 30 位 30 岁以下精英榜上榜者，在海外留学时看到了智能乐器领域的潜力，便毅然决定归国创业，在机场用 7 h 说服了另一位创始人骆石川，一起开始了"视感科技之旅"。

张博涵在一次校友会中分享了自己对于大学的独特看法。

第一，大学要注意三大东西：大师、大城市、大世界。跟大师学知识学本领，在大城市利用好丰富的资源，开阔眼界，胸怀大世界，只有本领比别人强了，眼光跟别人不一样了，才有可能在创业的路上走得更远。

第二，大学要学到三个词：魅力、有趣、独特标签。魅力，是为了能更好地找到合作伙伴，找到商业契机；有趣，是要丰富精神，让灵魂变得有趣；独特标签，是要向别人更快地介绍自己。在推销产品之前，将自己包装好并推销出去才是最关键的一步。

第三，在成长还中要学会四句话。

"专业的精髓是视角维度。"利用搜索引擎可以找到许多你想学到的东西，但是找不到的是视角，在学习专业知识的过程中，形成自己独特的思维方式和路径才算是学到了精髓。

"问题的解法永远不在问题里。"他以马车被汽车取代、胶卷相机被数码相机取代、手动挡汽车被自动挡汽车取代为例，告诉大家，解决问题只需要换一个角度。

"辗转、往复、破立后才有力量。"在成长的过程中，我们会遇到许多选择，在选择的过程中，我们会面对许多质疑，在质疑之下，坚持自己而形成的巨大的能量便是我们的能量场。

"在认知摩擦中定义清楚自己。"要敢于在没有得到世界的任何支援和反馈之前与自己较劲，较劲的过程恰恰能让你清楚什么东西真正适合你，这便是一个定义自己的过程。

28. 高性能全集成激光雷达芯片——让机器用"芯"感知

"我们的芯片是一个系列，叫作 CMOS 全集成激光雷达芯片。别看它小，它的'小宇宙'可是很厉害的。"放在项目负责人马瑞手掌心的芯片，看起来还不及小拇指指甲盖的一半。"这是我们的 8 线芯片，主打高精度，针对的主要是要求准确探测的智能服务机器人。"西安电子科技大学微电子学院 2013 级博士、师资博士后马瑞告诉记者，他们研发的"高性能全集成激光雷达芯片——让机器用'芯'感知"，刚刚获得第三届中国"互联网＋"大学生创新创业大赛创意组全国总决赛金奖。

扫地机器人、无人机、家用服务机器人、无人驾驶汽车……这些无人控制的智能设备开始逐步进入人们的生活。它们靠什么识别、躲避障碍物？

其实，这些机器人也有类似于人类眼睛的"感官"——雷达系统。雷达作为机器人的眼睛，能够帮助机器人获取周围环境信息，如进行障碍物定位、距离探测，并且能够引导机器人自主行进、主动避障等，被视作机器人实现高级智能行为的基础和先决条件。尤其是激光雷达，具有解析度高、抗有源干扰能力强、探测可靠度高、不受光线影响、测速范围大等优点，成为无人控制设备的不二之选。激光雷达还可实时探测出周围环境的三维图像，即使夜间也可以使用，真正"借"了一双"慧眼"给这些无人控制设备。而这双"慧眼"的"瞳仁"就是激光雷达芯片。

激光雷达芯片的性能、成本等，决定了整体激光雷达产品的优劣，市场上现有激光雷达均存在成本高、体积大、探知能力弱、可靠性差等痛点。

这些痛点被来自西安电子科技大学微电子学院国家级集成电路实验教学示范中心的创新团队一一解决。他们研发的高性能全集成激光雷达芯片，是将核心电路的 500 多个分立元器件集成为一块芯片，能够快速获取百米范围内的不同目标，从底层硬件提高激光脉冲飞行时间的探测精度，创新性地引入高精度 ADC（数字转换器），同时获取距离和强度信息，使图像更细腻。同时，它还可以做到亚纳秒级不可见光探测，增强抗干扰能力，提高探测安全性。也就是说，它可以让机器人视野更宽，看得更远更清晰。

就是这样一块小小的芯片，可以使整机体积至少缩小一半，功耗降低 50％以上、核心电学器件成本降至原先的 1％，并且无须经过电学调试。

不仅如此，针对不同应用需求，团队还研发了多款激光雷达芯片。马瑞指着桌子上大小不同的三块芯片说道："这些都是我们还未封装的芯片。刚才看的那个是 8 线，主要面向智能服务机器人、ADAS（高级驾驶辅助系统）的中端市场。"他用镊子夹起一块更小的一块，说："它的长是 1.66 mm，宽是 0.88 mm，这是我们的单线激光雷达芯片，面向扫地机器人、儿童玩具等小型机器人的入门级市场。"这块"迷你款"芯片的探测距离可达 50 m，单片成本不足 1 元。

相比这款主打性价比的芯片，另一块长条形的芯片可算是三款芯片当中的"奢侈品"了。"这是我们最近才研发的 64 线激光雷达芯片，主要针对高端市场，如无人自动驾驶、无人机自主飞行等。"马瑞自豪地介绍道："这是我们国内首款可量产多线的激光雷达芯片，它要比业界同类型产品领先至少 6 个月。"

"让机器用'芯'感知"，这不仅是他们项目的一句宣传语，更是他们团队用心创新的体现。

29. 罗小馒：云南目前最火的"罗三长红糖馒头"

1.5 元买个馒头，1.5 元或 2 元买个包子，可不要轻看了这包子铺。

单单一个红糖馒头，罗三长和合伙人就拥有了 5 家自营店和 131 家加盟店，不到两年，就卖出了 7800 万个红糖馒头。这可以算得上是云南最火的馒头了！"罗小馒红糖馒头"项目在第三届中国"互联网＋"大学生创新创业大赛中荣获金奖。

单靠红糖馒头，真能做那么火？没听过罗三长创业故事的人可能都很怀疑。那么，就与罗三长来个邂逅吧！

2017 年 9 月 27 日上午 9 时 20 分，位于昆明滇池国家旅游度假区的滇池学院，由于是上课时间，能遇到的学生很少。罗三长现在是滇池学院大四学生。只见他双手插在裤兜里，背着个双肩包，瘦瘦的，但精神气十足。

由于学校里的咖啡吧还没开门，记者和罗三长就随意找了个凳子，开始聊起他与红糖馒头的故事。

别人高中时忙于功课，为高考拼搏，但他早已经深深扎进社会大熔炉中。

2009 年，他进入高中，成为学生会主席，随后成立了一家人力派遣公司，积累了人生中宝贵的经验；在新东方学习过烹饪，拿到了新东方二级厨师证，高二时做过中餐厅；2012 年，外出务工时遇到黑中介，虽然最后工资追回了 3.2 万元，但 8 万元被坑。上大学后，他利用寒暑假打工，2014 年在云南省德克士总部打工，2015 年去了广东省石碣市龙地村模具厂。

赚钱，人人都想，可你知道搞什么最赚钱吗？很多人回答不了。

"馄饨是最赚钱的，下来就是米线，再下来就是包子馒头了。"罗三长说，"馄饨是搞不出花样来的，创新突破性很小。米线在云南已经很久远了，很难突破创新，所以就想到了包子馒头。"

别看只是几句话，但如果没有深入调查、在餐饮业的摸爬滚打，是难有这番见解的。

"馒头在整个中国，一般都是以白馒头为主，毕竟大众吃的只有白馒头。我想着就从面食切入，从面食切入的话就想到了云南本来就有的红糖馒头。那么，我的红糖馒头就要与原来有的红糖馒头在制作上方法上不一样。"

2015 年 7 月暑假，他和后来的一位合伙人去中国台湾地区，不为玩，就为"取经"——台湾地区的小吃很出名，包括红糖馒头。

2015 年 11 月 8 日，罗三长的首家"罗小馒红糖馒头"店开业。他在学校食堂租了一块地方，开店第一天就盈利 1050 元。

为推广自己，当了解到有很多老师都是很早赶着校车来上课，没有时间吃早餐的情况后，罗三长就想到了"爱心早餐计划"：给所有上班的老师送一杯豆浆、一个馒头、一张名片，主要是为了推广品牌和获得更多支持。通过这次活动，不仅红糖馒头店在校内人人皆知，还有很多老师一天不落地来店里买馒头。

随后，红糖馒头店进了西南林业大学、云南民族大学、云南师范大学……到现在，他同合伙人已经拥有 5 家直营店、131 家加盟店，已累计销售 7800 万个红糖馒头。

为什么他的红糖馒头能这么成功呢？"我们用了互联网产品思维和工匠精神去做。"罗三长说。小作坊要的是如何卖出去最多，而他们想到的是怎么让消费者喜欢，追求更好的迭代。"红糖馒头之后，一系列适合不同人群的子产品就出来啦。"

"馒头不仅仅要做成馒头，还要做成法式软包。"不满足于现状，扩大规模是罗三长一直在思考的。他正与技术人员研发红糖奶黄包、红糖发糕。他希望有更多甘蔗、小麦种植户加盟他的红糖馒头品牌，从原材料环节进行把控，让红糖馒头能够走出云南。

在第三届"互联网＋"大学生创新创业大赛中，"罗小馒红糖馒头"获全国金奖。"红糖馒头"一下子让人惊讶了。

为什么"红糖馒头"也能获奖金？这说明，小项目也能成就大事业，创新不一定要高科技，只要是"接地气"的创新，有益民生的创新，创新的种子就能生根发芽。只有脚踏实地，一步一个脚印搞创新，创业才能获得成就感；只有从小项目做起，才能在市场上逐渐站稳脚跟，才能拥有更多自信和勇气去闯市场的新天地，并让自己的理想变成现实。

罗三长说，"我觉得我们的项目不仅仅是一个馒头，而是一个极具发展前景的项目；它不是一个凉馒头，而是一个有温度的馒头""创业过程中，我也曾遭遇过很多挫折，而且现在还只是个学生，还需要多学习和积累社会经验。我今天的成功，是与我的坚持分不开的。太多人把小事不当事，把大事当作麻烦事，最后一事无成"。罗三长认为，他最大的成功就是敢想敢做，且善于不断总结经验教训。

借全国总决赛的舞台，罗三长发起了"全国高校 500＋小馒人合伙加盟计划"推动大学生就业，同时他已经注册了"罗小馒"品牌商标，计划将他的馒头推广到更多省份。

30. 编程猫：做编程教育的先驱

人工智能与互联网科技的强势结合，成为此次创新创业的最大亮点。在第三届中国"互联网＋"大学生创新创业大赛中，作为山东赛区唯一一支金奖队伍，编程猫做的事情与其他项目有些不同，但又可以说是殊途同归——编程猫没有在特定的领域研究高精尖的 AI(人工智能)技术，但却愿意做一所"黄埔军校"，为正在到来的 AI 时代培养大量的 AI 人才。

编程猫是一家针对少儿编程的在线教育平台，提供图形化模块的在线编程教育课程，学员可以在平台上设计游戏、软件、动画等内容并进行展示和交流，借助 AI 实现规模化一对一教育，解决了编程教师紧缺的问题。

随着人工智能的不断发展，编程将成为未来世界的通行语言。国务院发布的《新一代人工智能发展规划》建议实施全民智能教育项目，普及编程教育。编程渗透率在未来几年将出现成倍增长，中国编程教育市场爆发在即。

编程猫以自身优质的产品、顶尖的团队，在两年间吸引到超过 30 万海内外少儿用户，获得 3 轮总额 1.4 亿元投资，并与 1053 所公立学校，两所海外学校达成合作，市场份额高达 60%。

"哪怕我们只教了十个小朋友，他的一生也会因此而完全不同。"编程猫创始人及 CEO 李天驰以这样的情怀开始了自己与编程猫的故事。

2009 年，李天驰进入山东大学，开始在软件学院学习人机交互专业。在校期间，他曾担任软件学院篮球队队长，也曾活跃于院学生会，在文艺部组织各种活动。无论篮球队还是学生会，都给他留下了许多难忘的经历。

之后，李天驰进入欧洲创新技术研究院，对图形化编程进行深入研究。2014 年，他在 EPA 法国创业大赛中凭一款教育产品获得冠军。在国外看到图形化编程在基础教育的可能性后，2015 年 3 月，本将从欧洲创新技术研究院毕业的李天驰与合伙人孙悦一起放弃了共 6 个硕士学位，归国创办了编程猫，打算做一种能够培养未来创作者的少儿编程教育。

李天驰入选 2017 年福布斯中国 30 位 30 岁以下精英榜。李天驰希望下一代更早地接触编程，学位对他来说只是一纸文凭、一种认可，但少儿编程教育则承载了对下一代的社会责任，这是靠自己的力量为国家做贡献的一种可能。"我们怎么样为世界带来一点变化，在人工智能时代到来的时候，让所有人掌握这一种技能？我们希望每一个小朋友在成长的过程中能接触到更好的东西。"他说，"好的产品，可以击穿一切。"好的产品，更有改变世界的力量。

31. 美她司酮：渴望走出实验室小药片

小药片"美她司酮"，静静地躺在福州大学肿瘤转移预警和预防中心实验室的小瓶子里，它以创意组第二名的成绩捧得第三届中国"互联网＋"大学生创新创业大赛的金奖，是福州大学肿瘤转移预防研究的重大成果。仅 2016 年，该中心实验室在肿瘤转移的药物干预领域发表的论文总数就占全球总数的 36%。完美的实验数据，顶尖的课题论文，作为高校的科研成果，小药片"美她司酮"的路几乎可以告一段落。

但它的主人贾力教授和王杰博士，以及项目组其他的伙伴们却有些不甘心，不忍它被束之高阁。只因这粒看似普通的小药片是眼下癌症预防转移的重大新药，未来每年至少可以挽救 300 万癌症转移复发患者。

"造福人类"这样的使命，此刻不是空洞的口号，就在眼前的这粒小小药片的身上。

数据表明，我国每年新增肿瘤患者数目达到 430 多万，预计到 2022 年，肿瘤手术后幸存者的总数将达到 2000 多万。人们常常"谈癌色变"，然而原发性肿瘤本身并不可怕，今天的外科微手术和放射治疗可以精准地切除未转移的局部肿瘤。可怕的是肿瘤手术后的再转移。而预防高风险期的肿瘤转移，一直是全球性肿瘤治疗的理论技术和产品的空白。

福州大学异军突起，独创性地开辟了基于血中循环肿瘤细胞及其代谢物的肿瘤转移的药物预防领域。这一特色领域旨在证明"肿瘤的发生是不可预防的，但肿瘤的转移是可以预防的；肿瘤转移后是极难治愈的，但肿瘤转移前是可以预防的"。而美她司酮便是这一理念的重要研究成果。

值得注意的是，小药片"美她司酮"是基于传统避孕药米非司酮并加以优化而来的，属于具有自主知识产权"老药新用"。大量的动物实验证明，这粒小小的药片在结肠癌、肺癌、乳腺癌、子宫癌等 10 余种肿瘤模型中，抑制肿瘤转移效果明显，综合抑制率超 95％。而与传统抗癌药物相比，它研发周期短，药物的成药性、安全性、可预见性强，大大地降低了研发和投资风险。

2015 年，"美她司酮"完成药物临床前的研究工作，顺利入选国家重大新药创制备选库，成为国家 1 类创新药。

而要走出实验室，走向市场，造福患者，小药片"美她司酮"至少还需要 6 年的时间，需要前前后后 8000 多万元的投入。面对着 6 年临床试验可能的变数，与对于高校科研工作者来说的巨额投资，小药片的主人——贾力教授和王杰博士没有丝毫退缩。在这群全年无休，穿着白大褂只知埋头实验的师生看来，"相比于这粒小小的药片未来可能的巨大社会贡献，这些变数与投资都不算什么"。

使命感让这群人有了执着而单纯的想法：绝不能让"美她司酮"这粒小小的药片停止前进的脚步。

创始人王杰的第一次谈判是 2015 年年末，当时还是硕士生的他，匆忙地从实验室出来，脱下白大褂，穿着一身学生休闲服，就坐在了第一批投资者面前，像面对项目组内的导师、同学一样，他侃侃而谈地和对方介绍着他的课题与事业——"美她司酮"的原理、前景。谈到未来对于人类的贡献，这个 20 出头的年轻人，竟然有些亢奋和激动。

"如何保证投资人的收益""生物医药未来临床实验的变数如何把握""如果失败了，

我们的投资怎么办?"几个简单的问题,把一头热血的王杰给问蒙了。投资无望,意味着小药片"美她司酮"完成实验室使命之后就要被束之高阁,和众多其他的高校科研创新一样,成为实验数据、论文资料后被放置一边。

"不能让它就这么停了,太可惜了!"王杰深知"美她司酮"身上闪亮的科研创新点,更坚信它将造福人类的伟大使命。而要想这粒小小的药片走出实验室,实现它的价值与使命,王杰第一次意识到自己不仅要成为一名优秀的科研工作者,更要做好创业的准备。

热爱让这名年轻人开始奔走在实验室与投资谈判的路上,这是一个"痛并快乐"的过程,痛来自一次次的碰壁,而快乐来自自己对"美她司酮"未来的信念。从2015年年底开始,为了让"美她司酮"找到后期临床试验的投资,王杰带着项目团队先后与二十几家企业或投资人洽谈,而参加创新创业大赛,对于项目团队的师生们来说,收获的除了奖牌,最重要的是有更多的人知晓"美她司酮",了解"美她司酮"。而知晓与了解,对于迫切要走出实验室的"美她司酮"来说,是踏出去的第一步。

一年多的奔波,虽然辛苦,但总算有所进展,目前项目团队已经与浙江某制药公司取得试生产的合作意向,眼下正与福州某三甲医院就药物未来的临床实验工作做深入探讨。

如果说在王杰博士看来,小药片"美她司酮"是他的课题与事业,那么对于从事抗癌药物研究三十多年的国家"千人计划"特聘专家贾力教授来说,"美她司酮"则是他一生的心血和价值体现,而他则是"美她司酮"前进路上保驾护航的引路者。

作为诺贝尔奖获得者、著名药理学教授 Robert Furchgott 的得力门生,美国国立卫生研究院国家癌症研究所的前高级项目主管,贾力教授一直致力于抗癌新药的研发和申报工作,在美国先后参与12项新药申报工作,领导或参与过35项新药开发项目。随着新药的投放使用,困惑也在这位科学家心里出现:为什么随着科研水平的提升和药物的研发,癌症致死率依然居高不下?

带着困惑和对生物医药研究的执着,2011年年底,贾力教授在福州大学创立了全球独具特色的肿瘤转移预警和预防中心,而这也就是这就是小药片"美她司酮"的家,中心负责研发各种能可靠预警和有效干预原发性肿瘤在手术后再转移的技术和产品,从而解除人类对肿瘤转移的恐惧,大规模地降低肿瘤转移造成的死亡。

而要从实验室的瓶子中走出来,面对着未来临床试验的变数和巨额的投资,"如何保证投资人的收益",贾力这位一生奉献给生物医药创新事业的科学家的回答简单而坚定,"效益从来不仅是金钱上的,'美她司酮'未来的社会效益足以让它获得有情怀、有责任的投资者的青睐"。

科研创新的路从来都不会一帆风顺,对于生物医药研究来说更是如此,要让实验室的创新成果走向社会,成为能够惠及人类的硕果,需要科研创新者的倾心投入,更需要社会的一同分担。只有如此，从实验室到社会的路才会越走越宽，越走越顺。

这就是小药片"美她司酮"的故事，未来向前的每一步，都需要创业者王杰的东奔西走，也需要贾力教授在科研创新上的引领，更需要社会与企业的相助相伴。

32. 东南大学"全息 3D 智能炫屏——南京万事屋数字科技有限公司"

该项目获得了第三届中国"互联网＋"大学生创新创业大赛季军。

"手持一把'风扇'，在扇叶旋转的时候，不停'变'出各种炫丽生动的立体图像，仿佛触手可摸。""全息 3D 智能炫屏，看似普通的 LED 灯带上有 512 个灯珠，每个灯珠都是不同的芯片、不同的程序。"东南大学信息科学与工程学院 2010 级学生周全，作为该项目负责人，带着观众一同走近这一炫酷神器——当 LED 亮带在 50 r/s 高速旋转时，通过解码软件，即可将图像转化成灯带可播放的视频。

据南京万事屋数字科技有限公司 CEO 周全介绍，这种炫屏利用人类"视觉暂留"而产生完整画面。视觉暂留又称为"余晖效应"，指的是人眼在观察景物时，光信号传入大脑神经，需经一段短暂时间，光作用结束后，视觉形象并不会立即消失，而这种残留的视觉称为"后像"，视觉的这一现象则被称为"视觉暂留"。

正是利用视觉暂留效应，加之算法应用与现代技术手段，手持屏幕便可将 2D 图像转变为裸眼 3D 影像，可代替易拉宝，也可用于任何现有 2D 屏幕，全息 3D 智能炫屏还可广泛用于广告、会展等宣传和展示，还可实现内容的个性化定制。和全息影像技术相比，它的优势在于便宜。

这项技术已经被多家大企业相中，宝马、奔驰、本田等汽车企业已经购入并用于全息车型展示，同时苏宁、可口可乐、vivo、森马服饰、海澜之家等多家知名企业也与之达成长期合作意向。

33. 南京大学"分子精准调控的吸波导磁材料及工业解决方案"

该项目获得了第三届中国"互联网＋"大学生创新创业大赛季军。

信用卡大小，摸起来软软的、滑滑的，一张其貌不扬的"纸"，却引得无数手机巨头竞相下单，让日本同行闻之胆寒。这张"纸"的学名为"吸波导磁片"。这张由高分子树脂和特种柔性软磁金属复合物制成的柔软如"纸"的新材料，90％的成分却是金属。

门禁卡、公交卡和手机放在一起，可能会失效。但在手机和门禁卡、公交卡之间放一张吸波导磁片，可轻松解决这种尴尬。王鹏介绍，"吸波导磁片"可以为电磁识别信号提供有效通路，防止信号与手机中的锂电池作用而失去识别作用，还可有效导通磁场，抑制电子器件表面行波、爬行波和导波，吸收镜面电磁波，防止有效射频信号的涡流屏蔽。

应用于非接触式移动支付、门禁管理、票证管理等领域，王鹏团队生产的吸波导磁片第三代产品又轻又软，与目前很多带有近距离无线通讯技术（NFC）功能的手机更为匹配。

说到更"炫酷"的用处，王鹏拿出一台可无线充电的手机及充电盘开始介绍："充电线圈经常会受到金属干扰而无法充电，只要加入高磁导率的吸波导磁材料，就可有效地为磁感应线提供一条低阻抗通路，隔绝周边金属物体对能量传输的影响，确保无线充电功能的正常使用。"

当前，在新材料研究方面日本可谓走在世界最前沿，其发明的"铁氧体"材料既笨重，成本也高。"他们的技术指标不如我们的产品。目前，我们已能与国际巨头美国3M公司、日本TTK公司等比拼，价格还有很大优势。"王鹏介绍说。

"有自主建设的材料研发实验室和自主研发团队，能实现材料从研发设计到生产应用的无缝对接。"项目合伙人王悦介绍，目前南京先磁新材料科技有限公司的产品已被熊猫电子、国家电网、苹果无线充电供应链等大客户认可并签订供货合同，拥有了一定订单规模，预计明年每个月都能达到百万元级别营收。

为什么对新材料领域如此执着？

"主要还是因为它是一种高科技产品。"这一回答在别人看来，或许是科技含量和利润率成正比，科技含量越高，利润率就越高。但在王鹏看来，高科技产品研制更富挑战性，意义更重大。

"就像用在手机无线充电产品上的吸波导磁产品，可能一平方米就要一千元。然而，实际上的物料成本却是很低的。"对于王鹏而言，他始终希望能用知识制作材料，用知识对工业发展做出贡献。

或许正是拥有这样的信念，王鹏带领团队还开发出更为强大的一款新材料，就像导磁片材让NFC技术进入手机成为可能一样，他们的新材料可以让4G等远场信号同样转变为近场，实现近场通信。而这项技术将来应用于公共交通领域，可能会使公交卡成为历史。

34. 北京航空航天大学"ULBrain 机器人视觉解决方案"

该项目获得了第三届中国"互联网＋"大学生创新创业大赛亚军。

速感科技"ULBrain 机器人视觉解决方案"项目专注于利用低成本、高效的视觉解决方案，帮助行业用户解决智能移动设备在空间中的感知、导航、定位、避障等一系列关键问题。

速感科技 CEO 陈震，北京航空航天大学计算机学院 2015 届本科毕业生。从大二开始，他就开始钻研特种机器人和无人机的机载视觉系统。获得 2017 年福布斯中国 30 岁以下青年精英(榜单中最年轻获选人)、2017 年度中关村高端领军人才、第三届中国恰佩克杰出创业青年奖、2017 年中国财经峰会最佳青年榜样等荣誉。

2013 年 10 月，在周围同学纷纷选择出国或做程序员时，大二的陈震进入了北京航空航天大学软件开发环境国家重点实验室，主攻 SLAM(即时定位与地图建构)机载视觉算法。在此之前，陈震是一个美术生。"我一直学美术，在中学的导师也是美术老师。当时想报考清华的美术计算机交叉学科，未果，上了北航计算机专业。"在实验室小组，陈震做了 3 年实习生，并代表北航连续 3 年参加了全国大学生挑战杯，共获得 3 次一等奖。

陈震在 2014 年 7 月创立了速感科技有限公司，旨在为机器人行业提供视觉解决方案。

项目核心技术在于自主研发的基于视觉的同步定位、地图构建算法以及感知决策算法，应用场景包括扫地机器人、工业 AGV、自动化叉车等。

速感科技公司已收到 35 万台扫地机器人的视觉模块订单。陈震表示，中国"互联网＋"大学生创新创业大赛表明国家对大学生创新创业的支持力度越来越大，大赛的举办吸引了更多的人关注大学生创业者这个群体。现在的大学生创业得到了很多实验室、高校的支持，乃至资本市场的关注。在这种形式下，中国"互联网＋"大学生创新创业大赛这样的平台对号召和鼓舞优秀的大学生选择创业，以创业作为自己未来的发展方向，起到积极正面的作用。青春的舞台，因青年人的创新创业激情与梦想而闪亮。

作为一家以机器视觉为核心的人工智能创业公司，速感科技在成立的 3 年间一直致力于 SLAM 算法的产品化和市场化。在进行技术积淀和研发的同时，始终专注于将领先的人工智能技术落地于消费产品，旨在将更高品质的产品带给更多消费者，以真正的技术革新，带来产业链的变革。

35. 浙江大学"杭州光珀智能科技有限公司"

浙该项目获得了第三届中国"互联网＋"大学生创新创业大赛冠军。

江大学"杭州光珀智能科技有限公司"项目团队从理论底层颠覆了原有的三维成像原理，研发了具有完全自主知识产权的新一代固态面阵激光雷达，解决了目前三维成像技术存在的高成本和低可靠性的问题。这一技术属于国际首创。

目前市场上存在的三维测距方式及其相应产品主要有激光、双目视觉、三维扫描仪器以及深度相机产品。前三种原理支持的产品在目前市场上的较多，但质量参差不齐。杭州光珀智能科技有限公司 CEO 白云峰研发的光珀产品利用的是国际首创的全新三维成像原理，解决了上述所有的技术短板问题。公司基于光珀独立研发的专利技术及第一代"GeniusPros 芯片",已成功孵化出三个不同距离技术平台。其产品主要应用领域包括安防监控、汽车自动驾驶、机器人导航、三维建模、虚拟或增强现实、人机交互、机器 3D 视觉等。

光珀的核心研发团队有 50 余人,核心团队成员多来自世界 500 强企业和世界顶级科研机构,具有丰富的科研和产业化经验。公司聚集了光学、激光、光纤通信、精密机械、半导体、人工智能等前沿行业的顶尖专家,毕业院校包括中国科学院、斯坦福大学、清华大学、浙江大学、香港大学等知名院校,曾经就职机构包括微软、亚马逊、海康、国内知名研究所等世界级研发和科研机构。

在比赛答辩中,白云峰说:"创业公司要获得成功,不被已有大公司碾压,最重要的是技术领先。"他和伙伴们目前创业的方向,就是专注技术,在这一过程中形成顶尖产品进入市场。

在一次专访中,白云峰谈起了他的"创业路"。

"我在浙江大学管理学院学技术创新管理,导师是管理学院院长吴晓波教授,一位开口必提'企业家的社会责任'的老师。对于学生,他要求我们常常往企业跑,去考察现状、调研需求,寻找解决问题的方案。

"2013 年,我去了浦江一家平面片材的生产企业。'一半的生产线不能开工,因为检测线的工人太难找。'老总告诉我,产品检测非常费眼力、耗体力,愿意干这活的越来越少,产量受到了大大限制。当时我就想,能不能让机器来代替人的眼睛,用'机器换人'来解决这个困境?

"回杭州的路上,我想到了王旭龙琦。他比我高两届,是光电系的直博研究生,他的研究领域是原子力显微镜,应该和'眼睛'有关吧。我动员他,一起去浦江的企业看看吧。'好!其实我也一直在想,我做的这些那些研究,到底能不能给社会带去真正的用处,到底会怎样改变人的生活。'他答应得可爽快了。"

"我们租了一处 10 平方米的房间,开始了'机器换人'的第一步尝试:片材自动检测机。我们被亢奋的情绪支持着,每天连续工作十几个小时的日子,倏倏地划过。第一台检测机上线使用,浦江这家企业如获至宝,他们告诉我,因为这个新装备可以给出标准的检测报告,企业拿到了 200 万美元的外贸订单。我们随后又做了几台,马上都被企业订走了。

"我们在产品质量检测中看到了'机器视觉'巨大的市场需求,又把片材检测拓展到胶囊检测上。没想到,试验样机刚刚出来,就遭遇'重创'——当时爆发了'毒胶囊'事件,很多胶囊生产企业都被查封了,我们的试验样机也被封在里面,无法试验,也搬不出来。这一封就是一年,我们被逼着把目光瞄向了嘉善的纽扣生产企业,重新打开了局面。我们很开心,技术就像为产业升级点穴,找准了点,就真能见效。

"我们真的能改变世界吗?在我和王旭龙琦的心里,都有了肯定的答案。"

2014 年 11 月，李克强总理来浙大考察时白云峰正好在图书馆查资料。总理笑盈盈地坐下来和大家座谈。他当时讲了一句话："高校的创业是要以创新驱动的。也就是说，大学老师和大学生的创业应该是把核心技术作为支点！"这让白云峰醍醐灌顶，明白技术是最重要的。

白云峰说："从前，我们只说创业产品要有技术含量。但李克强总理把它上升到一个高度：技术才是创业最核心的支点，必须去追求创新驱动，才能创业成功。连夜，我通知团队的成员，第二天头脑风暴的主题就是：怎么用创新驱动的思维来考虑当下的产品规划？"

当时，他脑中有一项"备选"技术。要不要新上这个项目？公司成员有不同意见。果然，在头脑风暴中，大多数团队成员持否定观点，理由是，基于视觉产品检验的产品，已是公司的"传统拳头产品"。"我们只要把经典的产品继续做强就可以了。""精力有限，放弃现有的产品是有风险的！"

关于要不要转而"拥抱"新技术、新产品的问题，团队在开过五次会后，做出了最终的取舍：忍痛舍弃了两个看起来不错，但同质化竞争严重、核心技术不是特别强的产品。集中精力把新产品做好，因为新产品在技术上更有领先性。

他在一次采访中表示，在浙江大学接受的教育和熏陶让其深受影响。精密复杂的机器视觉产品需要复合交叉学科知识的支撑和来自各个学科的技术人才，更需求在学科交叉碰撞的过程中产生创新的火花，他的创业就是依赖于浙江大学多学科复合交叉的优势。

他强调知识更新的意义，并期待知识成为支撑梦想的元素。他踏实地钻研，一心想把企业的核心竞争力延续和提高。他只做一件事，却把这件事做成了精品。

36. 如你所见·全国领先的影视拍摄解决方案提供商

在第三届中国"互联网＋"大学生创新创业大赛总决赛中，吉林动画学院创业项目"如你所见·全国领先的影视拍摄解决方案提供商"荣获金奖。

"如你所见·全国领先的影视拍摄解决方案提供商"项目是为了做中国最懂制片人的摄影"设备＋技术"服务解决方案供应商，打造中国最大的影视设备服务企业合作平台，做中国电影工业化的先行者。

新浪潮 App 是一款垂直影视行业全流程的服务性平台。平台服务的人群为影视行业内所有有需求的工作人员、制片方、投资方。新浪潮 App 打破常规的影视行业模块化，利用资源整合将影视行业内所有模块集中到平台，让影视工作人员、制片方、投资方能够更加便利、便捷、透明，也是国内唯一一款影视全流程服务平台。

新浪潮以自营方式运营团队，平台收取供应商服务抽成并负责相应的担保能力。

刚上线的新浪潮 App 将采用基层大面积推广模式，在各大影视类高校开始推广，扶持一些有梦想的年轻影视人，使之能更加高效、尽早地进入专业的影视行业。该 App 预计一年流水可达到 5000 万元。

吉林动画学院将打造"创意硅谷""创业硅谷"作为战略目标，成立创意产业创新创业孵化平台，提供创业政策解读咨询、各项基础配套设施，设立千万创业基金，建立开放的互创资源和资本平台，搭建完善的服务保障体系，强化"双创"平台与实践教学平台在创业项目孵化的联合互动机制，形成特色创新创业生态系统。

2017 年，吉林动画学院从 350 个创业项目中"优中选优"，参加了中国"互联网＋"大学生创新创业大赛，并获得了骄人成绩。这是吉林省创新创业政策引导、资源搭建、全力助推的成果，也是吉林动画学院不断推进特色内涵驱动、完善创业保障体系、注入创业资本、大力扶持创业，在创新创业的肥沃土壤上辛勤浇灌孕育的累累硕果。